Arbeitskreis Bild Druck Papier
Tagungsband Budapest 2003

Arbeitskreis Bild Druck Papier

Cercle d'Etudes Imagerie Impression Papier / Working Group Picture Print Paper

Herausgegeben von
Christa Pieske,
Konrad Vanja, Sigrid Nagy

Band 8

Der Arbeitskreis Bild Druck Papier wurde 1981 als Basis für die projektierte Ausstellung „Das ABC des Luxuspapiers“ in Berlin gegründet. Der kleine Kreis der Forscher und Sammler erweiterte sich rasch um Fachleute von Universitäten und Museen, die hier ihre gemeinsamen kulturgeschichtlichen Interessen vertreten fanden. Die Treffen bilden seither mit jährlichen Tagungen an wechselnden Orten ein Forum für den Austausch von Forschungsergebnissen, Arbeitsprojekten und Informationen zu den Fachgebieten. – Die Ergebnisse sowie weitere Informationen werden in den Tagungsbänden durch Text und Bild festgehalten.

Christa Pieske, Konrad Vanja,
Sigrid Nagy (Hrsg.)

Arbeitskreis Bild Druck Papier
Tagungsband Budapest 2003

Waxmann Münster / New York
München / Berlin

Bibliografische Informationen Der Deutschen Bibliothek
Die Deutsche Bibliothek verzeichnet diese Publikation in der Deutschen Nationalbibliografie; detaillierte bibliografische Daten sind im Internet über http://dnb.ddb.de abrufbar.

Arbeitskreis Bild Druck Papier, Bd. 8

ISSN 1437-9406
ISBN 3-8309-1454-7

Postfach 8603, D-48046 Münster

http://www.waxmann.com
E-Mail: info@waxmann.com

Umschlaggestaltung: Pleßmann Kommunikationsdesign, Ascheberg
Titelbild: Die Ungarische Nationalgalerie auf der königlichen Burg, Budapest
Redaktion: Christa Pieske, Lübeck
Satz: Yvan S. Nagy, Berlin
Druck: Runge GmbH, Cloppenburg
Gedruckt auf alterungsbeständigem Papier, DIN 6738

Inhalt

Grußwort

der Stellvertretenden Staatssekretärin im Ministerium für das Nationale Kulturelle Erbe der Republik Ungarn, Frau Dr. Márta Schneider:

Meine sehr verehrten Damen und Herren!

Ich freue mich sehr, im Namen des Ministeriums für Nationales Kulturerbe der Republik Ungarn die Teilnehmerinnen und Teilnehmer der 23. wissenschaftlichen Tagung des Arbeitskreises „Bild Druck Papier" begrüßen zu dürfen. Es ist für uns eine besondere Freude, daß Budapest zu einer beliebten Stadt des Konferenztourismus geworden ist. Dafür spricht, daß sich auch Ihre Organisation noch vor unserem EU-Beitritt am 1. Mai 2004 nach Schauplätzen in Deutschland, Frankreich, Italien und der Schweiz diesmal für Ungarn entschieden hat.

Die Veranstalter der Konferenz haben ein vielfältiges und spannendes Programm zusammengestellt. Sie werden in den kommenden drei bis vier Tagen hervorragende Vorträge hören können. Ich möchte dabei Ihre Aufmerksamkeit auf den Ausstellungsraum für Graphik des Museums der Schönen Künste lenken. Das moderne Interieur, das Anfang des vergangenen Jahrhunderts eingerichtet wurde, ist einmalig in Europa, die Leiter der größten Graphikensammlungen zollen ihm hohe Anerkennung. In diesem Raum spielen wirklich Papier, Zeichnungen und Graphiken die Hauptrolle.

Die Ungarische Nationalgalerie hat in den vergangenen Jahrzehnten zahlreiche herausragende Graphikausstellungen realisiert. Erlauben Sie mir, nur ein einziges Projekt zu erwähnen, um den Rahmen dieser Rede nicht zu sprengen: Im Sommer 2004 wird die Ausstellung „Europa im Umbruch 1900-1930. Die Morgenröte eines tragischen Jahrhunderts" veranstaltet, welche von den Mitarbeiterinnen und Mitarbeitern der Nationalgalerie unter der Leitung von Katalin Bakos gemeinsam mit der Graphischen Sammlung der Stuttgarter Staatsgalerie, Frau Ulrike Gauss, vorbereitet wird. Diese Ausstellung wird die Arbeiten der größten Meister der europäischen und ungarischen Graphik Anfang des 20. Jahrhunderts präsentieren. Ich darf Sie daran erinnern, daß die Realisation dieser grenzüberschreitenden Einheit durch Museen vor einigen Jahren noch einem waghalsigen Unternehmen, davor oft sogar einem unmöglichen Unterfangen gleichgekommen wäre.

Ich wünsche Ihnen angenehme Tage, spannende Vorträge und eine fruchtbare Konferenz. Es würde mich freuen, wenn Sie viele hervorragende Experten aus Ungarn kennenlernen und sie in Ihr Denken und Planen mit einbeziehen würden, sowie wenn diese Tagung auch in Ungarn meßbare Ergebnisse für die anwesenden Fachleute zeitigen würde.

Ich danke für Ihre Aufmerksamkeit!

Mitwirkende und Helfer aus Ungarn:

Budapest:	Dr. Lóránd Beretzky Dr. Éva Csenkey Judit Dalmai Orsolya Ganzler Dr. Erzsébet Györgyi Béla Hegedüs Karolina Hegyi Dr. Tamás Hofer Dr. Erzsébet Király Ágnes Klekot Dr. Éva Knapp Ferenc Körmendy Dr. Ildikó Kriza Dr. Éva Moskovszky Dr. Márta Schneider Dr. Katalin Sinkó Dr. László Szabó Dr. Eszter Tiszavári Prof. Dr. Gábor Tüskés György Zádori Dr. Mária Zlinszky-Sternegg
Cegléd:	Zoltán Lizik
Kecskemét:	Dr. János Bárth Dr. Ágnes Kalmár
Szeged:	Prof. Dr. Gábor Barna

Der Arbeitskreis Bild Druck Papier bedankt sich sehr herzlich bei allen, die durch ihre aktive Mitwirkung das Gelingen der Jahrestagung in Budapest ermöglicht haben.

Katalin Sinkó

Die sogenannte ungarische Ornamentik und ihr historisches Umfeld

Sammlungen von Motivblättern kann der Wissenschaftler in fast jeder früh gegründeten Bibliothek für Kunst und Kunstgewerbe finden. Diese Blätter – oft in Folioformat – erschienen meistens in Form eines Heftes und in umfangreicherer Anzahl erst nach den 1850er Jahren.[1] In Budapest gibt es zwei solcher Sammlungen, die von größerer Bedeutung sind: in den Bibliotheken des Kunstgewerbemuseums und in der Akademie für Bildende Künste. Beide Gründungen gehen bis in die 1870er Jahre zurück. Natürlich kann diese Motivsammlung nicht mit der ähnlichen Sammlung in der Berliner Kunstbibliothek verglichen werden, die laut einer Bibliographie aus dem Jahre 1939 nahezu 2000 solcher Werke enthielt.[2] Diese Motivblätter sind wichtige Quellen für die Geschichte des Kunstgewerbes, die wir jetzt jedoch nicht berücksichtigen wollen. Ich möchte über jene Diskussionen sprechen, die in Ungarn um 1900 über nationale Motive, nationale Verzierungskunst und Ornamentik geführt wurden. Die aufgeworfenen Fragen sind also wissenschaftlich-historischer Natur, bergen jedoch zahlreiche Erkenntnisse in sich, die auch für die Geschichtsschreibung anderer mitteleuropäischer Nationen interessant sein können.[3]

Die innere Titelseite des ungarischen Bandes „Die Österreichisch-Ungarische Monarchie in Wort und Bild" oder wie es in Wien auch so schön heißt, „Das sog. Kronprinzenwerk", trägt die Aufschrift „Das ungarische Volk"[4] (Abb. 1). Hierbei hat der Zeichner, Árpád Feszty, am Fuße hochragender Burgruinen einen betagten, erzählenden Bauern und seine Zuhörer abgebildet. Im oberen Drittel des Bildes ist die Puszta zu sehen, wo der Pferdehirt auf seinem mit Ornamenten verzierten Hirtenmantel – ungarisch: Cifraszűr – liegt, während er verträumt dem Spiel der Wolken zuschaut, als ob dort die Krieger der heldenhaften Vergangenheit und die Fahnen schwingenden Kriegstruppen ziehen würden. Das Bild wird von Motiven ungarischer Stickereien und handgewebter Stoffe umrahmt, als Zeichen dafür, daß diese Volkskunstmotive genauso wie auch die Geschichten zur Charakterisierung des ungarischen Volkes gehören. Jene Frage, welche Verzierungen auf den volkstümlichen Gegenständen konkret und ausschließlich zum ungarischen Volk gehören, war zur Zeit der Entstehung dieses Bildes im Jahre 1886 noch nicht entschieden.[5] Denn die Motive der volkstümlichen Verzierungen waren in Ungarn – wie auch überall – in den einzelnen Landschaftsregionen unterschiedlich. Ob nun diese unterschiedlichen Verzierungen durch einen gemeinsamen Wesenszug, ihren Schönheitssinn oder ihren Stil, wodurch man sie als ungarisch bezeichnen könnte, verbunden werden können, ob man also diese Verzierungen zusammenfassend aufgrund ihres Stils als ungarisch bezeichnen kann, entwickelte sich im letzten Drittel des 19. Jahrhunderts zu einer sehr wichtigen Diskussionsfrage.[6] Die *Volkskunst* als selbstverständlicher Begriff überdeckt für den heutigen Verwender fast völlig all jene Zweifel und Probleme, die im Zusammenhang mit den vom Volk geformten *Artefakt*en[7] in den Jahren von 1860 bis in die 1880er Jahre noch sehr intensiv im Vordergrund standen. Kann man überhaupt die reich verzierten Gebrauchsgegenstände des Volkes mit der *hohen Kunst* in einer gemeinsamen Kategorie zusammenfassen?[8] Wenn ja, auf welche künstlerische Wertstufe können sie dann gesetzt werden? Sind sie durch ihre Einzigartigkeit wertvoll oder sind sie wertvoll als Träger von nationalen Traditionen im Bereich der Verzierungskunst? Welchen Platz nehmen sie in der generellen Entwicklung der Kunst ein? In welcher Verbindung stehen sie zur Geschichte und den historischen Stilrichtungen? Die Geschichte der ungarischen Ethnographie verfolgt bereits seit langem jenen Anschauungswandel, der in seiner völlig entfalteten Form im Kalotaszeg-Band von Dezső Malonyay erschienen ist, und der um die Jahrhundertwende des 19. Jahrhunderts hauptsächlich dem Einfluß von Sezessionskünstlern mit Interesse für Volkskunst zugeschrieben wird.[9]

Der Archäologe József Hampel richtet 1899 sein ganzes Augenmerk konzentriert auf das Dilemma der volkstümlichen Ornamentik im Zusammenhang mit deren nationalem Charakter. Seiner Meinung nach unterscheiden sich die volkstümlichen Arbeiten manchmal von einem Dorf zum anderen, also „kann man im Sinne des ganzen Volkes und des Ungarntums nicht von Kunst oder einem ungarischen Stil sprechen. Etwas, was nur in einigen ungarischen Ortschaften üblich ist, darf nicht als allgemeines ungarisches Muster dargestellt werden, denn dadurch könnte eine Verzierung als *ungarisches* Kunstverständnis dargestellt werden, die im Allgemeinen gar nicht *ungarisch* ist, sondern nur im *Großdorf-Szilágy* verwendet wird; dadurch stellt der unvorsichtige Sammler die Spezies an die Stelle des Genus, was natürlich als wissenschaftlicher Fehler gilt“.[10]

Hampel, und auch eine Reihe von anderen Fachleuten mit kunsthistorischer Bildung, haben behauptet, daß es weder eine ungarische Ornamentik, noch einen nationalen ungarischen Stil gibt, denn auf den volkstümlichen ungarischen Stickereien oder Keramiken fände man lediglich die Weiterführung der europäischen historischen Stilrichtungen und insbesondere der Blumenmotive der Barockzeit vor. Die Verzierungskunst der Bevölkerung in abgeschiedenen Landschaftsregionen – und innerhalb dieser die der Nationalitäten – wird hauptsächlich durch eine geometrische Ornamentik charakterisiert, wie zum Beispiel die Verzierungen bei den Slawen.

Ihrer Meinung nach ist diese geometrische Ornamentik nicht nur eine Folge des abgeschiedenen Lebens dieser Völker von den internationalen kulturellen Strömungen, sondern sie deutet auch auf den unterentwickelten Zivilisationsgrad dieser Völker hin. Die größte Wirkung auf die Ansichten der akademisch gebildeten Kunstautoren im Zusammenhang mit der Ornamentik hatten die Schriften Gottfried Sempers, der ab den 1850er Jahren seine Ansichten über die Stilentwicklung publizierte, wobei er die Evolutionstheorie Darwins für die Kunstgeschichte anwendete. Seiner Meinung nach steht der Entwicklungsgrad im Bereich der Kunst in engem Zusammenhang mit dem Zivilisationsgrad eines Volkes.[11] Sämtliche Kunstarten haben sich aus den Techniken der verschiedenen Künste, dem Weben, der Töpferkunst und der dazugehörigen Baukunst, entwickelt. Im Laufe der historischen Entwicklung haben die Formen auch sehr schnell einen symbolischen Sinn erhalten und wurden als religiöse Symbole zu einem Teil der Traditionen.[12] Laut Semper und seinen Anhängern ist die Ornamentik der zivilisierten Völker als Spiegel der Stilentwicklung zu betrachten, und die Ornamentik der Naturvölker – oder wie sie sein Schüler, Owen Jones, bezeichnet, der so genannten „Wilden" – wird fast überall von den gleichen geometrischen Mustern gebildet.[13]

Im Bereich der volkstümlichen Gegenstände in der Hausindustrie haben also die Fachleute, die sich mit ungarischer Kunstgeschichte beschäftigten, aufgrund dieser Semperianischen Ansichten die Frage der geometrischen oder Blumenornamentik als Zivilisationsfrage betrachtet. Károly Pulszky, Direktor des Budapester Kunst- und Industriemuseums, war ein treuer Anhänger Sempers. Sein Buch über die Motive auf Textilarbeiten aus verschiedenen Gegenden Ungarns, das er auf der Weltausstellung 1873 in Wien vorstellte und im Jahre 1878 gemeinsam mit Friedrich Fischbach veröffentlichte, war das erste Werk überhaupt, das sich mit der Ornamentik in Ungarn beschäftigte.[14] In seinem Werk zweifelt er auch ganz allgemein am vermutlichen ethnischen Charakter und dem künstlerischen Ursprung der volkstümlichen Ornamente. Seiner Meinung nach sind die einfachen geometrischen Muster, die sich aus der Technik des Webens ergeben, in ganz Osteuropa zu finden und in diesem Zusammenhang ist es kaum möglich, nationale Gruppen zu unterscheiden. Die Textilmotive solcher Völker, die unter abgekapselten Bedingungen lebten, sind auch frei vom Einfluß der europäischen Kunstrichtungen. Im Zusammenhang mit den geometrischen Ornamenten stellt er fest, daß *„bei jeder primitiven Kunst ähnliche Ornamente vorkommen, so auch bei der assyrischen und ägyptischen (...), auf der skandinavischen Halbinsel und auch bei den Indianern*".[15] Zur Illustrierung seiner Ansichten reiht er in seinem Band gleiche oder sehr ähnliche Muster aus unterschiedlichen ungarischen Ethnien nebeneinander. Nahezu die Hälfte der Ornamente sind geometrische Muster rumänischen, slowenischen, slowakischen und ruthenischen Ursprungs. (Abb.2) Auch ganz allgemein bezweifelt Pulszky den nationalen Charakter der Stilrichtungen, denn er ist der Meinung, wenn *„wir in solch einem Sinne über Stil sprechen, der nur durch die Kunstgeschichte gerechtfertigt wird, dann kann man weder über einen österreichischen, noch einen englischen, französischen oder auch ungarischen Stil sprechen*".[16]

Viele Forscher, die sich mit ethnographischen Elementen beschäftigt haben, hielten früher die Blumenmotive für die charakteristischsten Merkmale der ungarischen Ornamentik. (Abb. 3) Als Reaktion zu diesem Thema legt Pulszky dar, daß man die Blumen- und Tiermotive, die einen persischen und türkischen Einfluß aufweisen, nicht für *ursprüngliche und echte* Motive der ungarischen Volkskunst halten darf, denn sie sind durch den Einfluß einer hohen Kunst entstanden, und außerdem sind Blumenmotive auch charakteristisch für die russische und polnische Volkskunst.[17] (Abb. 4) Durch die Frage der Volksornamentik mit geometrischen oder floralen Formen erschienen in den siebziger Jahren reihenweise Publikationen im Zusammenhang mit der slawischen Ornamentik. Pulszky selbst zitiert als Beispiel Stassows neues Buch über russische Ornamentik und das Album von Felix Laÿ über südslawische Ornamentik.[18]

Letzterer – Felix Laÿ – war ein Fabrikbesitzer, der im slawonischen Esseg lebte und der im Jahre 1871 gemeinsam mit Friedrich Fischbach die Motive seiner eigenen südslawischen Textilsammlung veröffentlichte.[19] Laÿ bewertet die südslawische Ornamentik gemäß panslawistischer Vorstellungen; seiner Meinung nach zeichnet sich die slawische Ornamentik durch ihre Originalität aus und entspricht dem traditionellen Volks-Charakter der Slawen, wobei sie auch den friedlichen Charakter dieses Volkes ausdrückt.[20] Laÿ äußert sich abfällig über die Ungarn, denen jegliche ursprüngliche Schöpfungskraft fehlt. Die ethnische Betrachtungsweise des Laÿ-Bandes steht im krassen Gegensatz zu den bereits erwähnten Arbeiten von Károly Pulszky über die volkstümliche Ornamentik. Pulszky reagiert auf die Ansichten von Laÿ und expliziert, daß die Bevölkerung Ungarns *nicht aus einer einzigen Rasse besteht.* Er schreibt, daß jene Feststellung Laÿs irreführend ist, wonach der Motivschatz der geometrischen Volkskunsttextilien in den ungarischen Gebieten überall slawischen Ursprungs sei.[21]

Nicht nur für Pulszky sind die Volksornamentik oder der künstlerische Wert von Objekten der volkstümlichen Hausindustrie umstrittene Themen, auch Gyula Pasteiner – Professor für Kunstgeschichte an der Budapester Universität – vertrat diese Meinung.[22] Im Jahre 1885 hat Pasteiner in seiner Vorlesung mit dem Titel *Das nationale Element in der alten einheimischen Kunst* festgestellt, daß die Ornamentik auf den volkstümlichen Keramikgegenständen oder Stickereien eigentlich eine Entartung der häufig vorkommenden Blumenmotive des 18. Jahrhunderts ist. Seiner Meinung nach *„erwecken die volkstümlichen Gegenstände einen derben Eindruck*“. Deshalb ist bei der Verwendung der Motive *„das Gold zum Ausgleich der Gegensätze und zur Milderung der Derbheit*“ von sehr großer Bedeutung. Er hält es für aufschlußreich, daß diese Verzierungen ohne Gold grob wirken, und wenn die Blütenblätter der Blumen und auch die Blätter – also jedes einzelne Element – mit Gold umrandet werden, wird der Verzierung sofort eine täuschende Ähnlichkeit mit persischen Mustern verliehen.[23] Die ersten Anwender von Volkskunstmotiven – wie zum Beispiel die Künstler der Porzellanfabrik Zsolnay oder die Stickerinnen des Hausindustrievereins Izabella – haben den Rat befolgt, indem sie sich bemühten, die Motive der Volkskunst, Keramiken und Stickereien mit Gold zu verfeinern, was ansonsten unter dem Volk eigentlich nicht üblich war.[24] (Abb. 5)

Nicht nur bei der Veredlung von Gegenständen bestand in Ungarn der Bedarf einer reichlichen Verwendung von Gold. Im Zusammenhang mit den vergoldeten Gegenständen konnten auch uralte historische ungarische Legenden auferstehen, so auch die Legenden um den Hunnenkönig Attila. Die traditionelle ungarische Chronik des Mittelalters identifiziert die Ungarn vor der Zeit der Landnahme mit den Hunnen und Skythen. Die Chronik von Simon Kézai meint über den Reichtum von Attila zu wissen, daß sein Tisch und auch seine Küchengefäße aus purem Gold waren, und in das Feldlager nahm er immer ein künstlerisch angefertigtes Bett aus reinem Gold mit sich. Auch Graf Edmund Zichy, der namhafte Orientalist, der in Wien lebte und das Wiener und Budapester Museum für Kunst und Industrie unterstützte, legt in seinem Artikel dar, daß zu den ungarischen nationalen Merkmalen in erster Linie Verzierungen an Kleidungsstücken und Waffen gehören, da die nomadischen Ungarn ihre Schätze immer bei sich trugen.[25] Der Reichtum Attilas wurde in den achtziger Jahren mit Vorliebe geschildert. Auf einem großen Gemälde des in München lebenden ungarischen Malers Ferenc Paczka aus dem Jahre 1884 wird Attilas Zelt von mittelalterlichen Gegenständen und gleichzeitig auch mit lebendigen Motiven der Volkskunst geschmückt.[26] Das Bild trägt den Titel *Attilas Hochzeitsnacht.* (Abb. 6) Attila ist nach der verbrachten Hochzeitsnacht mit seiner Frau Ildikó im Jahre 453 mit blutender Nase gestorben. Auf diesem Gemälde nahmen die Goldfunde des Schatzes aus Nagyszentmiklós eine ganz einzigartige und für diese Zeitepoche symbolische Rolle ein, denn sie wurden damals für urtümliche „hunnische“ Reliquien gehalten.[27] Sie wurden in den kaiserlichen Sammlungen in Wien aufbewahrt und als Schatz Attilas bezeichnet. Die verschiedenen Objekte dieses reichen Fundes hat der Maler auf seinem Gemälde vielseitig verwendet; unter ihnen ist auch jene Tasse, die mit einem Stierkopf verziert ist und die damals als „Tasse Attilas” bezeichnet wurde. Der Maler präsentiert diese Tasse auf den Hals einer Flasche gestürzt, die ebenfalls zu diesem Goldfund gehört. Das Motiv des Stierkopfes wird auch noch in einem anderen Teil des Gemäldes wiederholt: zwei übergroße Exemplare davon bilden den Abschluß des fürstlichen Hochzeitsbettes, das mit bäuerlichen Kreuzstich-Stickereien und Webarbeiten aus Siebenbürgen bedeckt ist.

Nicht nur der Maler Ferenc Paczka war von der barbarischen Schönheit des damals so genannten „Schatzes Attilas“ beeindruckt. Unter den Zeichnungen der Fabrik Zsolnay für ihre Verzierungsmodelle wird dieses kleine Gefäß mit dem zurückschauenden Stierkopf unter der Bezeichnung „Attila-Coup“ geführt. Vergrößerte Exemplare davon sind auch als Behälter für Grabkerzen zu finden, so unter anderem auch neben dem Grab von Lajos Kossuth. Gegen Ende des Jahrhunderts ist das Oberhaupt der Hunnen nicht mehr nur ein Held der Chroniken, sondern bereits die symbolische Figur des nationalen Genius. In diesem Sinne wird er auch auf der Ehrenurkunde zum fünfzigsten Jahrestag des Schriftstellerjubiläums von Mór Jókai abgebildet, auf welcher der Paradewagen Attilas – der „Geißel Gottes” – nicht von kämpferischen Pferden, sondern von den leicht bekleideten Musen der Künste gezogen wird.[28] (Abb. 7)

Zur Zeit des Millenniums dienten nicht nur die einzelnen Motive des Schatzes aus Nagyszentmiklós als Grundlage für die Gestaltung des nationalen Stils, sondern auch andere archäologische Funde aus der Zeit vor der ungarischen

Landnahme. Jene Vorstellungen, nach denen die typischen Merkmale der Bekleidung in Grabfunden aus der Zeit der Landnahme in erster Linie mit ethnischen Unterschieden zu erklären sind, hatten natürlich auch Einfluß auf ihre Interpretation.[29] Nach den Ansichten der Historiker und Ethnographen am Ende des Jahrhunderts müssen die urgeschichtlichen Forschungen mit den Untersuchungen der gegenwärtigen Volkskultur ergänzt werden, da sich *die Spuren der Urgeschichte in der Volksbildung verbergen können.*[30] Der Zeitraum, in welchem die urgeschichtlichen Aspekte im ungarischen Nationalbewußtsein in den Vordergrund getreten sind, ist in den Jahren um das Millennium anzusetzen, und zwar parallel zu dem urgeschichtlichen Forschungsdrang in den tschechischen, rumänischen und deutschen Gebieten sowie auch bei anderen Völkern. Der Anstoß für dieses Interesse kann nur teilweise mit einer zahlenmäßigen Zunahme von Funden begründet werden, viel wichtiger waren von diesem Aspekt aus die territorialen Ansprüche der einzelnen Nationen.[31]

Daraufhin war man dann bestrebt, die Waffenfunde der Gräber, die Gürtelbestandteile und Vorderplättchen von Hirtentaschen aus gegossenem Metall, ja sogar vollständige Bekleidungen mit den lebenden volkstümlichen Bauerntrachten zu vergleichen. Der Archäologe Géza Nagy stellt fest, daß die ungarische Kleidung zur Zeit der Völkerwanderung dem persischen Einfluß aus der Sassanidenzeit (3.–7. Jahrhundert n. Chr.) unterliegt und sich auch in die Richtung der Bekleidung von hunnischen und türkischen Völkern entwickelt, die aus Innerasien auswandern, wobei sie „im Grunde genommen in unseren heutigen Volkstrachten bestehen geblieben ist (….), in denen (….) mehr ursprüngliche Elemente in ihrer eigentlichen Form überliefert wurden“, als beim ungarischen Galaanzug, der als Festbekleidung der Herren galt.[32] Nicht nur die Motive der volkstümlichen Verzierungskunst, sondern auch archäologische Objekte sind Quellen für einen ungarischen Stil. Als Beispiel für diesen konstruierenden Prozeß sollen einige Illustrationen aus einer repräsentativen Veröffentlichung zum Beginn des Jahrhunderts erwähnt werden und zwar Illustrationen aus dem historischen Werk „Árpád und die Árpáden“ von 1907, das zum Millennium des Todesjahres von Árpád herausgegeben wurde.[33] Der Band wurde von Archäologen und Historikern zusammengestellt, unter ihnen der Historiker Dezső Csánki sowie die Archäologen József Hampel und Elemér Varjú. Auf der Titelseite sind die Verzierungsmotive der Heiligen Krone zu sehen und auf der Rückseite des Umschlages die Verzierungen des Schatzes von Nagyszentmiklós. Auf den inneren Titelblättern, wie zum Beispiel auf der Seite mit der Aufschrift „Denkmäler der Landeroberer“, sind bekannte Motive aus der byzantinischen Textilkunst des 5. bis 7. Jahrhunderts aneinandergereiht, zu denen die Originalwerke aus Wiener, Berliner und anderen ausländischen Museen als Muster dienten, beziehungsweise auch Motivsammlungen.[34] (Abb. 8) In seinem Vorwort zu diesem Band erklärt Dezső Csánki die Verwendung von byzantinischen und sassanidischen Motiven; er meint, daß diese teilweise in den persischen (sassanidischen) königlichen und auch in den byzantinischen kaiserlichen Fabriken entstanden sind, und daß die Prunk liebenden, herrschaftlichen Vertreter der landnehmenden Ungarn an diese Textilien mit ihren Tierfiguren, reitenden Bogenschützen und Fürstenabbildungen durch Tauschhandel in Südeuropa oder entlang des Schwarzen Meeres gelangen konnten.[35]

Die Ähnlichkeiten der Motive an den sassanidischen und byzantinischen Textilien sowie an den Goldschmiedearbeiten aus ungarischen Grabfunden erklärt József Hampel damit, daß „die Gewebehersteller und die Goldschmiede. die die Silbergegenstände verzierten, nach einem gemeinsamen Muster arbeiteten; es besteht sogar die Möglichkeit, daß häufig die Seidenstoffe selbst (…) als Muster dienten, die dann vom Goldschmied und den anderen Meistern nachgeahmt wurden“.[36] Diese Seidenstoffe waren aus den Prachtalben von Friedrich Fischbach und Julius Lessing über Textilornamente bereits seit Jahrzehnten bekannt.[37] Auf den von ihm veröffentlichten Bildtafeln reihen sich solche Textilfragmente aus den Reliquiaren des Servatius-Klosters in Maastricht aneinander, wie zum Beispiel der „Dioskuren-Stoff“ oder die Textilmotive mit den fürstlichen Bogenschützen.[38] (Abb. 9) Von den Planern des Bandes über die Árpádenzeit werden die ungarischen Grabfunde und darunter die damals für Helmverzierungen gehaltenen Vorderplättchen der Säbeltaschen auch farbig illustriert, in Einklang mit den byzantinischen Textilbildern. Sie verwendeten nicht nur diese Überlieferungen aus der Zeit der Völkerwanderung, sondern auch jene Motive mit Pfauen und Vögeln, in dessen volkstümlichen Varianten mehrere Forscher, unter ihnen auch der Anhänger der volkstümlichen Ornamentik, József Huszka, die Beweise für das Fortbestehen des uralten ungarischen Sonnenkultes sahen. Außer den Motiven aus den Grabfunden der Zeit der Landnahme nahm Huszka in seine ab 1885 veröffentlichten ungarischen Ornamentikparadigmen auch die Ornamente der soeben erwähnten persischen und sassanidischen Textilien auf.[39] (Abb. 10)

Nicht nur die soeben genannten Beispiele belegen, daß die byzantinischen Textilfragmente und Grabfunde zur Zeit des Millenniums eine Inspirationsquelle waren, sondern auch die Ziergefäße der Fabrik Zsolnay. Im Hintergrund der Motivkongruenz kann höchstwahrscheinlich auch die Verbindung zwischen dem Archäologen József Hampel und Vilmos Zsolnay stehen, beziehungsweise seine Fachberatung, die er der Familie geleistet hat.[40] Im Zusammenhang mit den ornamentalen Ausführungen im Saal des Heiligen Stephans in der Königlichen Burg zu Buda, der von ihm im Jahre 1900 geplant wurde, erklärt der Architekt Alajos Hauszmann, daß er bei der Planung beabsichtigt hatte, eigentlich den zerrissenen Leitfaden des ungarischen Stils zur Zeit der Landnahme wieder aufzunehmen.[41]

In den theoretischen Diskursen über die Ornamentik um die Jahrhundertwende boten sich der Gestaltung eines ungarischen nationalen Stils zwei Wege. Die eine Gruppe von Historikern und Künstlern meinte, daß der ungarische Stil im Sinne des *nationalen Historismus* auf der Grundlage von historischen Stilrichtungen und Funden aus der Zeit der ungarischen Landnahme geformt werden müsse. Im Gegensatz dazu lehnten die Befürworter einer nationalen *Ornamentik,* deren *Ursprung in der Volkskunst* zu suchen ist, die Traditionen des Historismus ab, und sie nahmen an, daß die Verzierungspraktiken in der Hausindustrie ihrer eigenen Zeitepoche die ornamentalen künstlerischen Elemente des Ungarntums aus der Zeit vor der ungarischen Landnahme im Wesentlichen bewahrt haben. Besonders Ödön Lechner vertrat die Meinung, daß die nationale Ornamentik im Kreise der Landbevölkerung weiterlebte, daß sie nur erforscht werden müsse, damit sie als Grundlage für anspruchsvollere künstlerische Aufgaben dienen kann.[42] Im Hintergrund der Diskurse über die Ornamentik standen letztendlich immer die Fragen der Geschichtsauffassung des Historismus. Sowohl die Anhänger des nationalen Historismus als auch die der volkstümlichen Ornamentik benutzten die historischen Überlieferungen zur Unterstützung ihres eigenen Argumentensystems, wobei die Ornamentik auf der einen Seite als Beweis der historischen Entwicklung dient und sie auf der anderen Seite – die hier mit den Ansichten von József Huszka illustriert wurde – lediglich ein Zeichen des Fortbestehens einer nationalen Ursubstanz ist, welche über Jahrtausende hinweg bewahrt wurde, und dabei gleichzeitig auch ein Beweis für das Weiterleben des Volksgeistes und eines historisch unveränderten nationalen Charakters ist.

Die Motive an historischen Überlieferungen wurden nicht nur in Ungarn in die Quellen zur Konstruktion einer nationalen Ornamentik mit einbezogen. Im Wesentlichen hat sich der gleiche Prozeß auch im Zusammenhang mit der Ornamentik anderer Nationen abgespielt. Der hier bereits mehrmals erwähnte Friedrich Fischbach, der in den siebziger Jahren Mitarbeiter des Wiener Museums für Kunst und Industrie war, welches von Rudolf von Eitelberger geleitet wurde, publizierte in den letzten Jahren des Jahrhunderts eine Reihe von Werken über die germanische Ornamentik. Der nicht mit weniger Phantasie als der Forscher des Ursprungs der ungarischen Volksmotive – József Huszka – gesegnete Fischbach meinte die Urquellen der germanischen Motive in der assyrisch-babylonischen Kunst oder in den indischen Antiquitäten zu entdecken.[43] Bestimmte Ornamente betrachtet auch Fischbach als Reste des uralten arischen Sonnenkultes, ähnlich wie Huszka. (Abb. 11) Zur gleichen Zeit stützen sich die Anhänger der Konstruktion einer rumänischen nationalen Ornamentik auf andere historische Zusammenhänge.

Die Unerläßlichkeit der Konstruktion einer rumänischen nationalen Ornamentik ergab sich im Zusammenhang mit den Verzierungen beim Bau der romanisch orthodoxen Kathedrale in Hermannstadt (rum.: Sibiu) am Ende des Jahrhunderts. Eine führende Rolle hierbei nahm der in Ungarn geborene Rumäne Oktáv Smigelschi ein, der die Ornamente der Kirche von Hermannstadt in erster Linie aufgrund von Motiven der byzantinischen Kunst aus Venedig und Ravenna formte. Zum Thema der rumänischen nationalen Ornamentik erschienen bereits in den neunziger Jahren Publikationen und den Quellen zufolge waren diese nicht ganz unabhängig von den Diskussionen in Ungarn über die ungarischen Verzierungsstile. Mancher der rumänischen Autoren stellt sogar fest, daß die sich mit dem ungarischen Motivschatz beschäftigenden Fachleute eigentlich die Volksmotive rumänischen Ursprungs für sich beschlagnahmt haben.[44]

Die Entdecker der ungarischen Volkskunst mußten also bei Ornamentik-Streitfragen nicht nur in einheimischen Diskussionen Stellung nehmen, sondern auch im ganzen Gebiet der Monarchie, Streitfragen, die außerhalb der Monarchie diskutiert wurden und die in den meisten Fällen von nationalen Ideologien überschattet wurden.[45]

Anmerkungen

1. Mundt, Barbara: Historismus. Kunsthandwerk und Industrie im Zeitalter der Weltausstellungen. Berlin 1973. – Dies.: Zur Frühgeschichte der Kunstgewerbe-Museen und ihrer heutigen Aktualität. In: Kunstchronik 1974. 10, S. 329-330. – Pieske, Christa: Die Vermittlerrolle der Graphik. Ein Systematisierungsversuch für die „Volkskunst“-Forschung. In: Jahrbuch für Volkskunde. Neue Folge 15. 1992, S. 150-160.
2. Das schmückende Motiv. Bedarf und Tradition. In: Schneider-Henn, Dietrich: Ornament und Dekoration: Vorlagenwerke und Motivsammlungen des 19. und 20. Jahrhunderts. München – New York 1997, S. 5-24.
3. Über die vergleichenden völkerkundlichen Forschungen in den Jahren um 1900 siehe: Karasek, Erika – Tietmeyer, Elisabeth: Das Museum Europäischer Kulturen: Entstehung – Realität – Zukunft. In: Faszination Bild. Ausstellungskatalog zum Pilotprojekt. Museum Europäischer Kulturen: Museum für Volkskunde und Fachreferat Europa des Museums für Völkerkunde. Claassen, Uwe / Tietmeyer, Elisabeth (Hg.) Berlin: Staatliche Museen zu Berlin Preußischer Kulturbesitz. 2002, S. 13-26.
4. Das ungarische Volk. Holzschnitt. Probeabzug von Gusztáv Morelli nach dem Bild von Árpád Feszty zu dem Band „Die Österreichisch-Ungarische Monarchie in Wort und Bild“ über Ungarn, um 1888. Datenarchiv der Ungarischen Nationalgalerie. Inv. Nr.: 19190-19192/1975.
5. Mit diesem Themenbereich befassen sich auch noch andere Studien der Autorin: Diskussionen über die nationale Ornamentik. (Viták a nemzeti ornamentika körül.) In Vorbereitung. – Ebenfalls: Wissenschaftsgeschichtliche Anmerkungen zur Frage der „nationalen Formsprache“ 1873-1906. (Tudománytörténeti megjegyzések a „nemzeti forma-nyelv“ kérdéséhez 1873-1906). In: Gergely, András A. (Red.): Anthropologie der Nation. (A nemzet antropológiája.) (Zur Begrüßung von Tamás Hofer.) Budapest 2002, S. 287-303.
6. Kresz, Mária: Die Entdeckung der ungarischen Volkskunst. (A magyar népművészet felfedezése.) (Zum 100. Jahrestag der Entdeckung der europäischen Volkskunst.). In: Ethnographia 1968. 79 (1) S. 1-36. – Kresz, Mária – Szabolcsi, Hedvig: Die Entdeckung der Volkskunst, Studien über Volkskunst und Kunstgewerbe 1875-1899. (A népművészet felfedezése. Tanulmányok a népművészetről és iparművészetről 1875-1899). In: Documentatio Ethnographica Nr 4., 1973. – Hofer, Tamás: Historisierung des Ästhetischen. Die Projektion nationaler Geschichte in die Volkskunst. In: Johler, Reinhard – Nikitsch, Herbert – Tschofen, Bernhard (Hg.): Ethnische Symbole und ästhetische Praxis in Europa. Tamás Hofer zum 70. Geburtstag. Wien: Selbstverlag des Instituts für Volkskunde. S. 108-134. – Verebélyi, Kincső: Zeitalter und Stilrichtungen in der ungarischen Volkskunst. (Korok és stílusok a magyar népművészetben). Budapest: 2002.

7. Den Ausdruck *Artefakt* verwende ich nach Fabian: Fabian, Johannes: Ethnische Artefakte und ethnographische Objekte: Über das Erkennen von Dingen. In: Moravánszky, Ákos (Hg.): Das entfernte Dorf. Moderne Kunst und ethnische Artefakte. Wien – Köln – Weimar 2002 / Ethnologica Austriaca, Bd 3, S. 21-40.
8. Den Ausdruck Volkskunst hat erstmals wahrscheinlich Rudolf von Eitelberger im Jahre 1876 verwendet. Siehe: Grieshofer, Franz: Erforschung und Bewertung von Volkskunst in Österreich. In: Jahrbuch für Volkskunde. Würzburg – Innsbruck – Fribourg. Neue Folge 15. 1992, S. 88.
9. Kósa, László: Wissenschaftsgeschichte der ungarischen Volkskunde (A magyar néprajz tudománytörténete). Budapest 2001, S. 114-118.
10. Hampel, József: Über die alte ungarische Ornamentik (A régi hazai ornamentikáról). In: Magyar Iparművészet (Ungarisches Kunstgewerbe) Nr. 2. 1899, S. 99.
11. Semper, Gottfried: Der Stil in den technischen und tektonischen Künsten oder die praktische Ästhetik. Frankfurt am Main 1860. – Hier habe ich die zweite Auflage dieses Werkes verwendet. (Erstes Buch: Die Textile Kunst für sich betrachtet und in Beziehung zur Baukunst von Professor Gottfried Semper. Zweite Auflage) München, 1878. – Semper, Gottfried: Wissenschaft, Industrie und Kunst. Vorschläge zur Anregung nationalen Kunstgefühls. Braunschweig 1852. (Tudomány, ipar és művészet). Zusammengestellt, redigiert und Vorwort von Hans M. Wingler. Vorwort von Zádor Anna. Budapest 1980. – Über die Bedeutung siehe: Denkmäler aus Marmor oder Sandstein. Schriften aus fünf Jahrhunderten aus der Geschichte der Kunsthistorie. Zusammengestellt und Vorwort von Ernő Marosi. Budapest 1976, S. 75-76.
12. Gombrich, Ernst: The Sense of Order. A Study in the Psychology of Decorative Art. Oxford 1980, S. 51-62.
13. Über Owen Jones siehe: Völker, Angela: Historische Dekorstoffe und ihre mittelalterlichen Vorbilder. In: Alte und moderne Kunst 28. 1983, (186-187), S. 1-7. – Über die Betrachtungsweise primitiver Kulturen in der frühen Volkskunde: Korff, Gottfried: Volkskunst und Primitivismus. Bemerkungen zu einer kulturellen Wahrnehmungsform um 1900. In: Österreichische Zeitschrift für Volkskunde Bd. XLVIII./ 97. Wien 1994, S. 373-394.
14. Pulszky, Károly: Ornamente der Hausindustrie Ungarns (A magyar háziipar díszítményei). Budapest 1878.
15. Ebd. S. 6.
16. Pulszky, Károly: Kunstgewerbe und Stil (Iparművészet és stíl). Művészi Ipar (Kunstindustrie) 1886-1887. Nr. 1, S. 194-199.
17. Pulszky, Károly: Fragen zur Geschichte der ungarischen Töpferkunst. (A magyar agyagművesség történetére vonatkozó kérdések). In: Zwei Abhandlungen über Kunstgewerbegeschichte (Két iparművészet-történeti értekezés). Sonderdruck der Archäologischen Mitteilungen. (Archeológiai Értesítő). Jahrgang 1882, Budapest, S. 269-270.
18. L'ornement national russe. Première livraison. Broderies, tissus, dentelles. Édition de la Société d'Encouragement des Artistes. Avec texte explicatif de W. Stassoff. St. Petersbourg 1871.
19. Köstlin, Konrad: Volkskunde: Pathologie der Randlage. In: Geschichte der österreichischen Humanwissenschaften 4. Karl Acham (Hg.). Wien 2002, S. 369-414. – Schmidt, Leopold: Das Österreichische Museum für Volkskunde. Werden und Wesen eines Wiener Museums. Wien 1960, S. 22-23, 28.
20. Südslawische Ornamente. Gesammelt und gewidmet allen Ländern und Völkern zur Förderung der Kunstindustrie, nebst einer Abhandlung über die Verbreitung und Cultur der Südslaven. Herausgegeben von Felix Laÿ in Essegg in Slavonien. Der orna-

mentale Theil ist ausgeführt von Friedrich Fischbach. Hanau: Verlag von Friedrich Fichbach [1871].

21. Pulszky, wie Anm. 16, zitiert: 1885/86, S. 197.
22. Pasteiner war bestrebt, die von Winckelmann überlieferte Darstellung über die Entwicklung der Kunst mit der Theorie von Semper „zu verbessern“, trotzdem ist er jedoch nicht als kritikloser Anhänger des Biologismus zu betrachten. Seine Kunstauffassung ist der in den neunziger Jahren von Alois Riegl veröffentlichten Semper-Kritik in vielem voraus, wobei über Letzteren nachstehend noch gesprochen werden soll. Um die Flugschrift von Pasteiner entfaltete sich eine rege Polemik, an welcher der zeitgenössische Klassik-Philologe Aurél Bászel, weiterhin Miksa Mayer und Ferenc Pulszky teilnahmen, die Pasteiner hauptsächlich wegen seiner spezifischen Geschichtsauffassung angreifen. – Pasteiner, Gyula: Der derzeitige wissenschaftliche Stand zur Geschichte alter Künste (A régi művészetek történetének mai tudományos állása). Budapest 1875, S. 32-36.
23. Pasteiner, Gyula: Das nationale Element in der alten ungarischen Kunst (A nemzeti elem a régi hazai művészetben). Vortrag von Gyula Pasteiner auf der Sitzung der Archäologischen Gesellschaft am 23. Februar 1886. In: Művészi Ipar (Kunstindustrie) 1885-1886, S. 322.
24. Sinkó, Katalin: The Creation of a National Style of Ornamentation at the End of the Nineteenth Century. In: Hungarian Ceramics from the Zsolnay Manufactory, 1853-2001. Published for The Bard Graduate Center for Studies in the Decorative Arts, Design and Culture.Edited by Éva Csenkey and Ágota Steinert. New York – New Haven – London: Yale University Press. 2002, S. 45-54.
25. Zichy, Edmund: Warum blühte bei uns die bildende Kunst nicht auf? (Miért nem virágzott föl nálunk a képzőművészet?) In: Fővárosi Lapok (Hauptstädtische Blätter) 1869. Nr. 270, S. 1084.
26. Das Bild von Ferenc Paczka gelangte in die Burg Krasznahorka der Familie Andrássy und wird auch heute noch dort aufbewahrt (Krásnohorské Podhradie-Galéria, Slowakei).
27. Der Schatz wurde nach seinem Fundort Nagyszentmiklós (Komitat Torontál, Groß-Sankt-Niklas, heute Sînnicolau Mare, Rumänien) benannt und ist heute im Wiener Kunsthistorischen Museum zu finden. Eine Zusammenfassung der Ethnogenese im Karpatenbecken in einer neueren Betrachtungsweise, im Hinblick auf den Charakter des Goldschatzes, siehe: Csanád, Bálint: Das Karpatenbecken von der Landnahme bis zur Staatsgründung. In: Europas Mitte am 1000. Beiträge zur Geschichte Kunst und Archäologie. 27. Europaausstellung. Hg. von Alfried Wieczorek und Hans-Martin Hinz. Handbuch zur Ausstellung Bd. 2. Stuttgart, 2000. S. 555-563.
28. Ehrenurkunde zum 50-jährigen Jubiläum von Mór Jókai. Geschenk des Casinos von Sepsiszentgyörgy (heute Sfintu Gheorghe, Rumänien). Petőfi-Literaturmuseum. Siehe: Sonnenlicht und Mondschein (Napfény és holdfény). Die Welten Jókais. Ausstellungsauflage, Petőfi-Literaturmuseum, Red. Csilla Csorba, Anna Fábri, Zsuzsa Kalla. Dez. 2000. Bild vor der Titelseite.
29. Pulszky, Ferenc: Ungarische heidnische Grabfunde (A magyar pogány sírleletek). In: Abhandlungen aus dem Bereich der Geschichtswissenschaft. Hg. von der Ungarischen Akademie der Wissenschaften, XIV. Nr. 10. Budapest, 1891, S. 1-21. – Nagy, Géza: Reitergräber in Ungarn (Magyarhoni lovas sírok). In: Archäologische Mitteilungen, 1893, S. 223-234. – Ders.: Charakterisierung von hunnisch–awarischen und ungarischen heidnischen Grabfunden (A hunn–avar és magyar pogánykori sírleletek jellemzése). In: Archäologische Mitteilungen, 1893, S. 313-323. – Ders.: Bestattungen der

alten Kumanen (A régi kunok temetkezése). In: Archäologische Mitteilungen, 1893, S. 105-117.
30. Hofer, Tamás: Ethnologie und Urgeschichte zur Zeit des Millenniums (Néprajz és őstörténet a millennium idején). In: Ungarische Wissenschaft, 1996, Nr. 8., S. 1019.
31. Geary, Patrik J.: Europäische Völker im frühen Mittelalter. Zur Legende vom Werden der Nationen. Frankfurt am Main, 2002.
32. Nagy, Géza: Charakterisierung von hunnisch–awarischen und ungarischen heidnischen Grabfunden (A hunn–avar és magyar pogánykori sírleletek jellemzése). In: Archäologische Mitteilungen 1893. NF. 12, S. 313-323.
33. Árpád und die Árpáden. Historische Gedenkstätte. Redaktion: Dezső Csánki. Budapest 1907.
34. Königliche Museen Berlin. Die Gewebe-Sammlung des k. Kunstgewerbe-Museums. Im amtlichen Auftrag hg. von Julius Lessing. Berlin, ohne Jahresangabe [1900].
35. Vorwort von Dezső Csánki in der Notiz Nr. 32. Zitiert: Seite XIV. Die Vignetten und Schlußvignetten des Bandes wurden von Aurél Richter gemalt, größtenteils aufgrund der im Jahre 1900 erschienenen Bände des Werkes: Quellen zur Ungarischen Landnahme (Magyar honfoglalás kútfői), indem er den gravierten Mustern der bei den Ausgrabungen zum Vorschein gelangten Goldschmiedefunde das Erscheinungsbild von Textilien verlieh und sie ausmalte.
36. Hampel, József: Denkmäler der Landeroberer (A honfoglalók emlékei). In: Árpád und die Árpáden. In der Notiz Nr. 32. Zitat: S. 121-122.
37. Fischbach, Friedrich: Ornamente der Gewebe mit besonderer Benutzung der ehemaligen Bock'schen Stoffsammlung des K. K. Öst. Museums für Kunst und Industrie in Wien. Hg. und gezeichnet von Friedrich Fischbach. Hanau bei Frankfurt am Main 1874. – Ders.: Die Geschichte der Textilkunst nebst Text zu den 160 Tafeln des Werkes Ornamente der Gewebe. Hanau: 1883. – Ders.: Die wichtigsten Web-Ornamente bis zum 19. Jahrhundert. 635 Muster auf 162 Cartons und in Textheft. Gesammelt, gezeichnet und erläutert vom Friedrich Fischbach. Wiesbaden: ohne Jahresangabe [um 1901].
38. Otavsky, Karel 'Abbas Muhhamad Saltm, Muhamed: Mittelalterliche Textilien I. Riggisberg, 1995, S. 16.
39. Huszka, József: Ungarischer Ornamentenstil (Magyar díszítő styl.). Budapest: 1885. – Ders: Ornamentangaben zur Urgeschichte der Ungarn (Ornamentikai adatok a magyarok őstörténetéhez.) „Századok" (Jahrhunderte) 7. 1892, S. 537-549. – Ders.: Szekler-Haus. (Székely ház.) Anhang: Fiók, Károly: Über den Kontakt von Ariern und Ugriern. (Az árják és ugorok érintkezéséről). Budapest 1895. – Ders.: Urgeschichtliche Bezüge unserer sachbezogener Ethnographie. (Tárgyi etnográfiánk őstörténeti vonatkozásai.) Budapest 1898, Magyar Néprajzi Társaság (Ungarische Gesellschaft für Volkskunde). In: Néprajzi füzetek (Volkskundehefte), Nr.7.
40. Sinkó, wie Anm. 24.
41. Alajos Hauszmann: Der Saal des Heiligen Stephans in der Königlichen Burg zu Buda (A budai királyi vár Szent István terme). In: Vasárnapi Újság (Sonntagsblatt) 47. Folge 1900, S. 409-413.
42. Lechner, Ödön: Eine ungarische Formensprache gab es nicht, aber es wird eine geben (Magyar formanyelv nem volt, hanem lesz). In: Művészet (Kunst), V. 1906, S. 1-18.
43. Fischbach, Friedrich: Ursprung der Buchstaben Gutenbergs. Beitrag zur Runenkunde von Friedrich Fischbach. Mainz 1900. – In der Literatur der Urgeschichte der Kunst herrscht die allgemeine Anschauung vor, daß die auf prähistorischen Objekten gefundenen einfachen geometrischen Zeichen, Kreise und Kreuze, sogar auch einige Tiere, z.B. Vögel und Pferde, symbolische Zeichnungen sind, die aus der gemeinsamen eu-

ropäischen Naturreligion stammten. Zur Streitfrage wurde jedoch ihr morgenländischer oder ihr westlicher Ursprung.

44. Er erwähnt, daß die Ungarn, wann immer sie nur können, die Rumänen als ein Volk niederen Ranges darstellen, dann kommt es wiederum mehrmals vor, daß die Produkte rumänischer Bauern als ungarische Produkte dargestellt werden, um mit ihnen die Bewunderung des Auslands zu erkämpfen. In einer siebenbürgischen Werkstatt der Hausindustrie arbeiten zum Beispiel auch rumänische Frauen, und trotzdem werden ihre Arbeiten als Produkte der „Szekler Manufaktur" vertrieben, oder in einer Illustrierten in Klausenburg (Cluj-Napoca, Rumänien) werden die Muster von rumänischen Stickereien und Näharbeiten als „Urungarische Muster" beschrieben. Tribuna 41 (1893) Nr. 64. Febr. 8. 253. Zitiert von: Terdik, Szilveszter: Das Denkmal der Kultur, der Religion und der Nation. Über die romanisch orthodoxe Kathedrale in Hermannstadt (Sibiu, Rumänien) unter besonderer Berücksichtigung des Schaffens von Oktáv Smigelschi. 2003. (in Vorbereitung.)

45. Korff, Gottfried: Volkskunst als ideologisches Konstrukt? Fragen und Beobachtungen zum politischen Einsatz der „Volkskunst" im 20. Jahrhundert. In: Jahrbuch für Volkskunde Neue Folge 15. 1992, S. 23-50. – Hofer, Tamás: Die ungarische Volkskunst im Kraftfeld wechselnder Interpretationen. In: Jahrbuch für Volkskunde Neue Folge 15. 1992, S. 67-80.

Abbildungen

Abb. 1:
Das ungarische Volk. Holzschnitt. Probeabzug von Gusztáv Morelli nach dem Gemälde von Árpád Feszty. Aus: Österreichisch-Ungarische Monarchie in Wort und Bild. Ungarn, Wien 1888. – Datenarchiv der Ungarischen Nationalgalerie. Inv. Nr. 19190-19192/1975.

Abb. 2:
Kissenstickerei mit geometrischen Ornamenten, slowakische und ungarische Bauernarbeiten. Illustrationsblatt aus: Károly Pulszky: Ornamente der Hausindustrie Ungarns (A magyar háziipar diszítményei). Budapest 1878, Taf. 24.

Abb. 3:
Kissenstickerei mit ungarischen Blumenmotiven. Dto., Taf. 9.

Abb. 4: W. Stassoff: L'ornement national russe. St. Petersbourg 1871 (Titelseite).

Abb. 5: Dekorvase mit ungarischer Pflanzenornamentik auf Goldgrund. Keramik aus der Fabrik Zsolnay, um 1885

Abb. 6: Attilas Hochzeitsnacht. Franz Paczka p. 1886. Museum Krásnohorské Podhradie-Galéria, Slowakei (Postkarte).

Abb. 7: Paradewagen Attilas, von den Musen gezogen. Aus der Ehrenurkunde zum 50-jährigen Jubiläum von Mór Jókai. Geschenk des Kasinos von Sepiszentgyörgy (heute Sfintu Gheorghe, Rumänien). Petőfi-Literaturmuseum, Budapest.

Abb. 8:
Denkmäler der Landeroberer. Aurél Richter p., Ornamente aus persischen und sassanidischen Textilmotiven. Aus: Dezső Csánki: Árpád und die Árpáden, Budapest 1907. (Vor S. 105)

Abb. 9: Reitende Bogenschützen. Aus: Friedrich Fischbach: Die wichtigsten Webe-Ornamente bis zum 19. Jahrhundert. Wiesbaden o. J. [1901]. 635 Muster auf 162 Kartons mit Textheft. Gesammelt, gezeichnet und erläutert von Friedrich Fischbach. Bd. I Taf. VI.

Abb. 10:
Blumen-, Palmetten- und Lebensbaummotive, Grabfunde aus der Zeit der Landnahme und Ornamente von ungarischen Bauernarbeiten. Illustrationstafel aus: József Huszka: Ungarische Ornamentik. Budapest 1898, Taf. XII.

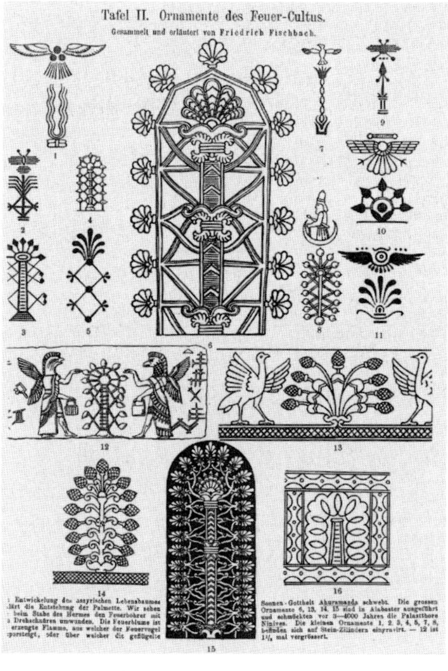

Abb. 11:
Entwicklung des assyrischen Lebensbaumes. Aus: Friedrich Fischbach: Ursprung der Buchstaben Gutenbergs. Beitrag zur Runenkunde. Mainz 1901. „Ornamente des Feuer-Kultes“, Taf. II.

László Szabó

Anschauungsbilder in Schulen und die Malerei

Die ungarische kunsthistorische Forschung behandelte die angewandte Graphik manchmal stiefmütterlich. In den letzten Jahrzehnten haben die unterschiedlichen Kunstblattserien, Presse-Illustrationen, Plakate und andere reproduzierte Graphiken immer mehr Interesse erweckt und dazu beigetragen, daß die Kultur der Bilderverwendung bekannt wurde. Auch haben sie auf die enge Beziehung zwischen den populären Erscheinungsformen der Graphiken und denen der traditionellen „hohen“ Kunst der Malerei hingewiesen. Die kunstgeschichtlichen Interessen haben sich bis jetzt nur wenig auf die in Grund- und Mittelschulen benutzten bildlichen Darstellungen gerichtet, seien es die Illustrationen der Lehrbücher, Atlanten oder Anschauungsbilder. Alle diese Erscheinungen sind eher Gegenstand der Geschichte der Pädagogik gewesen. Die Verwendung von Schulwandbildern hatte aber doch auch eine gewisse Entwicklung in Richtung der künstlerischen Erziehung und damit des Kunstsinnes eingeleitet.[1]

Im folgenden möchte ich über zwei in Ungarn herausgegebene Anschauungsbilderserien und über deren Beziehung zur Malerei sprechen. Doch zuvor muß ich bemerken, daß die Malerei und ein veranschaulichender Unterricht von Anfang an eng miteinander verbunden waren.

Der Beginn des Anschauungsunterrichtes ist mit Comenius' Werk *Orbis sensualium pictus* anzusetzen, das 1685 erschien und sich rasch mit unzähligen Auflagen und Übersetzungen in ganz Europa verbreitete. Comenius' Name begegnete einem früher nicht so häufig in der kunstgeschichtlichen Literatur, doch heute wird seine Tätigkeit im Zusammenhang mit der holländischen Malerei im 17. Jahrhundert immer öfter erwähnt. Comenius wird von mehreren Nationen als ihnen zugehörig betrachtet, so auch von den Ungarn, da er während seiner Tätigkeit als Lehrer in Sárospatak (Schlammbach) zwischen 1650 und 1654 den *Orbis pictus* verfaßt hat. Dieses Werk ist nicht nur das erste realistische Anschauungsbuch in der pädagogischen Literatur, sondern wurde auch zum Vorbild der in den Schulstuben vorhandenen Wand- und Anschauungsbilder in den nächsten Jahrhunderten. Durch die von Comenius eingeführten realistischen Abbildungen gewannen die Bilder eine neue, didaktische Funktion.[2]

Der beschreibende Charakter der holländischen Malerei des 17. Jahrhunderts und die veranschaulichende Art der Bilder des Comenius sind sich im wesentlichen sehr nahe. Aufgrund ihrer gemeinsamen typischen Merkmale schreibt Comenius im Vorwort zum *Orbis pictus*, daß man mit Bildern drei Ziele erreichen kann. Man braucht Bilder, um bildliche Eindrücke zu gewinnen, da wir nichts erfassen, wenn wir es zuvor nicht wahrgenommen haben. Zugleich ergänzt das Bild die Sprache, da es die von der Sprache bezeichneten Sachen konkret erfahrbar macht. Und als letztes kann man durch das Bild eindrücklicher lernen, es regt die Lust zum Lernen an.[3]

Auf Comenius' Tätigkeit und pädagogische Grundsätze hat sich in der zweiten Hälfte des 18. Jahrhunderts die bürgerliche Erziehungsbewegung von Johannes Basedow gestützt. Basedows 1774 herausgekommenes Standardwerk: *Vorschlag und Nachricht von bevorstehender Verbesserung des Schulwesens durch das Elementarwerk, durch Schulcabinette, Educationshandlung und ein elementarisches Institut,* enthält Kupferstiche als Schaubilder. Basedow hat diese Kupferstiche auch separat auf hartes, starkes Papier drucken lassen, so daß die Schüler sie einzeln in die Hand nehmen konnten. An der Wende des 18. zum 19. Jahrhundert erschienen die ersten Wandanschauungsbilder in den deutschen Schulen, auch wegen der meist übervollen Klassen. Anfangs waren die Bilder noch kleiner, doch sie wurden nicht mehr in die Hand genommen, sondern an die Wand gehängt.

In Europa wurden die größeren pädagogischen Wandbildserien in den Grundschulen seit der Mitte des 19. Jahrhunderts gebräuchlich. Eine allgemeine Anforderung an Anschauungsbilder war die wirklichkeitsgetreue Abbildung, aber auch die Vereinfachung der Darstellung gehörte dazu. Sie sollte bezwecken, daß im Zusammenhang mit den Bildern auch einfache Fragen gestellt werden konnten. Ziel solcher Darstellungen war ferner das Erkennen von Situationen, also die Darbietung der von dem Kind miterlebbaren Handlungen oder Lebenssituationen.

Im Zusammenhang mit den Anschauungsbildern können drei didaktische Prinzipien erkannt werden: das Prinzip der Information, worunter verstanden wird, daß das Lehrmaterial anschaulich vorgetragen sein soll; das Prinzip der Begriffsbildung, also daß Anschauungsbilder durch ihre Art der Darstellungen zum Festhalten der Begriffe beitragen, und das Prinzip der ästhetischen Erziehung, das auch die künstlerische Ausführung der Bilder einschließt.[4]

Diesen Anforderungen und Funktionen sollte die erste ungarische, für Schulen ausgegebene Wandtafelserie entsprechen. Zur Veröffentlichung ist es nach dem Österreich-Ungarischen Ausgleich von 1867 parallel mit der Reform des ungarischen Unterrichtswesens von 1872 gekommen. Die Einführung der Reform war Baron József Eötvös zu verdanken, der in dem Kabinett das Amt für Kultur inne hatte. Die aus insgesamt vierzig Tafeln bestehende, farbige lithographische Serie diente zwischen 1874 und 1877 als Hilfsmittel für die Sprach- und Denkübungen der unteren Grundschulklassen. Die Bilder bildeten keine Illustrationen des Lehrmaterials, sondern wurden als selbständige Lehrmittel benutzt. Als Quellen sind wahrscheinlich die Serien von Hermann Wagner (1824-1879) wie *Entdeckungsreisen in Feld und Flur* oder *Die Werkstätten der Handwerker* anzunehmen.

Die erste lithographische Serie hat den Alltag des ländlichen Lebens, die Schule, das Heim, die Beschäftigungen um das Haus, die verschiedenen bäuerlichen Tätigkeiten und ferner naturkundliche Tafeln vorgestellt; sie unterstützten das pädagogische Ziel, die Kinder zur Arbeit zu erziehen. Der Begründer der Bildserie, Pál Gönczy, war von 1870-80 der Leiter des Grundschulunterrichtes im Ministerium. Eine seiner wichtigen Zielsetzungen war es, die Schulen auch mit Anschauungsmitteln auszustatten. Gönczy hatte die Grundsätze der auf protestantischen Traditionen aufgebauten Pädagogik in seiner Jugend in Deutschland und in der Schweiz kennengelernt. Als staatlicher Beamter versuchte er vor allem, Pestalozzis pädagogische Auffassung in dem heimischen Unterricht zu verankern. Er war ein überzeugter Verfechter des veranschaulichenden Unterrichtes. Aus pädagogischen Grundsätzen verbot er die bildliche Ausstattung der Lehrbücher für die Grundschule, damit die Bilder nicht die Aufmerksamkeit der Kinder von der schweren Aufgabe des präzisen Lesens ablenkten. Lesebücher wurden daher anstatt mit Bildern mit wechselnder Typographie versehen. Die von Gönczy zusammengestellte Thematik der Schulwandbilder beruhte auf dem Gedanken einer einheitlichen nationalen Kultur. Die Modernisierung des Unterrichtswesens bedeutete zur selben Zeit auch das Vereinheitlichen der Bildung, aber als Folge brachte sie eine Nivellierung der Verschiedenheiten einzelner bäuerlicher Kulturen und ihrer Traditionen mit sich. An der Ausführung der Anschauungsbilder wirkten ausgezeichnete heimische Künstler ihrer Zeit mit.

Die Anschauungsbilder stellen Lebenssituationen, Arbeiten, Gebäude, Arbeitsgeräte, Tiere und Pflanzen vor und zwar realistisch, sie bringen nicht das Individuelle oder Besondere, sondern das Typische. Die übervolle und zugleich realistische Welt der Anschauungstafeln hat die Kinder zur komplexen Begriffsbildung angeregt. Zum begrifflichen Verstehen einer Abbildung leisten die auf den Tafeln erscheinenden Lebenssituationen gute Hilfe. Eines der Merkmale der Serie ist deshalb die Darstellung von genrehaften Szenen. Auf den einzelnen Blättern sind bekannte oder als bekannt erscheinende Situationen, Lebenslagen und Ereignisse zu sehen, die immer wieder an Themen der Genremalerei anklingen. Die Komposition einiger Blätter der Serie kann tatsächlich auf konkrete Vorbilder aus der Malerei zurückgeführt werden. Die Blätter der Anschauungsbilder-Serie wurden nicht nur für den Unterricht in der Schule benutzt, sondern auch als Wandschmuck für die bürgerlichen Wohnungen erworben. Die von Pál Gönczy entworfenen Schulwandbilder waren bis zur Jahrhundertwende in beiden Schulsystemen, in den staatlichen und auch in den Konfessionsschulen, in Gebrauch.

Um die Jahrhundertwende können wir schon eine Reihe von verschiedenen Anschauungsmitteln in den ungarischen Schulen finden: Globen, Landkarten, Naturkundetafeln, Anschauungsbilder und verschiedene chemische und physikalische Demonstrationsmittel. Es wurden zahlreiche Schulwandbilder-Serien durch den inländischen Handel in Umlauf gebracht. Beispielsweise waren in dem Lehrmittelangebot von der Robert Lampelschen Buchhandlung in Budapest (gegr. 1795, ab 1874 Inhaber Philipp Wodianer) nicht nur Tafeln mit verschiedenen handwerklichen Geräten wie Spaten, Hacke, Wagen, Schiebekarren und Musterstücke anderer Instrumente vorhanden, sondern die Buchhandlung führte auch eine große Auswahl der als Hilfsmittel für Sprach- und Denkübungen benutzbaren Anschauungsbilder. Ein Teil davon wurde in Ungarn herausgegeben, die meisten Schulwandbilderaber waren vor allem deutscher Herkunft oder ihre auf Ungarisch übersetzten Versionen. Die originalen deutschen Bildtitel wurden mit ungarischen Texten überklebt.[5]

Auf Initiative des Kultusministeriums begann 1900 eine neue Vorbereitung der Ausgabe der Schulwandtafeln. Für die heimischen Künstler wurde ein Wettbewerb ausgeschrieben, Kunstblätter mit historischer Thematik anzufertigen. Die 1914 erschienene, 20 Blätter umfassende Serie war für den Grundschulgebrauch bestimmt. Zwischen den Jahren 1913 und 1915 kamen eine aus insgesamt 20 Blättern bestehende, ungarische Geschichte illustrierende Wandbildserie heraus, die für die Grundschule gedacht und durch staatliche Mittel gefördert wurde. Diese den Schulen zugedachten Wandbilder waren jedoch nicht die üblichen Anschauungstafeln und konnten auch der Didaktik der Veranschaulichung nicht entsprechen, so sehr diese pädagogischen Ziele auch betont wurden. Ihre wahre Bestimmung war es, das künstlerische Gefühl in den Grundschülern zu erwecken und durch die Geschichtsbilder die patriotische Begeisterung der Jugend wachzurufen.[6]

Die Geschichte dieser letzteren Schulwandbild-Serie begann im Jahre 1899. Gyula Wlassics, Minister für Religion und Unterrichtswesen, hatte eine Anzahl von Wissenschaftlern und Pädagogen zusammengerufen, um die Grundzüge der für die Volksschulen auszugebenden, künstlerisch zu gestaltenden Anschauungsbilder zu bestimmen. Der Minister hielt es für wünschenswert, daß die in die Schulen kommenden Tafeln von künstlerischem Wert und zugleich pädagogisch nachhaltig waren. Er wollte zudem für die Anschaffung und Ausstellung von englischen, französischen und deutschen Anschauungsbildern sorgen. Die Ausstellung der ausländischen Bilder wurde 1900 in den Sälen der Landesgalerie, dem Gebäude der Ungarischen Akademie der Wissenschaften, organisiert. Zur Festlegung von Themenkreisen für die neuen inländischen Anschauungsbilder wurden ausgezeichnete Wissenschaftler dieser Zeit aufgefordert. Für die oberen Klassen der Grundschule hatte der Minister letzten Endes die Ausgabe einer ungarischen Geschichtsserie unterstützt. Nebenbei muß bemerkt werden, daß die Szenen der ungarischen Geschichte nicht nur durch die an den Wänden der Museen hängenden, teils großformatigen Gemälde im Verlauf des Jahrhunderts allgemein bekannt wurden, sondern hauptsächlich durch die populären Blätter der vervielfältigen Graphik. Auf diesem Gebiet war die verlegerische Tätigkeit des Pester Kunstvereins (Pesti Műegylet) und des Ungarischen Landesvereins der bildenden Künste (Országos Magyar Képzőművészeti Társulat) am wichtigsten. Nach den berühmten Gemälden wurden Kunstblätter als Lithographien oder Ölfarbendrucke gefertigt. Die historischen Serien erschienen auch in populären Ausgaben. Auf diesem Gebiet haben Illustrierte Zeitschriften wie die „Sonntagszeitung" (Vasárnapi Újság) oder „Der Spiegel des Landes" (Ország Tüköre) eine wichtige Rolle gespielt. Die Beilagen dieser Zeitschriften haben dafür gesorgt, daß sich die Bilder der ungarischen Geschichte in der breiten Masse verankerten. Diese Gemäldereproduktionen hingen nicht nur an den

Wänden der Kanzleien, Gemeinschaftsgebäude oder Heime, sondern viele von ihnen dienten auch zur Dekoration der Klassenräume. Der Minister nun wollte diese Bilder für die Schulen durch eine Serie ersetzen, die ein einheitliches Geschichtsbild darbot.[6]

Die verantwortlichen Wissenschaftler hatten an die Schulwandbilder zwei grundsätzliche pädagogische Anforderungen gestellt: Sie sollten leicht zu verstehen und ebenso von ästhetischem Wert sein. Sie hatten nicht als Illustrationen von Texten und auch nicht als kategorische, politische Geschichte darstellende Werke zu dienen, sondern man sollte aufgrund der Ethik die Ereignisse der bewegten Geschichte unserer Nation auswählen, die als ewig begeisternde und veredelnde Beispiele die Tugend der Selbstaufopferung vertraten. Wissenschaft sollte Wissen, Kunst wiederum Seele in die sich entwickelnde Generation einflößen, – so hieß es. Die Redakteure haben sich bei dem Bestimmen des Themas der einzelnen Abbildungen auf bekannte historische Gemälde als Muster berufen. Ich möchte einige Beispiele zur Illustrierung der Beziehung zwischen den Motiven der Malerei und den anzufertigenden Anschauungsbildern nennen.

Das Bild von der „Landnahme" sollte aufgrund eines Teils des für das Parlament gefertigte Gemäldes von Mihály Munkácsy und dem Rundgemälde von Árpád Feszty mit dem Titel „Herkunft der Magyaren" angefertigt werden. Die Komposition des Bildes über die „Zurückeroberung von Buda 1686" sollte sich auf ein Gemälde mit ähnlichem Thema von Gyula Benczúr stützen.

Die Preisaufgabe für historische Anschauungsbilder der I. bis IV. Klassen der Volksschulen wurde 1901 von dem Minister für Kultur mit acht vorgegebenen Themen ausgeschrieben. Nach den von den Künstlern angefertigten Gemälden und Zeichnungen fertigte die Staatliche Druckerei farbige Lithographien.

Die Aufgaben wurden aber erst nach 10 Jahren, zwischen 1913 und 1915, in Angriff genommen. Es erschien dann eine 20teilige Serie von historischen Anschauungstafeln für die Grundschulen. Den Auftrag für die Anfertigung hatte Ferenc Helbing, der Leiter der Fachabteilung für Graphik der Kunstgewerbeschule erhalten. Er war ein ausgezeichneter Praktiker auf dem Gebiet der angewandten Graphik. Helbings sezessionistische, dekorative Kunst paßte sich gut den formalen Erwartungen an, die an die Anschauungsbilder gestellt wurden. Die angegebene Thematik haben Helbing und seine Schüler in Form von farbigen Lithographien in der Staatlichen Druckerei angefertigt. Die Thematik blieb im Wesentlichen unverändert. Es wurden historische Themen vorgegeben mit bekannten, manchmal in mehreren Versionen gemalten Ausführungen, so daß die Künstler bei der Anfertigung der einzelnen Blätter konkrete Vorbilder benutzen konnten.[7]

Einige weitere Beispiele: „Árpáds Wahl zum Landesfürsten" wurde mit dem Ausarbeiten der zerstörten Komposition von Mihály Kovács angefertigt. Die Beliebtheit dieses Themas ist durch die 1854 vom Pester Kunstverein herausgegebene Lithographie bestätigt.

Die thematischen und kompositionellen Zusammenhänge zwischen der Serie und den bedeutenden Beispielen der historischen Malerei beweisen, daß in die Reihe der Anschauungsbilder die Heliogravure-Kopie des Gemäldes „Die Auffindung der Leiche Ludwigs II.“ von Bertalan Székely aufgenommen wurde. Die Abbildungen der Anschauungsbilder-Serie beruhen auf dem Gedanken der einheitlichen nationalen Geschichte.

Diese Serie kann auch als Zeugnis eines unerwarteten Überlebens der ungarischen Historienmalerei angesehen werden, in der es eben die letzte Gelegenheit war, Darstellungen der ungarischen Geschichte an die Wände der Schulzimmer zu hängen. Das Veröffentlichen dieser Bilder in den Jahren des ersten Weltkriegs können wir für völlig überholt ansehen. An der Front war die ungarische Reichsideologie, die die Serie mit ihren eigenen Mitteln zu repräsentieren wünschte, gerade am Zusammenbrechen. Ihren nachträglichen Erfolg hatte sie dem Umstand zu verdanken, daß nach dem I. Weltkrieg diese historischen Blätter einen neuen Sinn gewonnen hatten, sie wurden sozusagen in den im trianonischem Geist laufenden Unterricht eingebaut. Heute sehen wir sie nur an den Wänden der rekonstruierten Schulzimmer in den Freilichtmuseen unter den typischen Gegenständen zur Geschichte der Pädagogik.

Anmerkungen

1. Szabó, Laszló: Anschauungsbilder für Schulen aus dem Jahre 1872. In: Sinkó, Katalin: Goldmedaillen, Silberkränze. Künstlerkult und Mäzenatur im 19. Jahrhundert in Ungarn. Ungarische Nationalgalerie, Budapest 1995, S. 105-110, 321-329.
2. Comenius (Jan Amos Komenský): Orbis Sensualium Pictus. Budapest Officina Nova. 1970. – Ders.: Didactica Magna. Pécs Seneca 1992.
3. Alpers, Swetlana: Hü képet alkotni. A holland müvészet a XVII. században (The Art of Describing: Dutch Art in the Seventeenth Century). Budapest Corvina 2000, S. 115-125.
4. Stach, Reinhard: Anschauungsbilder als didaktische Segmente der Realität. In: Magyar pedagógia, Jg. 99, No. 1. 1999, S. 39, 59.
5. Die größte, aber lange nicht vollständige Sammlung der in Ungarn verwendeten Anschauungsbilder befindet sich heute in dem Pädagogischen Landesmuseum in Budapest. Die meisten Blätter wurden zwischen 1900 und 1930 hergestellt.
6. Über die Preisausschreiben siehe Mücsarnok (Kunsthalle) 1899, S. 382-384; dto. 1901, S. 159f., 158f., 270.
7. Gleichzeitig mit der Herausgabe der Schulwandbilder ließ das Kultusminiterium eine 10 Blatt umfassende Serie zum Gebrauch in den Kindergärten erscheinen. Diese Blätter brachten Illustationen zu den wohlbekannten Märchen. Die Farblithographien wurden durch die Mitarbeiter von Ferenc Helbing angefertigt.

Literatur

Dröge, Kurt: Zwischen Innovation und Relikt: Wilke's Anschauungsbilder. Zur Frühgeschichte des schulischen Wandbildes. In: Beiträge zur Volkskunde und Hausforschung, Bd.7, Westfälisches Freilichtmuseum Detmold, S. 51-94, m. Abb.

Gerszi, Teréz: A Magyar körajzolás története a XIX. században. Budapest 1960.

Gesamtverlagskatalog des Deutschen Buchhandels (Verlagskataloge der Länder der österreichisch-ungarischen Krone). Bd XII 1, 2, Münster 1891 [GKB].

GKB VII, 2, 856 1883: Otto Spamer: 10 Titel: Entdeckungsreisen in Feld und Flur usw.

Dto. XVI 2, 2 1893: Otto Spamer: 6 Titel, davon 3 neue bei der Reihe „Entdeckungen": Berg und Tal – Haus und Hof – Stadt und Land.

Pieske, Christa: Der Wandbilddruck des 19. Jahrhunderts in Europa. In: Annales de la Galerie Nationale Hongroise 1997-2001. Budapest 2002, S. 113-138.

Sinkó, Katalin: Aranyérmek, ezüstkoszorük – Goldmedaillen, Silberkränze. Budapest 1995.

Dies.: Pesther und Berliner Kunstverein. Aus der Vorgeschichte einer Kunstmetropole. In: Germanistisches Jahrbuch DDR – UVR 1988. VII. Jg., Budapest. S. 110-118.

Uphoff, Ina K.: Der künstlerische Schulwandschmuck. In: Mitteilungen und Materialien. H. 56, 2001, S. 39-47.

Weitere Quellen:

Schulmuseum Delmenhorst

Universität Würzburg, Institut für Schulpädagogik. Prof. Dr. Walter Müller. 14.000 Exponate (1830-1990), Verlagsverzeichnis (150)

Schulmuseum Bozen: Tabelloni didactici – Schulwandbilder.

Abbildungen

Abb. 1: Innenansicht einer Mühle, Károly Telepy (1828-1906) p. – Radierung, 242 x 352 mm, 1864. Kunstblatt des Ungarischen Landesvereins der bildenden Künste. (Sinkó, Abb. II 3b.7, S. 65. Josef Marastoni 1834-1895)

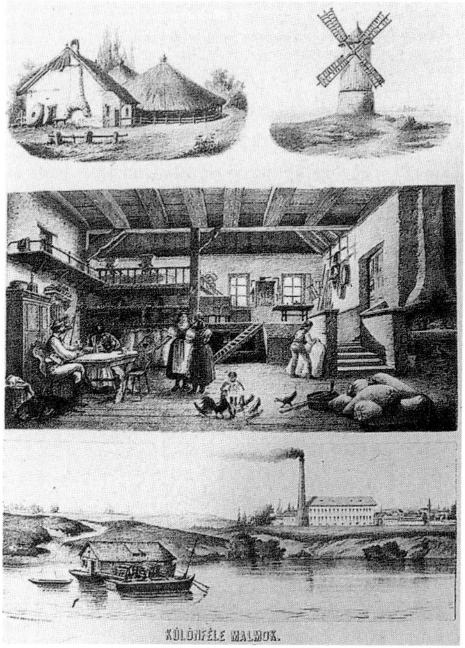

Abb. 2:
Verschiedene Arten von Mühlen. Andere Fassung, Károly Telepy, Lithographie, 795 x 599 mm, 1875. (Sinkó, Abb. III 2a 9. – Abb. S. 325 – Gerszi, S. 177: Telepy 1861, 3 Titel).

Abb. 3: Fürst Árpáds Wahl zum Landesfürsten. Mihály Kovács (1819-1892) p. – Lithographie, Kunstblatt des Pester Kunstvereins 1854. – (Sinkó: II 3a 10, Abb. S. 255f. Lemercier, Paris, Lithographische Anstalt ab 1829. Marin-Lavigne (1797-1860), Paris).

Abb. 4: Béla kehrt nach dem Tatarensturm zurück. Joh. Peter Geiger (1805-1880) p. Holzstich-Illustration der Sonntagszeitung, 1896. Das Motiv war ein Teil seiner bekannten ungarischen historischen Graphikserie. Die verbreitetste Auflage dieser erschien mit dem Text von Mór Jókai.

Abb. 5: Béla kehrt nach dem Tartarensturm zurück. Schulwandbild von Ágoston Kovács, 1914. Farblithographie.

Abb. 6:
Die Frauen von Eger. Farblithographie. Schulwandtafel von Agoston Kovács.

Abb. 7:
Königin Elisabeth an der Bahre von Ferenc Deák. Farblithographie, sign. Raksányi Dezsö (1879-1958) Anschauungsbild von 1914.

Nicolaas Boerma

Mit dem Schiff nach Schlaraffenland

Wir kennen alle Kokanje, Schlaraffenland oder Luilekkerland als einen glückseligen Ort für faule Vielfresser. Aber die Kokanje-Literatur aus dem Mittelalter weist noch mehr Motive als nur Faulheit und Freßsucht auf. Meine Abhandlung beabsichtigt, die weniger bekannten hervorzuheben. Ferner möchte ich die Bilder von diesem Ort, die vom Anfang des sechzehnten Jahrhunderts an in Europa entstehen, mit der literarischen Tradition von Kokanje und auch untereinander vergleichen, wobei durch die Entwicklung der holländischen Bilderbogen ein besonderer Akzent hinzukommt. Ich schließe ab mit einem kurzem Exkurs über das Motiv Schiff, das nach Schlaraffenland fährt.

Zunächst ein Zitat aus einem niederländischen Lied von etwa hundert Versen, erhalten in einem Manuskript aus der zweiten Hälfte des 15. Jahrhunderts, mit dem Titel:

Dit is van dat edelen lant van Cockaengen.
Hört jetzt ich werde euch etwas sagen
Ich kam neulich in ein land
Das mir fremd war und unbekannt
Ihr werdet ein großes Wunder hören
Das was Gott dort gebot
Immer in jenem Land zu sein
Ohne Arbeit und ohne Mühe
Es ist das Land von Cockaengen
Das haben die Leute gut verstanden
Hat Jemand je ein besser Land gesehen?
Die eine Hälfte ist besser als ganz Spanien und
Der andere nicht minder als Batavia
Da sind viele schöne Frauen
Dies ist das Land vom Heiligen Geist.[1]

Inhaltlich zum großen Teil gleich, aber um 30 Verse länger, ist ein Lied in einem Manuskript vom Anfang des 16. Jahrhunderts mit dem Titel erhalten: *Narratio de terra suaviter viventium* (Geschichte von einem Land, wo man glückselig lebt). Beide niederländischen Lieder sind verwandt mit dem ältesten Kokanje-Text aus der Mitte des dreizehnten Jahrhunderts, dem französischen *Li pais a non Coquaigne*.

Die Menschen des Mittelalters werden sehr wohl verstanden haben, daß Gottes Gebot an die Menschen in Kokanje, ohne Arbeit und ohne Mühe zu leben, eine Umkehrung des Bibeltextes über den Sündenfall ist, wo Arbeit und Mühe den Menschen durch Gott auferlegt sind (1. Buch Mose, 3, 16-19). Kokanje –

das bedeutet das Land aus Honigkuchen – ist ein irdisches Paradies, das für jedermann zugänglich ist, während das biblische Paradies für uns verschlossen ist. Das Paradies Kokanje ist also eine Umkehrung des biblischen Paradieses und erscheint darum als ein Teil von der Verkehrten Welt, dem sehr beliebten Bilderbogenmotiv im Mittelalter und in der frühen Neuzeit. Die Menschen im Mittelalter konnten von einem Paradies träumen, wo die Speisen in großen Quantitäten zu bekommen waren, und wo man unbeschränkt faulenzen konnte. Zugleich sahen sie aber auch ein, daß dies eine humoristische Umkehrung der Realität des Alltags war. Aber ob sie nun von dem biblischen Paradies träumten oder von Kokanje, ihre Phantasien gingen doch häufig in die gleiche Richtung. Elvriede Ackermann schreibt hierüber: *The difference between Schlaraffenland and the other forms of Paradise is merely a matter of refinement; the terms are different but not contradictory. Paradise may be more noble than Schlaraffenland, and more spiritual, but is also based on the desire of human kind for peace and happiness.*[2]

Kokanje ist das Land vom „Heiligen Geist". Das jüngere niederländische Lied bringt noch eine stärkere Formulierung: Das Land wurde vom Heiligen Geist geschaffen, weil derjenige, der am längsten schläft, am meisten verdient. Ackermann meint, daß diese Verse eine Verspottung und Verurteilung des luxuriösen Lebens im Kloster sind, wie sie in der mittelalterlichen Literatur und besonders in der Literatur vom Kokanje häufig vorkommen.[3]

„Kloster vom Heiligen Geist" sollte der Name von vielen Klöstern in den Niederländen gewesen sein. Pleij glaubt eher an einen spöttischen Hinweis auf die Auswüchse des Millenarismus (Erwartung des 1000jährigen Reiches Christi), die in den Niederlanden während des Mittelalters sehr üblich waren.[4] Die Anhänger erwarteten ein Tausendjähriges Reich mit Überfluß und Gerechtigkeit und gaben sich in dieser Erwartung häufig ungehemmtem freien Sex hin. Nun ist der freie Sex ein sehr geläufiges Thema in der Kokanje-Literatur. Die Kombination mit dem Heiligen Geist, der wir nur in diesem niederländischem Kokanje-Lied begegnen, hatte vor diesem Hintergrund etwas Pikantes und erlangte deshalb eine größere Attraktivität.

Der Jungbrunnen ist ein Phänomen, das wir in vielen Kokanje-Texten antreffen. Im ältesten niederländischen Lied heißt der Brunnen ein Jordane, der die Menschen verjüngt, bis sie wieder zwanzig Jahre alt sind. Dies ist die einzige Stelle in der Kokanje-Literatur, wo der Brunnen Jordane heißt. Die Verjüngung des Leibes ist also ein humoristischer Hinweis auf die Taufe im Jordan durch Johannes den Täufer, die eine Verjüngung von Geist und Seele bedeutete.

Wir würden eine solche Verwendung von Bibeltexten und Bildern aus dem christlichen Glauben als eine Art Blasphemie auffassen, aber die Menschen im Mittelalter hatten keine Probleme mit solchen Parodien. Diese Heiterkeit schadete ihrer Frömmigkeit nicht, eher ermöglichte sie ihnen, das oft erdrückende Dasein zu ertragen. Die Hinweise auf Bibeltexte sind in den niederländischen Kokanje-Liedern allerdings zahlreicher als in den Liedern aus den anderen Ländern Europas. In den älteren französischen Fabliaux (Verserzählungen), die mit den beiden niederländischen Liedern verwandt sind, lesen wir:

Beim Papst in Rom
Suchte ich Vergebung zu erlangen.
Zur Buße schickte er mich in ein Land
Wo ich manch Wunderbares zu sehen bekam.
Nun hört wie es ergeht
Dem Volk das in jenem Lande lebt
Mir scheint Gott und alle Heiligen
Hätten es stärker gesegnet und begnadet
als sie es in anderen Landstrichen taten (Ende des Zitates) [5]

Darauf folgt eine Beschreibung von Kokanje. Weitere religiöse Anspielungen fehlen. Kokanje-Lieder können auch die Form einer Satire auf das bequeme Leben im Kloster annehmen. Die Mönche im Mittelalter lebten im Kloster wie in Kokanje, sagte man. Der schärfste Text über Mönche im Kokanje kommt aus England oder Ireland. Dieses wunderbare Land liegt fern im Meer westlich von Spanien und wird mit dem Biblischen Paradies (im Osten; Umkehrung!) verglichen.[6]

Ist das Paradies auch fröhlich und heiter
So ist Kokanien doch schöner zu sehn
Was gibt es denn schönes im Paradies
Außer Gras, Blumen und grünen Zweigen.

Also ein himmlisches, aber langweiliges Paradies! Darauf folgt eine Beschreibung von Kokanje, einem hübschen Paradies mit neuen Motiven. Es gibt dort ein sehr schönes Kloster mit weißen und mit grauen Mönchen. Aus vier Quellen in der Abtei strömen Theriak (Allheilmittel) und heiliges Wasser, die die Beziehung auf die vier Flüsse des biblischen Paradieses verdeutlichen. Daneben ist ein Frauenkloster mit willigen Nonnen. Die jungen Mönche brechen täglich nach dem Essen auf zum Spiele und fliegen wie Vögel durch die Luft. Der Abt bittet alle, herunterzukommen zum Abendgesang:

Doch die Mönche landen nicht
Und fliegen weiter ungestüm
Als der Abt nun erblickt
Daß die Mönche von ihm fliehn
Nimmt er ein Mädchen von der Straße.
Ihr weißes Hinterteil kehrt er nach oben
Und schlägt die Trommel mit den Händen
Damit die Mönche wieder landen.

Die Kokanje-Texte werden meistens zu den Märchen gerechnet, insbesondere zu den Lügenmärchen, obwohl sie durch ihren Mangel an Handlung und durch die fehlenden Helden und Heldinnen – wir lesen ja meistens nur eine Beschreibung von Kokanje – nicht die traditionelle Struktur eines Märchens haben. Eine solche Zuschreibung ist zu einfach. Kokanje-Texte gehören zum Korpus von Paradieserzählungen und zur Verkehrten Welt mit mehr oder weniger satirischen oder moralischen Elementen und können nicht einer literarischen Kategorie zugewiesen werden. Ackermann teilt die Texte in Lügenmärchen und Schlemmermärchen ein.[7] Bei den ersteren werden nur Lügen angehäuft, bis der Erzähler und seine Zuhörer ermüdet sind. Bei der zweiten Gruppe geht es ums Fressen und um ein Leben in Reichtum und Faulheit, manchmal mit dem moralistischen Kommentar, daß vernünftige Menschen eine solche Welt bestimmt meiden würden.

Die ältesten Kokanje-Texte gehören zur oralen Literatur, sie wurden auf Jahrmärkten und in Herbergen vorgetragen oder gesungen und später eher zufällig aufgeschrieben. Die Verse oder Erzählfolgen standen nicht fest und konnten durch den Vortragenden oder die Sänger nach Belieben gekürzt oder erweitert werden.

Kokanje-Geschichten werden schon bei den Autoren des klassischen Altertums gefunden, unter welchen Lucianus von Samosata der wichtigste ist. Zusammen mit jüdischen und arabischen Paradies-Geschichten können sie eine Inspirationsquelle für die Dichter von Kokanje-Liedern im Mittelalter gewesen sein. Aber meine These zielt nicht auf die Abhängigkeit, sondern auf die Originalität der Kokanje-Texte. Sie gehören ins Mittelalter und in die frühe Neuzeit, sind also in hohen Maße an Zeit und Ort gebunden und haben ihr Publikum in den unteren Schichten der Bevölkerung, die ständig vom Hunger bedroht wurden.

Dem Namen Kokanje begegnen wir zum ersten Male in dem bekannten Gedicht *Ego sum abbas Cucaniensis* aus den Carmina Burana. Man könnte die Hypothese aufstellen, daß der abbas Cucaniensis eine Parodie auf den abbas Cluniacensis war, also von Cluny, des reichsten Klosters im Mittelalter. Danach würde Cucaniensis noch eine weitere Bedeutung haben als nur „Land von Honigkuchen“. Diese paßt gut zu den Satiren auf das Klosterleben, von denen wir schon gehört haben. Wir glauben, daß die Goliarden (Vaganten, Scholaren), die umherziehenden, dichtenden Studenten, die Autoren vieler solcher Lieder wie die aus den Carmina Burana waren, die die mittelalterlichen und späteren Bänkelsänger angeregt haben.

1530 erscheint dann das Gedicht „Das Schlaraffenland“ von Hans Sachs, das nicht mehr zur oralen Literatur gehört. Es wurde am Schreibtisch konzipiert und erschien in gedruckter Form. Hans Sachs könnte durch Dichter in Deutschland beeinflußt worden sein. Manche sind anonym, aber hier muß der Name von Sebastian Brant genannt werden, der ein neues geistiges Klima schuf. Das Gedicht von Hans Sachs ist ein Ausgangspunkt für diese Literatur geworden und hat die weitere Überlieferung seit 1530 im hohen Maße bestimmt. Der Name Schlaraffenland, auf holländisch Luilekkerland oder het Weeldig Land, ruft andere, meist negative und verurteilende Assoziationen auf. Schlaraffenland liegt damit in der Verkehrten Welt und nicht in der freundlichen umgekehrten Welt. Die ältesten holländischen Texte reden immer über Kokanje, eine Bezeichnung, die in der französischen Tradition steht. In Holland wird „Luilekkerland" gebraucht, nachdem das Gedicht von Hans Sachs über das Schlaraffenland bekannt wird. Die holländischen Fassungen ändern sich, weil ihre Motive durch den deutschen Einfluß (Hans Sachs) mit den Bezeichnungen Luilekkerland oder het Weeldig Land unter moralistischen Gesichtspunkten gesehen werden. Der Schluß des Gedichtes macht dann klar, wie wir die Verse deuten sollten, falls die Ironie und Satire nicht gut verstanden wurde.

Das von der Alten erdichtet wurde
Ersonnen zum Tadel der Jugend
Die gewöhnlich träg ist und verfressen
tölpelhaft, unverbesslich und schlampig
auf daß man sie ausweise nach Schlaraffenland
Damit ihre nichts nutzige Art zu bestrafen
Daß sie hinfort bei ihre Arbeit sich befieißen
Weil träge Lebensart nie zum Guten gereichte.

Es gibt hier Themen oder einzelne Motive, die wieder verschwinden. Im Gedicht von Hans Sachs finden wir keine spielerischen Hinweise auf die Bibel, denn das wäre unmöglich gewesen in dem Jahrhundert von Reformation und Gegenreformation mit seinen harten Kämpfen zwischen Protestanten und Katholiken. Kritik an der Geistlichkeit und den Mönchen verschwindet aus dem Repertoire der Schlaraffenland-Motive. Im Hans Sachs-Gedicht gibt es keine Verse über freien Sex. Nur das unbeschränkte Fressen und grenzenloser Reichtum wird hervorgehoben. Auffällig ist die große Rolle von Belohnungen durch Geld, was nicht logisch scheint, weil im Schlaraffenland alles gratis ist.

Noch auffälliger ist das große Interesse, das Hans Sachs für allerlei Formen eines unflätigen Benehmens hat. Rülpsen, Furzen und Scheißen ins Bett werden belohnt mit präzis angegebenen Tarifen zur Belohnung. Der Faulste wird zum König ausgerufen. Diese Verse wirken natürlich komisch, aber der so aufgestellte Benimmkodex gehört ohne Zweifel zur Verkehrten Welt. Schlaraffenland ist im 16. Jahrhundert eine ironische Schule für die Lehren von bürgerlichen Zivilisationsidealen, und wenn die Ironie nicht deutlich genug ist, dann kann immer noch am Schluß erklärt werden, wie man es wirklich verstehen sollte.[8]

Die älteste Darstellung von Schlaraffenland ist ein Holzschnitt, den Erhard Schön 1530 zu dem Gedicht von Hans Sachs schuf. Damit verknüpfte sich die literarische mit der Bildtradition. Der Holzschnitt bringt die vertrauten Motive, die wir vom Gedicht des Hans Sachs kennen (Abb. 1). Eine freie Nachbildung hat Pierre de la Maison Neuve 1570 in Lyon für eine Edition des Rabelais geschnitten.[9] Mehr Details gibt ein deutscher Kupferstich aus der Mitte des 17. Jahrhunderts, von Wolfgang Brückner dem Straßburger Meister A. Aubry zugeschrieben (Abb. 2).[10] Zum ersten Male sieht man eine Prozession mit dem König von Schlaraffenland dargestellt.

Dieser Kupferstich hat einen großen Einfluß auf die niederländische Graphik gehabt. Die Illustrationen in einem Almanach von 1692 aus Antwerpen, *Verhael met den Almanach van het Luylecker-Landt, daer men de kost cruijcht sonder wercken*, sind von ihm inspiriert.[11] Eine freie Kopie haben die Erben der Witwe de Groot (1725-1738) herausgegeben mit einer verlängerten Version des Gedichtes von Hans Sachs. Es ist komplett in die holländische Sprache übersetzt und bringt zum Schluß eine Ermahnung an die ältere Jugend.

Ein neues Element ist ein Schiff, womit die Reisenden nach Luilekkerland gefahren sind.[12] Das Motiv wurde auch durch die Erben von der Witwe van Egmont (1761-1804) als Nr.51 aufgenommen zusammen mit einem neuem Gedicht, das folgendermaßen anfängt: „Tüchtig für Kinder jetzt in haufen/ Durch den Breiberg gekrochen". Es geht also um einen Kinderbilderbogen, übrigens ohne Schiff (Abb. 3).[13]

Nicht alle Länder in Europa haben den starken deutschen Einfluß erlebt. Italien besitzt eine eigene Cuccagna-Bildtradition mit eigenen Motiven. Damit meine ich nicht einen Berg von Ravioli und mit Strömen von Parmesan-Käse, aber zum Beispiel eine viel größere Betonung der Architektur: Ein Palazzo für den König oder die Schlafenden und ein Gefängnis für die Arbeitsfreudigen (Abb. 4).

Es gibt auch *Il Trionfo de Carnevale nel Paese de Cuccagna* von 1569. Der Karneval verjagt mit seinem Heer alle Faulenzer. Den Franzosen in seinem Heer gibt er Fasane und Pasteten, aber alle Würste den treuherzigen und gutmütigen Deutschen, die in kaum einer Stunde alles wüst und leer gemacht haben, sagt der italienische Dichter. – Ein Unicum ist *Cuccagne per le Donne* um 1650, wo die Frauen die Herrschaft haben. Der Türhüter ist Biligorne, (französisch Bigorne, ein Ungeheuer, das alle guten Ehemänner verschlingt). Biligorne frißt ebenso diejenigen Ehefrauen, die auch nur eine Stunde lang ihrem Gemahl gehorchen. Die Türhüterin erklärt die Landessitte, und den Männern, die dort leben wollen, reicht sie einen Trunk, der ihnen den Verstand raubt, so daß sie den Frauen ewig dienstbar bleiben. Dort ist ein Turm mit einem Baum, der einen goldfarbenen Saft abgibt, mit dem alle Haare blondiert werden können. – Es gibt auch ein *Cuccagna nuova, trovata nella Porcolandria* (Italien 1703). Die Frauen haben eine „sanfte" Geburt bei Spiel und Tanz (als Umkehrung von Genesis 3,16). Sie lullen ihre Ehemänner in der Wiege ein.[14]

Holland kennt seit 1675 eine Tradition von Kinderbilderbogen mit Bildergeschichten. Auf einigen ist das Luilekkerland das Hauptmotiv, wobei der Autor der Texte bei den Bildern nicht immer weiß, ob er Luilekkerland als etwas Begehrenswertes oder in der Tradition von Hans Sachs als etwas Tadelnswertes beschreiben soll. Die Frage ist: Muß der Text über eine Reise nach diesem Ort neutral und optimistisch sein oder soll man negativ und moralisierend von den Leuten sprechen, die dorthin fahren wollen?

Es gibt einen Bilderbogen mit acht Szenen aus Schlaraffenland, herausgegeben von der Witwe Gijsbert van Groot (1692-1719). Im Text wird einmal die Jugend direkt angesprochen, der Bogen ist also für die Kinder bestimmt.[15] Der Text ist nicht moralisierend, doch die Schlußworte geben Aufschluß: „Ja alles schijnt hier wel ter hand / In het nergens zijnde Lekkerland“ (Alles scheint gut im Schlaraffenland, das nirgends ist). Es ist also ein Utopie!

Zwei andere, verschiedene Bilderbogen haben je 24 Bilder. Der eine, herausgegeben durch Hendrik van der Putte (1761-1765), hatte wenig Erfolg, wahrscheinlich weil der Bogen keine Geschichte erzählt und nur Szenen aus Luilekkerland zeigt. Das erste und das letzte Bild rühmen, o Wunder, Luilekkerland, das Paradies der Faulenzer als Belohnung für fleißiges Lernen; dazwischen stehen Bilder von Fressen, Trinken und Tabak rauchen.[16]

Der andere Bilderbogen mit 24 Bildern von dem bekannten Verleger Kannewet (1736-1780) verlegt, war wesentlich erfolgreicher. Von ihm sind auch Varianten mit 12 oder 20 Bildern anzutreffen (Abb. 6).[17] Dieser erzählt von einer Reise mit dem Schiff Reinuit nach Luilekkerland. Neben den Bildern mit Szenen von Trinken und Fressen finden wir noch immer den Jungbrunnen. Bemerkenswert ist der Text bei den ersten sechs Bildern (Abb. 5):

Ik sla den Trom en roepe over-luyd
Wie neemt dienst op het schip Rijn-uyt

Jan Alverteerd den Admiraal
Neemt Volk in Dienst als Corperaal

Klaas Heb-niet is de Capiteyn
Beroyde Roelof staat bij zijn

Willem Snap-op is vandrig hier
Sergjant Dirk Kaalis heeft niet een zier

Jan Calisbende mager en schraal
Die is zijn goed op al-te-maal

't Schip Rijn-uyt leyd klaar op de baare
Om na Luy-lekkerland te vaare

Eine Reise mit dem Schiff Reinuit war ursprünglich eine Reise mit dem Schiff von St. Reinuit, ein Spottheiliger aus dem Mittelalter, der Patron der Armut. Seine Name bedeutet Sanctus Ganz Leer (die Börse und vielleicht auch das Glas). Es gibt noch andere Spottheilige im Mittelalter wie Sanctus Drincatibus, Sint

Heb-Niet (Hl. Habenichts), Sinte Luyaert (Hl. Faulenzer), Sinte Noywerc (Hl. Nie Arbeit); in Frankreich St. Jambon (Schinken) und St. Andouille (Würstchen) usw.; sie gehören mit den Spottbischöfen und Spottmessen zum mittelalterlichen Festspektakel.

Hier ist der Name des Heiligen verschwunden und nur der Schiffsname erinnert an ihn. Es gibt zwei verschiedene Überlieferungen von dem Schiff des St. Reinuit. Eine spricht von einem Riesenschiff, das so groß war, daß der Kapitän Befehle vom Hinterdeck zum Vorderdeck mit einem Reiter zu Pferd überbringen lassen mußte. Es war so breit, daß es kaum zwischen England und Frankreich hindurchfahren konnte. Man mußte Kalk an beiden Seiten des Schiffes anbringen, um die Passage möglich zu machen; darum sind die Felsen dort noch immer weiß. Und weil der Bugspriet über der Englischen countryside drehte, haben die englischen Kirchtürme alle keine Spitzen. Diese sehr weit verbreitete volkstümliche Erzählung hat auch eine moderne Variante. Der Koch hat ein eigenes U-Boot, um die Qualität der Suppe in dem Riesenkessel kontrollieren zu können.[19]

Die ältere Tradition, der wir hier begegnen, berichtet über den Spottheiligen St. Reinuit und seiner Mannschaft von „scamel gesellen", den Bankrottiers, Verschwendern, Fallisten und anderen lockeren Vögeln. Sie gehen auf Wallfahrt nach St. Reinuit, um nie wieder zurück zu kehren; dadurch erfolgte eine Reinigung der Gesellschaft. Es gibt noch mehr Schiffe, die nicht erwünschte Personen aus der zivilisierten Welt nach anderen Gegenden bringen. Ich nenne nur das Schiff der Flustn (Verlust) (Heinrich Teichner 1350), den Blauwe Schuit (Jacobus van Oostvoorne 1413) und das Narren- und Schlaraffenschiff (Sebastian Brant 1494). Sint Reinuit war ursprünglich nicht mit Schlaraffenland verbunden, wohin nur die Faulenzer gingen, aber der Unterschied ist nicht groß. Eine Reise nach Schlaraffenland mit einem Schiff sehen wir zum ersten Male in der frühen deutschen Literatur. In dem *Carmen Germanicum de Utopia Schlauraffenlandt dicta* (um 1500) lesen wir, daß ein Narrenschiff nach Schlauraffenlandt fährt. Das größte Teil dieses Gedichtes umfaßt eine Aufzählung von allen Leuten, die nach Schlauraffenlandt fahren sollten, also Faulenzer, aber auch Verschwender und Spieler.[20]

In den Niederlanden finden wir zum ersten Male ein Schiff, das nach Luilekkerland fährt, in dem Büchlein *Het af-vaaren van het vol en zoetgeladen Schip Sint Reynuyt, zeylende met een altyd goede wind naar de aangename contrije van Luylekker-Land. Met een beschryvinge des selve lands* (um 1700). Diesem Text haben die Bilderbogen das Schiff Reinuit und seiner Mannschaft mit ihren vielsagenden Namen entnommen.

Man kann sich wundern, daß ein mittelalterlicher Spottheiliger noch im 18. Jahrhundert in einem Bilderbogen zu finden ist. Aber in den Niederlanden gibt es eine lebendige St. Reynuit-Tradition seit dem 15. Jahrhundert in Liedern, Sprichwörtern, auf Holzschnitten und Gemälden.[21] So läßt es sich erklären, daß nur in den Niederlanden das Wunderschiff aus der Volkserzählung den Namen „Schiff von Sinternuit" trägt.

Die Tradition, daß Faulenzer und Verschwender nach Luilekkerland fahren, um nie wieder zu kommen, paßt nicht zu einem Kinderbilderbogen, ebenso wenig wie eine Rückkehr von diesem Ort. Das 24. Bild zeigt ein Schiff, aber die Schlußverse sind neutral und reden nicht von einer Rückkehr: „Nu voor het laatste Vaaren wy/ Vlak voor de Wind met een goed Ty".

Im 19. Jahrhundert verschwinden in manchen Bilderbogen, jedoch nicht in allen, der Name des Schiffes und seiner Mannschaft, weil sie nicht zur Kinderwelt gehören. Die elegante Lösung von Johann Geiler von Kaisersberg in seiner *Geistliche Schiffahrt aus Schlaraffen- und Weltaffenland oder aus Narragonien zu dem geliebten und gelobten Land, nacher Jeruzalem* (um 1500) mit dem Schiff der Reue aus Schlaraffenland nach Jerusalem zu fahren, findet kein Nachfolge.[22]

Anmerkungen

1. Deutsche Übersetzung zitiert nach: Müller, Martin: Schlaraffenland, der Traum von Faulheit und Müßiggang. Wien 1984, S. 47-48.
2. Ackermann, E. M.: Das Schlaraffenland in German literature and folksong. Social Aspects of an earthly paradise, with an enquiry into its history in European literatur. Diss. Chicago 1944, S. 9.
3. Ackermann ebd. S. 53.
4. Pleij, Herman: Dromen van Cocagne. Middeleeuwse fantasieën over het volmaakte leven. Amsterdam 1997, S. 333-369. – Ders.: Der Traum vom Schlaraffenland. Mittelalterliche Träumereien vom vollkommenen Leben. Frankfurt/M. 2000.
5. Müller ebd. S. 40-41. – Ackermann, ebd. S. 144.
6. Ackermann ebd. S. 46-47, Müller ebd. S. 42-43.
7. Ackermann ebd. S. 6-8.
8. Pleij ebd. S.101-110.
9. Müller ebd. S. 73-76.
10. Brückner, Wolfgang: Populäre Druckraphik Europas: Deutschland. München 1975^2. S. 220, Abb. 85: Der König des Schlaraffenlandes.
11. Die Illustrationen des Amsterdamer Almanachs befinden sich bei: Salman, Jeroen: Terug naar Luilekkerland. Een publicatiegeschiedenis van vijf eeuwen. In: De Boekenwereld 17, 2000-2002, S. 245.
12. Ebd.
13. Meyer, Maurits de [Meijer]: De Volks- en Kinderprent in de Nederlanden van de 15de tot de 20ste eeuw. Antwerpen/Amsterdam 1962, S. 440.
14. Meyer ebd. 118 nr. 51: Die Lui en Lekker is.
15. Meyer, Maurits de: Populäre Druckgraphik Europas. Niederlande. München 1970, Abb. 111, Sammlung Waller im Prentenkabinett Rijksmuseum. – Müller ebd. S. 82-83, S. 109-112 und S. 122-123. – Toschi, Paolo: L'Imagerie populaire italienne. Milano 1964, S. 157-159. – Bertarelli, Achille: L'ímagerie populaire Italienne. Paris 1929, S. 71 ff.

16. Meyer (Volks- en Kinderprent): S. 438-440 nennt 7 Verleger von diesem Typus. – Für de Groot ebd. S. 156: Nieuw vermakelijk Leuy-Lekkerland/ Daar sig de Leuijaart in bevand.
17. Meyer ebd. S. 219 Nr. 58. – Dieselben Darstellungen auch bei Bouwer en de Wed. Ratelband, Amsterdam. – Meyer (Populäre Druckgraphik), Abb. 116, Sammlung Kuyk, Harlem.
18. Meyer (Volks- en Kinderprent) S. 188, Nr. 82 und S. 436-438. De Meyer nennt 10 Verleger vom Typus mit 24 Bildern, 3 von Varianten mit 20 Bildern und 4 von Varianten mit 12 Bildern.
19. Pleij ebd. S. 188.
20. Dekker, Ton, Jurjen van der Kooi und Theo Meder: Van Aladdin tot Zwaan kleef. Een Lexicon van sprookjes: ontstaan, ontwikkeling, variaties. Nijmegen 1997, s. v. Het Schip van Sinternuit, S. 320-323.
21. Ackermann ebd. S. 91.
22. Boerma, R.N.H.: Oude Blokken Nieuwe Teksten en de Strijd om de Broek. Sriptie Freie Universität Amsterdam 1994, S. 27-28 und 87-90. – Salman ebd. (wie Anm. 11) S. 243. – Jan Steen Boerenfeest met het scheepje. Reijn Uijt. In: Jan Steen schilder en verteller. Catalogus Rijksmuseum Amsterdam 1996, S. 109-112.
22. Ackermann ebd. S. 87-88.

Weitere Literatur:

Meyer, Maurits de: Volksprenten in de Nederlanden 1400-1900. Amsterdam/Antwerpen 1970, 221 S., 175 Abb.

Ders.: Stampe popolari dei paesi bassi. Milano 1970.

Olthoff, F.: De Boekdrukkers, Boekverkoopers en Uitgevers to Antwerpen. Amsterdam 1891.

Abbildungen

Abb. 1: Schlaraffenland. Holzschnitt. Erhard Schön sc., 1530.– Ohne Text.

Abb. 2: Der König von Schlauraffen Landt. A. Aubry sc.(?), Straßburg ca. 1670, Kupferstich 256 x 389 mm, deutsche Verse. (Brückner: Populäre Druckgraphik Europas, Deutschland, S. 85.- Meyer: Populäre Druckgraphik Europas: Niederlande, München 1970)

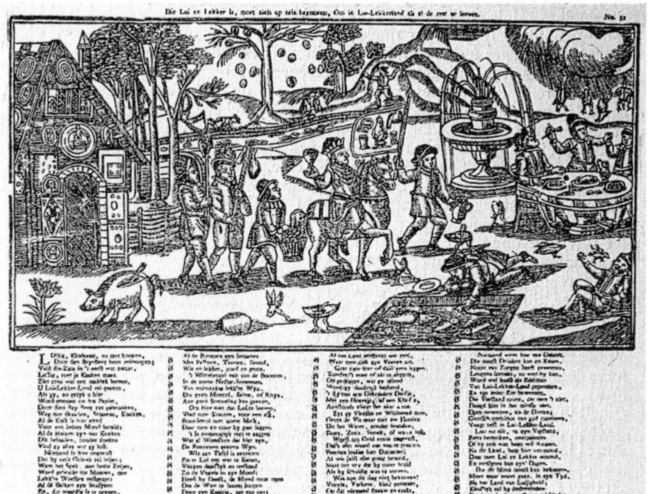

Abb. 3: Die lui en lekker is, moet zich op reis begeven. Stecher unbekannt. Erben der Witwe Jacobus van Egmont, Amsterdam um 1800, Holzschnitt 30 x 42 cm, niederländische Verse. Nederlands Openlucht Museum Arnhem. Abb. in: Jeroen Salman, s. Anm. 11.

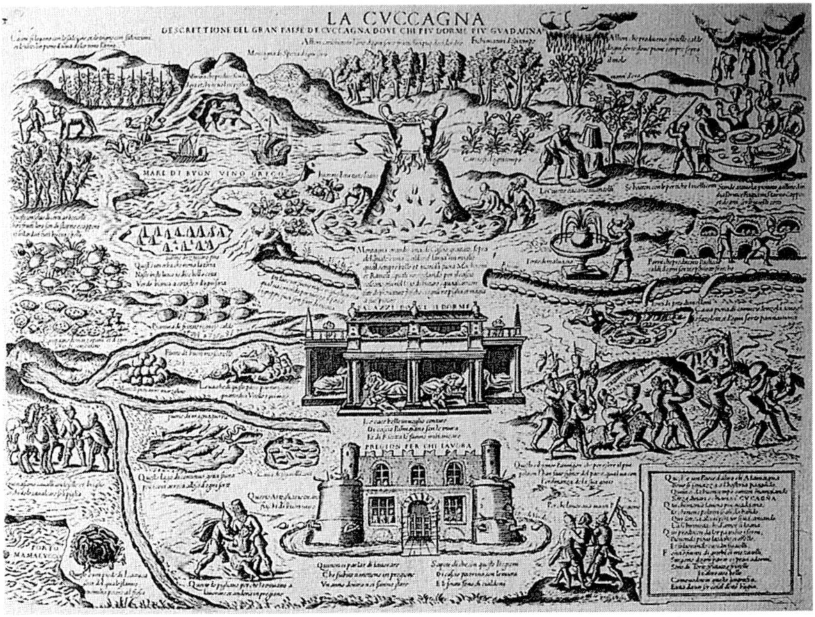

Abb. 4: La Cuccagna. Stecher und Verleger unbekannt. Druck 1799, Kupferstich, italienische Verse. (Toschi, L'Imagerie italienne, Abb. 105; ders.: Populäre Druckgraphik Europas: Italien. München 1970, S. 150)

Abb. 5: Het Nieuwe Vermaaklyk Luy-lekker-land. – Die oberen acht Bilder des Bilderbogens Nr.58 von J. Kannewet. Details: Das Schiff Reinuyt (Abb. 6) und seine Besatzung Jan Alverteerd, Klaas Heb-niet, Beroyde Roelof, Willem Scnap-op, Dirk Kaalis, Jan Calisbende.

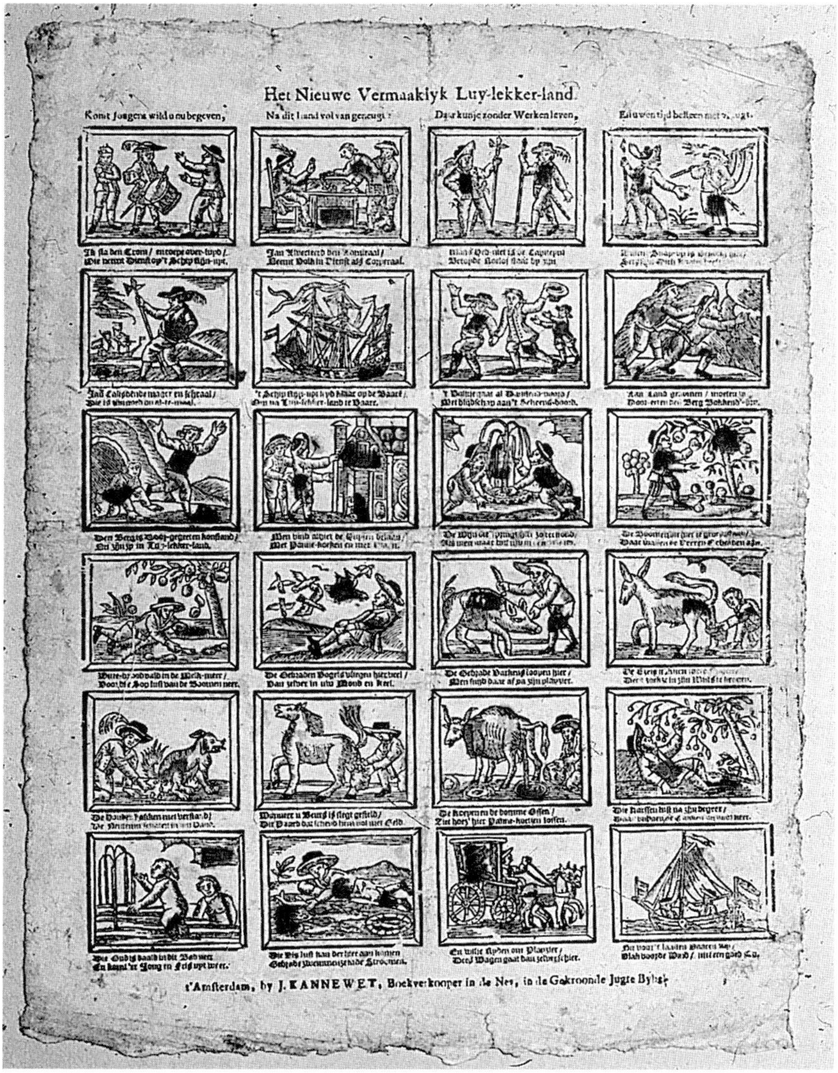

Abb. 6: Het Nieuwe Vermaaklyk Luy-lekker-land. Verleger J.(?) Kannewet, Amsterdam um 1750, Holzschnitt 300 x 429 mm, 24 Abbildungen, niederländische Verse. – (Meyer, Populäre Druckgraphik Europas: Niederlande. München 1970, Abb. S. 16). Rijksprentenkabinet Amsterdam, Kollektion Waller. Abb. in: Jeroen Salman, p. 250.

Erzsébet Király

Der Dante-Kult auf ungarischen Bilddokumenten

Was man Weltliteratur nennt, ist ein gemeinsamer Schatz der ganzen Menschheit. Ihre Werte werden von den hervorragenden Individuen der einzelnen Nationen jahrhundertelang akkumuliert, um früher oder später zum allgemeinen Kulturgut, zum Kulturgut für jedermann zu werden. Aus ihr schöpfen die verschiedensten Sphären des menschlichen Geistes. Diese Bewegung von der Einzelperson zur Masse, von Nation zu Nation, diese Wechselwirkung der gemeinsam gewordenen Werte lassen sich aus verschiedensten Aspekten abtasten, in denen die Grenzen der abgesonderten Fachwissenschaften immer verfließen.

Der Künstlerkult ist solch eine komplexe Erscheinung. Zur Ehre, mit der Ungarn von der zweiten Hälfte des 19. Jahrhunderts ab den Genius von Dante Alighieri umkränzte, gehören literarische Festabende, Gedenkblätter und Gedenkschriften, Lobgedichte, Essays, Huldigungswerke wie Gemälde, Zeichnungen, Lithographien, Prunk- und Gebrauchsstücke. Im folgenden wird der riesengroße italienische Dichter, dessen Lebenswerk und Figur zur selben Zeit überall in Europa kultisch wiedergeboren ist, durch diese Kunst- und Kulturphänomene verfolgt.

1865, als man in Italien den 600sten Jahrestag von Dantes Geburt feierte, waren aus der *Divina Commedia* nur einige Ausschnitte in ungarischer Übersetzung greifbar. Die Trilogie, die überall als Enzyklopädie des Mittelalters betrachtet wurde, war mit ihrer theologischen und kunsttheoretischen Tiefe nur für Leute mit höchster Bildung eine geeignete Lektüre. Die ungarische Dante-Philologie stand noch bei den Anfängen, um das *poema sacro* und seinen Autor, den „christlichen Homer“ weit bekannt und populär machen zu können.

Zu den Jubiläumsfeierlichkeiten in Florenz, dem Geburtsort des Dichters, war niemand offiziell als Delegierter der Ungarischen Akademie der Wissenschaften gereist. Im Festzug war aber der Archäologe und Schriftsteller, Ferenc Pulszky (1814-1897), einer der ersten Kenner und Schwärmer für Italien, anwesend. Der Wissenschaftler, der im Kampf um die nationale Unabhängigkeit 1848 in der revolutionären Regierung von Ungarn eine politische Rolle spielte, verbrachte die Zeit seiner Emigration in dieser Stadt. In seiner Villa, im ehemaligen Augustiner-Kloster oberhalb der Via Bardi, unterhielt er damals einen literarischen Salon. Der venezianische Pfarrer und Dichter, Francesco dall'Ongaro, hielt hier regelmäßig leidenschaftliche Dante-Vorlesungen für ein internationales Publikum.

In der Woche des zentenarischen Gedenkjahres wurde im Pulszky-Haus ein eigener ungarischer Dante-Abend veranstaltet. Neben den Vorlesungen trug man Gelegenheitsgedichte und -lieder vor sowie Episoden aus Dantes *Göttlicher Komödie*. Unter anderem wurde die Geschichte von Francesca da Rimini vorgetragen. Namhafte Dante-Forscher erwähnen, daß Pulszky auch am 17. Mai beim festlichen Abendessen im Palazzo Serristori anwesend war, wo die ausländischen Dante-Liebhaber zusammenkamen. Bei dieser Gelegenheit hielt Pulszky einen Trinkspruch.[1]

In einer wesentlichen Hinsicht war Pulszky anders als die übrigen Dante-Liebhaber in der Welt. Er mußte, wie einst sein geliebter Autor, ins Ausland emigrieren. So konnte er sich gewissermaßen als Schicksalsgefährte Dantes betrachten und sich mit ihm seelisch identifizieren. Das hochromantische Motiv der Vaterlandsliebe bildete in diesem Kreis den tiefen Grund des wieder erwachenden literarischen Kultes um Dante. Über die Erlebnisse der Emigrationsjahre schrieb er später ein Buch. Als beliebte Lektüre wurde dieses am Ende des Jahrhunderts unter anderem zu einer Quelle des Italien- und Dante-Kultes in Ungarn.[2]

An den Feierlichkeiten in Florenz repräsentierte sich Ungarn mit einem besonders aufwendig gestalteten graphischen Blatt. Auf diesem Blatt war das 1852 entstandene Dante-Gedicht von János Arany (1817-1882) in ungarischer Originalsprache abgedruckt. Das Blatt konnte zwar am Wettbewerb für ausländische Dante-Verehrer nicht teilnehmen (die italienische Sprache war obligatorisch), sein Huldigungsgedicht wurde aber in Begleitung einer bescheidenen italienischen Übersetzung in ein internationales Album aufgenommen. Es gehörte sogar zu den schönsten Stücken unter den Gedichten, die die Ehre des florentinischen Poeten verkündeten.[3] Die anerkennende Würdigung des prachtvollen Blattes wurde in Ungarn auch Jahrzehnte später noch ab und zu erwähnt. Um die Jahrhundertwende wurde es sogar häufig zur Mode, Aranys Gedicht vorzutragen, da man zu dieser Zeit für das speziellere und breitere Publikum mehrere Dante-Gedenkfeierlichkeiten veranstaltete. Danach wurde meistens die Episode über Francesca da Rimini aus der *Göttlichen Komödie* gespielt.

Der ungarische Dichter Arany konnte – als Kenner von Dantes Größe – viel dazu beitragen, den Ruhm des italienischen Dichters zu verbreiten, der sowohl die Hölle, als auch das Paradies *erwandert* hatte. In seinen Zeilen würdigt er Dante mit einem ausdrucksstarken Bild: Er hält benommen „vor den Tiefen der Gewässer“ inne und läßt seinen eigenen, „geringgeschätzten“ Kranz fallen. Dantes Werk wird von Arany mit biblischem Maße gemessen, und der Dichter selbst wird mit Gott verglichen. Aranys Metapher ist in der ungarischen Literatur der erste Widerhall von Boccaccios rhetorischer Prophezeiung, wonach Dante, wäre sein Schicksal glücklicher gewesen, auf Erden zum Gott geworden wäre: „... egli fosse in terra divenuto uno Iddio“.[4]

Den ausgezeichneten Vertreter der italienischen Literatur, Dante, sehen wir auf einer Zeichnung von Mihály Zichy (1827-1906) aus dem Jahre 1898 unter den Unsterblichen der Weltliteratur wieder (Abb. 1). Der aus Ungarn stammende Hofmaler des russischen Zaren wollte ursprünglich eine ähnliche großangelegte Komposition als Andenken an Lermontow malen. Endlich wurde sein geliebter ungarischer Dichter Sándor Petőfi (1823-1849) mit patriotischen Inhalten verewigt, der 1849 jung gefallen ist.[5] Neben ihm sind drei symbolische Frauenfiguren zu sehen sowie im Hintergrund ein Gruppenbild. Über der auf einem hohen Podest stehenden Büste des Dichters bringt ein Genius, „Glorie" einen glänzenden Sternenkranz an. Die Darstellung von links nach rechts betrachtend, läßt sich der allegorische Sinn der Zeichnung, die – kein Zufall – ein Gedenkblatt zum fünfzigsten Jahrestag des ungarischen Freiheitskampfes wurde, erkennen. Rechts sitzt „Hungaria" und weint über das Schicksal der gefallenen ungarischen Fahne. In der Mitte fällt die „Revolution" auf die Knie, in ihrer Hand ein zerbrochener Säbel. Hinter ihr steht die von ihren Ketten befreite „Presse" und deutet hoffnungsvoll auf den Himmel. In der Höhe treten die Ideale des Dichters imaginär an. Neben Dante sind König David mit der Laute, dann Homer, Horaz und Boccaccio zu sehen, unter ihnen zwei ungarische Dichter aus 17. bzw. 18. Jahrhundert: Miklós Zrínyi und Mihály Csokonai Vitéz und zuletzt Pierre Jean de Béranger. Aus ihnen besteht das Pantheon der poetischen Vorgänger. Jetzt, im Moment seiner Apotheose, schließt sich der als lebende Statue dargestellte Petőfi mit verschleiertem Blick den unsterblichen Klassikern an. Der Gedanke der Zeichnung führt also vom verlorenen Freiheitskampf bis zum Sieg des Geistes, von der Idee des Nationalen ins Universale, von der Aktualität der Geschichte ins Zeitlose.

Das Verhältnis von Zichy zu Petőfi ist zweifellos inbrünstiger als das Verhältnis von Petőfi zu Dante. Der Maler wollte ja Illustrationen zum ganzen Lebenswerk des ungarischen Helden-Dichters anfertigen. Es ist bekannt, wie der siebzehnjährige Petőfi davon träumte, einmal Italien, das Land der klassischen Schönheit, besuchen zu können. Er lernte die italienische Sprache, übersetzte Werke von Vincenzo Monti und Silvio Pellico. Darüber aber, daß er sich in Dantes Werken vertieft hätte, haben wir keine Angaben. Wir kennen zwar eine Anekdote aus seinem Leben, wonach er zur Zeit seiner dichterischen Versuche die Torinschrift der Hölle Dantes an seine eigene Zimmertür mit Kreide geschrieben haben soll: „Lasciate ogni speranza, voi ch'entrate ...". Dies dürfte aber eher eine spielerische Geste gewesen sein, weniger ein Beginn eines ästhetisch bewußten Programms. Petőfi hatte den Ruhm des „Propheten des Risorgimento" und des „Vaters der italienischen literarischen Sprache" früher kennengelernt als dessen Werke.[6]

Dies war im 19. Jahrhundert ganz allgemein der Fall. Nach der Logik des Künstlerkultes wurden Dante und seine Figuren zu lebenden Legenden, gleichzeitig wurden sie aber auch umgewandelt.

Auf Zichys Bild ist Dante einem romantischen, aus der Antike stammenden Topos gemäß[7] in der virtuellen Gemeinschaft der Genien dargestellt. Dante, der den Weg aus dem Mittelalter in die Neuzeit geöffnet hatte,[8] wurde aber in ganz Europa meistens als eine heroisch einsame Figur betrachtet und ebenso dargestellt.

Eine hervorragende Begabung bedeutete in der Romantik die tragische Isolation des Künstlers.[9] Dantes Exil in den Alpen, sein wahres Lebensmoment wurde im 19. Jahrhundert zum Gleichnis des Märtyrertums und zum Symbol des qualvollen Künstlerschicksals.

Ein ausgezeichneter ungarischer Philologe und Dichter des 19. Jahrhunderts, Jenő Péterfy (1850–1899), beschwor in einem deutschsprachigen Gedicht Dante, den Wanderer der toskanischen Berge. Über den häufig in Italien reisenden Germanisten wurde erzählt, daß er *Die göttliche Komödie* immer bei sich hatte. Laut seines Bekenntnisses wäre er eher ein Tannenzapfen am Pincio gewesen, als Lehrer in einer Budapester Realschule. Die wichtigsten Zeilen aus seinem poetischen Werk *Inmitten der Tatra* lauten so:

Denn Dante's Geist lebt nicht, wo Menschen leben,
Das Unfaßbare ist sein Vaterland.
Wo Urweltsformen schrankenlos sich heben,
Wird seine hohe Macht Dir erst bekannt.
[...]
Die Unterwelt ist's, in die Höh' geworfen,
Heraufbeschworen durch die Gottheit Macht;
Und Dante's Geist wandelt hier wie verborgen
Dem freien Licht zum Trotz, in dunkler Tracht.

„Numen adest", so könnte man Péterfys subjektives Erlebnis zusammenfassen. Die Gottheit ist in diesem spätromantischem Gedicht[10] sogar zweifach anwesend. Erstens im Motiv der Urkraft der Natur, wodurch die Gottheit sich ausdrückt, zweitens im Motiv des unsterblichen Dante, dessen Geist aus der Natur als Urkraft strömt. Péterfys Vision muß wieder allegorisch gedeutet werden: uns wird dadurch eine romantische, ästhetisch komplexe *Offenbarung* gezeigt, im Sinne teils der traditionellen Naturmystik, teils aber des Geniekultes. Péterfys Enthusiasmus kommt aus der Erscheinung des göttlichen Prinzips, aus einer Art der Epiphanie. Dantes Nachfolger, Péterfy, entdeckt in der wilden Urlandschaft, in den drohenden Tiefen und Höhen schaudervoll die ewige, letztendlich aus der menschlichen Seele hervorkommende Hölle selbst, bzw. seinen Vorsänger in der Weltliteratur.

Péterfy ist übrigens Verfasser der ersten ungarischen Dante-Studie von europäischem Niveau.[11] Sein heute schon zu den Klassikern gehörendes Essay wurde zuerst 1886 veröffentlicht, ein Jahr später als die erste ungarische „Inferno"-Übersetzung. Das Gedicht *Inmitten der Tatra* ist ein eigenartiges Beispiel dafür, wie der göttliche Poet zugleich in die Gedanken- und Gefühlswelt seiner Kenner eindringen konnte.

Berggipfel und Felsen waren im vorigen Jahrhundert Symbole für außerordentliche menschliche Leistungen und waren demzufolge mit den großen Gestalten der Kultur verbunden[12] oder gerade mit ihnen identisch. Diese weit verbreitete Berg- und Felsenmetapher faßte im ungarischen Dante-Kult sehr schnell Fuß. Unsere Literaturhistoriker und Essayisten benutzten diese Vorstellung fast wie einen bildhaften Topos. Eine Studie von 1855 nennt Alighieri einen zum Himmel ragenden, alleinstehenden Berggipfel der italienischen Literatur, der nicht einmal von Hügeln umgeben ist. Die ungarischen Bücher über Poetik erwähnen ihn oft als einen Heros der allgemeinen Kultur oder als ein Universalgenie. Diese Redewendung ist wohl eine Carlyle-Paraphrase: dieser nannte ja sowohl Dante als auch Shakespeare „Saint of Poetry“.[13]

Die Beziehung zwischen der erhabenen, göttlichen Landschaft und dem Künstler, der außerhalb der Welt steht, stellt 1899 Ferenc Paczka (1856-1925) auf einer populären Chromolithographie dar (Abb. 2). Im Vordergrund einer nebligen Berglandschaft ist Dante als eine mächtige Büste zu sehen. Die niederen Regionen der Erde sind in der Komposition gar nicht vorhanden. Dante selbst ist einerseits ein leidender Mensch, andererseits ein überdimensioniertes, riesiges Monument. Die scharfen Konturen des markanten Gesichtes bilden einen Block, der mit seiner ganzen Schwere die Natur belastet. Dante scheint ein Abgott zu sein, der vom Maler in seiner fast orientalischen Erhabenheit bewundert wird und der nur von unten her erkannt werden kann. Seinen Äußerlichkeiten nach ist die Darstellung ein Kultbild mit Andeutungen auf das Übermenschliche des Dargestellten, wie der Schauplatz selbst überirdisch erscheint. Diese Art der hyperbolischen Annäherungsweise, diese bizarre, bedrückende, kosmische Vorstellungswelt stammt auch aus der romantischen Erbschaft. Ähnliche Märtyrergesichter haben die Figuren von Gustave Moreau, Burne-Jones oder Max Klinger, also die größten europäischen neoromantischen Symbolisten, die den mythologisierenden Typus der mächtigen Götterbilder für die Moderne geschaffen haben.

Zur Zeit der Entsehung dieses Bildes war der letzte Teil der göttlichen Trilogie in ungarischer Übersetzung erschienen. Ein Jahr später erinnerte sich ganz Europa an den 600. Jahrestag von Dantes „Reise im Jenseits“. Ungarn hatte aber schon 1896, am tausendsten Jahrestag der ungarischen, historischen „Landnahme“, einen ausgezeichneten Anlaß, dem italienischen Dichter würdevoll die Ehre zu erweisen. Zu den großangelegten nationalen Feierlichkeiten wurde ein riesengroßes Panoramabild mit den Szenen aus der „Urgeschichte“ Ungarns, ein anderes aber mit Szenen aus Dantes „Inferno“ errichtet. Das letztere, von dem wir heute keine Reproduktion mehr haben, stellte in neunzehn Stücken die illusorisch beschworene Hölle dar, als Metapher unserer jetzigen, modernen und sündhaften Welt. Sein märchenhafter, didaktischer Charakter im Rahmen des akademisch-historisierenden Panorama-Genres wäre sicher weithin geeignet gewesen, die Dante-Verehrung in der Massenkultur zu verbreiten und visuell zu vertiefen. Die mit Bühnenbildnern und Elektrikern hergestellte Sehenswürdigkeit wurde von Gelegenheitsgedichten unbekannter Dichter begleitet. Eines von ihnen hat in „lustigen Terzinen“ *Dantes Erwachen* besungen, ein anderes hat sich *Volkslied* genannt, und es wurde sogar ein *Marschlied* mit dem Titel: *Fahr' zur Hölle!* komponiert. Laut zeitgenössischen Berichten vergossen die Besucher die meisten Tränen über die Geschichte von Paolo und Francesca ... Übrigens war die bildhaft gemachte Hölle viel wirkungsvoller als die „höllischen Klangeffekte“ des damaligen Musiklebens. Zwei Monate vorher wurde nämlich in Budapest Tschaikowskys Musikstück *Francesca da Rimini* aufgeführt, und zwar nur mit mäßigem Erfolg. Bis ins 20. Jahrhundert hinein wurden übrigens mehr als vierzig Musikstücke über dieses Motiv Dantes komponiert.[14] Die Liste der literarischen Bearbeitungen und bildlichen Darstellungen füllte schon früh mehrere Monographien.[15]

Dantes charismatische Figur beschäftigte um die Jahrhundertwende sonderbarerweise einen ganz einsamen Künstler in der ungarischen Malerei, Lajos Gulácsy (1882-1932). Seine jugendliche Schwärmerei für Italien war das Zeichen einer neuen künstlerischen Attitude. Die ganze Persönlichkeit des zartgebauten, introvertierten Künstlers war die Manifestation des verfeinerten Geistes des „Fin de siècle“, mit starker Neigung zu den wirklichen und imaginären Arten der Flucht. Der Einfluß von Arnold Böcklin, dessen Werke er am Anfang nur von Reproduktionen kannte, bewog ihn dazu, zwischen 1902 und 1905 mehrmals Rom und Florenz zu besuchen. So begannen seine „Reisen in der Zeit“, die erst beim Ausbruch des ersten Weltkrieges wegen seiner Geisteskrankheit abgebrochen wurden. Die in Italien entstandenen Bilder und Aufzeichnungen Gulácsys zeugen alle davon, daß er die historische Vergangenheit als eine persönlich erfahrene Welt betrachtete, und daß er diese Welt herzinnig und vertraut wie seine eigene, tastbare Wirklichkeit erleben konnte. Wie schwer er sich in seiner Umgebung zu Hause fühlen konnte, so natürlich fand er sich zuerst im Mittelalter, dann im Rokoko zurecht.

Die erste und schönste Erinnerung an die „historische Pilgerschaft“ ist eine Zeichnung *Paolo und Francesca* aus dem Jahre 1903 (Abb. 3). Hier sind die Personen aus dem fünften Gesang von „Die Hölle“[16] in ihrer irdischen Wirklichkeit zu sehen, im nunmehr unendlich gewordenen Moment ihres Lebens, wie sie sich aneinander schmiegen.[17]

Dante hebt dieses Liebespaar, das ihn „zum Mitleid und zum Weinen“ erregte, aus der Schar der Unzüchtigen und Sünder aller Fleischeslüste heraus. Die folgenden Jahrhunderte waren in der Tat bereit, die Stimme von Dantes dichterischer Sympathie zu empfangen. Die moralische Parabelartigkeit dieser durch und durch mittelalterlichen Geschichte wurde langsam zum Lob der Liebessehnsucht überhaupt. In der Kunst des 19. und 20. Jahrhunderts fand die poetische Geschichte „Paolo und Francesca“ als Thema, Sujet, Motiv unzählige Bearbeitungen. Und dadurch wird immer auch Dante selbst gewürdigt, dem man die Vorwegnahme des tragischen Liebeserlebnisses zuschreiben kann.

Wie im Gedicht, sind die Figuren von Gulácsy durch neuplatonisch erfüllten Eros miteinander verbunden. Ihr Zusammensein, woran sich die von der Liebe zum Tod Geführten erinnern werden, „als zu Gedenken an des Glückes Zeiten", ist aber von der Ahnung ihrer Verdammung belastet. Die Figuren scheinen demzufolge Auserwähle oder Märtyrer der Liebe zu sein, die ihr Schicksal mit symbolischer Kraft der Zusammengehörigkeit tragen.

Zum mittelalterlichen Thema wählte Gulácsy eine Welt, deren Formen sanft auf das Mittelalter hinweisen. Die Landschaft, wo seine „gotisch" gedehnten, vergeistigten Menschen sitzen, wird durch ein altes Stadtviertel abgeschlossen. Die verzeichneten Linien und die Proportionsfehler deuten darauf hin, daß der Maler des 20. Jahrhunderts sich bewußt an den Stil einer Epoche anpassen möchte, in der die Leute an Gott glaubten und fromm waren. Nach der Formgebung des Trecento ist das zur Sünde verleitende Buch so klein, daß es in Paolos Hand fast verschwindet. Die Blume, die sich um Francescas Hände windet, hat hier gewiß eine symbolische Bedeutung. Als weiße Rose könnte sie ein Hinweis auf Dantes „Paradies" und damit auf die Unschuld des Liebespaares sein.

Das ganze Bild steht dem Geist, der künstlerischen Auffassung der Präraffaeliten nahe. Gulácsy lernte ihre Kunst in Florenz kennen. Die Dante-Verehrung und die Vergöttlichung des Mittelalters verband den ungarischen Maler mit ihnen. Wie zum Beispiel Dante Gabriel Rosetti suchte Gulácsy im Mittelalter nicht bloß ein ästhetisches Vorbild, er hat sich vielmehr mit dieser Kulturepoche bis zur Psychose identifiziert. Diese Begeisterung begleitete ihn bis zum Tode. Sein Dante-Kult gliederte sich in die größere kulturhistorische Dimensionen ein.

In seinen bekenntnishaften Reisenotizen erzählt Gulácsy von einer im Traum gesehenen christlichen Kirche, die seine Mutter für ihn erbauen und weihen ließ. Als Protestant spielte er oft mit dem Gedanken des Konvertierens, da er sich von der alten Tradition der prachtvollen Zeremonien und vom Reichtum der Liturgie bezaubert fühlte. Er sehnte sich nach dem geheimnisvollen Leben in den Klöstern; er malte sich selbst als Mönch gekleidet (Abb. 4), zudem stellte er auch Kreuzritter, Troubadoure und Don Juan dar, denen er seine eigenen Gesichtszüge verlieh. An einer Vernissage wollte er als Hamlet verkleidet mit einem Säbel erscheinen; von einem Freund, einem Fotografen, ließ er sich als den Heiligen Ludwig verewigen, mit einem Kruzifix in der Hand vor einem Marienbild kniend. (Abb 5)

Es gibt auch andere Beweise dafür, daß er Bilder sozusagen religiös verehrte. Ein mit ihm befreundeter Dichter erwähnt, daß Gulácsy auch ein handbreites „Sposalizio" malte, von dem er behauptete, daß es von Giottos Hand stamme. Dieses Bild wurde von ihm mit einem Rosenkranz umflochten, vor dem Bild wurden Kerzen und Weihrauch angezündet. Der Maler rieb das Bild mit seinen Händen, um es zu patinieren. Ebenso wurden von ihm Papierfetzen sozusagen „sakralisiert", auf denen die ihm gewidmeten oder durch seine Werke inspirierten Zeilen von Dichterfreunden standen. Mit diesen Papierfetzen „schmückte“ er dann seine eigenen Bilder.

Unter den kultisch verehrten Gegenständen hatte für Gulácsy eine eigenhändig angefertigte Dante-Maske einen besonderen Rang (Abb 6). Laut dem Bericht eines Zeitgenössischen Biographen des Malers wurde diese Maske mit einem Lorbeerkranz und mit einer lateinischen Inschrift versehen. Hinter dieser Geste verbergen sich wahrscheinlich tiefe und unbewußte Bedeutungsschichten eines „privaten“ Kultes. Die Maske erscheint hier in der Rolle einer christlichen Reliquie. Die vom Kult umgebene Maske verwandelt sich sozusagen in einen Abdruck der „Heiligkeit“. Die Kraft des Verstorbenen kannte in Gulácsys Vorstellung in der Maske weiterleben und weiterwirken.

Die Anwesenheit der Maske und deren wiederholte rituelle Bekränzung bedeuteten für Gulácsy eine ständige, lebendige Beziehung zu Dante. Wenn es wahr ist, daß auf einem, den jungen Alighieri darstellenden Porträt (Abb. 7) auch seine eigenen Gesichtszüge erkennbar sind, ist hier nicht nur von einer ständigen Beziehung die Rede, sondern von einer Identifikation, einem Verschmelzen des Dante-Kultes und des Ich-Kultes. Dieser gehetzte, psychotisch wirkende Alighieri ist Gulácsys Selbstporträt. Die von Giottos Bild bekannte kräftige Nase und die markanten Gesichtszüge des Dichters sind mit Gulácsys irrem Blick kontaminiert. In der Gestalt von Dante erkennt sich hier selbst ein ungarischer Maler des 20. Jahrhunderts, dessen Weg in die Tiefe der Hölle, ins Irresein führte.

Schließen wir die Reihe der Bilder von Gulácsy mit einem Gemälde, auf dem Dante nicht als Kulturheros erscheint ist, sondern als ein sehnsüchtiger Mensch in einer berühmten Szene seines Lebens. Das Bild aus dem Jahre 1907 stellt Dantes Begegnung mit Beatrice dar (Abb. 8). Die idealisierte Frauenfigur der *Vita nuova* erscheint unter ihren Gefährtinnen. Zu ihrer Reinheit und Sanftmut paßt aufgrund der traditionellen Farbensymbolik das weiße Kleid, während der rote Mantel des Dichters ein Symbol der brennenden Liebe sein kann. In den Gassen der gähnend leeren mittelalterlichen Stadt tauchen füreinander unerreichbare Gestalten auf: Der Maler verdeutlicht mit der schüchternen Geste des Mannes die hoffnungslose irdische Entfernung, die ihn von seiner Dame trennt.

Das Heraufbeschwören von vergangenen historischen Epochen gehört zu den geheimnisvollsten Kapiteln der Kunst um die Jahrhundertwende. Für viele Künstler bedeutete das heimliche Wiederbeleben der kostümierten Vergangenheit in die Moderne ein tief in der Seele begründetes Spiel, eine angenommene, existentielle Rolle. Im Rahmen des ungarischen Dante-Kultes war letztendlich von einem Künstler, Lajos Gulácsy, die Rede, für den diese Rolle anfangs eine Sendung bedeutete, um schließlich zu seinem Schicksal zu werden.[18]

Auf den Bildern von Zichy, Paczka, Gulácsy, im Gedicht von Péterfy herrscht die autonome Kraft des künstlerischen Ausdrucks, die selbstständige ästhetische Totalität. Im weiteren wird aber Dantes charismatische Figur von der Hochkultur in die Massenkultur abgestiegen gezeigt. Eine Vase aus der berühmten Zsolnay-Fabrik gibt uns das klassische Liebespaar, d. h. *Dante mit Beatrice* wieder (Abb. 9). Wie bekannt, führt den Dichter auf seinem metaphorischen Wege bis zum himmlischen Ruhm diese ätherische, neoplatonisch umgeformte, keusche Frau. Sie ist die Schönheit selbst, das höchste göttliche Prinzip. Auf dieser Vase erscheint ein Tiefsinn der *Göttlichen Komödie*, die Vergöttlichung selbst wie eine gemeinfaßliche Liebeslegende. Ein Prunk- oder Gebrauchsstück kann aus dem komplizierten Symbolschatz eines literarisch-theologischen Werkes natürlich nicht viel wiedergeben. Die metallglimmerige, grüne und goldene Farbe dieser Oberfläche, d.h. die Eozinglasur läßt doch den transzendentalen Charakter spüren. Das runde Gefäß mit seinen kleinen Applikationen symbolisiert den Himmelsbogen mit Sternen, den das verklärte Paar glorreich beherrscht.

Im Zusammenhang der kultischen Dante-Rezeption, ja sogar der Dante-Mode in der Wohnkultur sei eine heute schon verlorene Kaminuhr aus dem Jahre 1913 gezeigt, dessen Gestalter und Erbauer Vilmos Fémes-Beck (1885-1918) und József Vágó (1877-1947) waren (Abb. 11). Dante und Beatrice an einem Jugendstil-Postament stehend und eine riesengroße Uhr in die Mitte nehmend, versinnbildlichen nicht nur die wunderbare Kraft des unbesiegbaren Amors, sondern die durch den Amor besiegte, durch die Liebe überwundene Zeit.

Von der Mitte des neunzehnten Jahrhunderts ab ist Dante als Beschützer der ungarischen Literaten und der ungarischen Intelligenz in die Großbürgerwohnungen quasi hineinbezogen. Seine Büste aus Bronze stand in diesem Darstellungstyp, wie hier (Abb. 10). Er war beliebt besonders unter den Weltoffenen, deren Geschmack die Rahmen der jeweiligen Nationalkultur immer enger zog. Diese Büste ist keine einfache Dekoration, vielmehr bewacht sie das Arbeitszimmer am Bücherschrank, um die Spitzen der allgemeinen Bildung mit der Alltagskultur, die göttliche Höhe mit der irdischen Sphäre ständig zu verbinden.

Anmerkungen

1. Clark Barlow, Enrico: The Sixth Centenary Festivals of Dante Alighieri in Florence and Ravenna. By a representative. London 1866, S. 60, 62.
2. Pulszky, Ferenc: Életem és korom. [Mein Leben, meine Zeit]. Bd. 1-4. Pest, 1880-1882.
3. Siehe die ältesten italienischen Übersetzungen des Gedichtes samt dem ungarischen Originaltext in: Versi di Gaetano Ghivazzani. Pistoia 1867, S. 208-211. – Del Balzo, Carlo: Poesie di mille autori notturno a Dante Alighieri. Rom 1889-1908, Bd. 14. S. 576-579. – Siehe die ältesten deutschen Übersetzungen in: Kertbeny, Károly: Gedichte von Johann Arany. Versuch einer Musterübersetzung. Genf 1861. S. 67-69 (Jahrbuch der Deutschen Dante-Gesellschaft, Leipzig 1867. Bd. I. S. 144.). – Sponer, Andor: Dichtungen von Johann Arany. Leipzig 1880. S. 81-82. – Handmann, Adolf: Johann Aranys ausgewählte Gedichte. Kassa [Kaschau] 1908. S. 50-51.
4. Boccaccia, Giovanni: Vita di Dante. Leipzig o. J. S. 26.

5. Über Petőfi als ungarischen Kulturheros im Zusammenhang des Nationalbewußtseins siehe: Dalos, György: Ungarn. Mythen – Lehren – Lehrbücher. In: Mythen der Nationen. Ein europäisches Panorama. Deutsches Historisches Museum, Berlin 1998. S. 548-553.
6. Siehe die Aspekte der Dantes kultischen Figur bei: Porcini, Iaria: Italien. „Fare gli italiani". In: Mythen der Nationen. (wie Anm. 5.) S. 203-206.
7. Die bekannte antike Quelle des Gedankens von der virtuellen Gesellschaft berühmter Männer, Politiker, Feldherren u.s.w. im Himmel ist *Somnium Scipionis,* eine kleine philosophische Schrift von Marcus Tullius Cicero. Vgl. Gohr, Siegfried: Der Kult des Künstlers und der Kunst im 19. Jahrhundert. Zum Bildtyp des Hommage. Köln/Wien 1975. S. 114-123.
8. Aus dem Werk von Dante ging eine Inspiration u. a. auf Giotto, Botticelli, Luca Signorelli, Raffaello, Michelangelo, Zucchari, später auf Flaxman, P. Cornelius, Genelli, Führich, Delacroix, W. Blake, A. Scheffer, Ingres, Carstens, Böcklin, Doré, D. G. Rosetti aus. Diese Liste zeigt Dantes Weg in die Moderne. Siehe dazu: Volkmann, Ludwig: Iconografia Dantesca. Die bildlichen Darstellungen zur Göttlichen Komödie. Leipzig 1897. –Vasconcellos, Irene de: L' inspiration dantesque dans l' art romantique français. Paris 1925. – Romanticismo Storico. Celebrazioni per il Centenario di Francesco Guerrazzi. Firenze, Palazzo Pitti, Dicembre 1973 / Febbraio 1974, S. 41-48 und S. 92-99. – Das 19. Jahrhundert entdeckte im dichterischen Werk des als Nachfolger der alttestamentlichen Propheten angesehenen Dante nicht selten eine zukunftsenthüllende Vision: es erkannte sich gerne in ihm. Vgl. Farner, Konrad: Gustave Doré, der industrialisierte Romantiker. Dresden 1963, S. 136.
9. Siehe dazu: Walter, Adeline: Die Einsamkeit des Künstlers als Bildthema 1770-1900. Hofheim/Taunus 1983.
10. Zu Péterfys Lebzeiten unveröffentlicht gebliebenes, vermutlich aus seiner Jugendperiode stammendes Gedicht, das etwa um 1870 entstanden sein mag. Die Erstveröffentlichung des Gedichtes in der Zeitschrift „Szerda" 1, 1906. Heft 5. S. 212.
11. Zu dieser Zeit begann seine wissenschaftliche Tätigkeit der eminente ungarische Dantist, József Kaposi mit den Werken wie: Dante és a biblia [Dante und die Bibel]. 1891, Dante és Magyarország [Dante und Ungarn]1909, Dante Magyarországon [Dante in Ungarn], 1911 u.s.w.
12. Zu diesem Topos der Romantik siehe: La gloire de Victor Hugo. Exposition des Galeries nationales du Grand Palais. Paris, 1. Octobre 1985 - 6. Janvier 1986, S. 104-108.
13. Carlyle, Tomas: On Heroes. Hero-Worship and Heroic in History. London 1904, S. 79.
14. Als bedeutendes Beispiel sei hier der erste Satz der „Dante-Sypmhonie" von Franz Liszt aus dem Jahre 1856 hervorgehoben, der unter dem Titel „Die Hölle" nur dieses Liebesmotiv behandelt.
15. Locella, Guglielmo: Dantes Francesca da Rimini in der Weltliteratur und Kunst. Erlangen, 1906. – Vgl. auch: Locella, Marie: Dantes Francesca da Rimini in der Literatur, bildenden Kunst und Musik. Esslingen, 1913.
16. Siehe Dante Alighieri: Die göttliche Komödie. Deutsch von Karl Vossler, Ausgabe Zürich 1942, S. 49.
17. Nach Wolfgang Hartmann wurde das Liebespaar in der bildenden Kunst seit dem 18. Jahrhundert nicht so sehr im „Inferno", als vielmehr mit Vorliebe unmittelbar vor ihrer Ermordung, im zärtlichen Zusammensein dargestellt. Siehe: Hartmann, Wolfgang: Dantes Paolo und Francesca als Liebespaar. In: Beiträge zur Kunst des 19. und 20.

Jahrhunderts (Jahrbuch des Schweizerischen Instituts für Kunstwissenschaft 1968/69). Zürich 1970. S. 7-24.

18. Zum Alter-ego-Problem in der Weltliteratur siehe: Tymms, Ralph: Doubles in Literary Psychology. Cambridge 1949.

Abbildungen

Abb. 1:
Apotheose von Sándor Petőfi, von Mihály Zichy, 1898. Sonderblatt zum Petőfi-Album.

Abb. 2: Dante, von Ferenc Paczka, 1899. Budapest, Ungarische Nationalgalerie.

Abb. 3:
Paolo und Francesca, von Lajos Gulácsy, 1903. Budapest, Ungarische Nationalgalerie.

Abb. 4:
Selbstporträt in Mönchskleidung, von Lajos Gulácsy, 1903. Budapest, Ungarische Nationalgalerie.

Abb. 5:
Gulácsy als Hl. Ludwig gekleidet, Foto um 1905, reproduziert: Ferenc Lehel: Gulácsy Lajos dekadens festő [Lajos Gulácsy, der dekandente Maler], Budapest 1922. S. 38.

Abb. 6: Dante-Maske aus Ton, von Lajos Gulácsy um 1906, Ungarische Nationalgalerie.

Abb. 7: Der junge Alighieri, von Lajos Gulácsy um 1905. Kaposvár, Rippl-Rónai-Museum.

Abb. 8: Dantes Begegnung mit Beatrice, von Lajos Gulácsy, 1907. Budapest, Ungarische Nationalgalerie.

Abb. 9:
Vase mit Liebespaar, von Lajos Mack, 1900–1901. Budapest, Kunstgewerbemuseum.

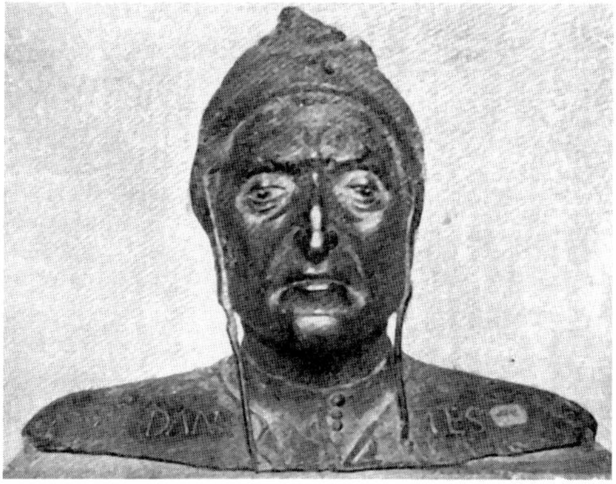

Abb. 10:
Dante-Büste aus Bronze, von unbekanntem Meister um 1900. Reproduktion.

Abb. 11: Kaminuhr mit Figuren von Dante und Beatrice, von Vilmos Fémes-Beck und József Vágó, 1913. Fund- und Standort unbekannt.

Éva Knapp und Gábor Tüskés

Die Ikonographie des Königs Hl. Stephan I.

Die Gestalt des Königs Stephan I. der Heilige hat in der historischen Überlieferung drei große Wandlungen bis an die Schwelle der jüngsten Zeit durchgemacht. Die erste war die auf Initiative des Königs Ladislaus im Jahre 1083 vorgenommene Heiligsprechung und der sich daran anschließende mittelalterliche Kult des Königsheiligen, zu dem die Tätigkeit des Herrschers, sein zum Schutze des Glaubens geführter Kampf die wichtigste Grundlage bildete. Die zweite große Wende vollzog sich in der ersten Hälfte des 17. Jahrhunderts: In dem im Rahmen der Gegenreformation wiederbelebten Kult kam eine mehr oder weniger offene Politisierung seiner Figur zum Ausdruck. Stephan diente von nun an nicht nur als Beweis für die Legitimität der Habsburgherrscher und für das Patronatsherrenrecht der ungarischen Könige, sondern er wurde auch zur zentralen Gestalt der mit der Idee des Regnum Marianum verknüpften national-ständischen Repräsentation und der gegen die Habsburger gerichteten Bestrebungen. Der Beginn der dritten großen Wandlung hängt mit Maria Theresia zusammen, die in gesteigertem Maße danach strebte, die Verehrung des Königsheiligen in den staatlichen Kult zu integrieren; gleichzeitig kam aber auch eine rationalistische Kritik an den obsolet gewordenen Kultelementen auf. Alle diese Wandlungen können in der Literatur und in der Ikonographie genau verfolgt werden, und oft sind gerade die Werke der Literatur und der bildenden Kunst die wichtigsten Träger der historischen Überlieferung.

Zum tausendjährigen Jubiläum der ungarischen Staatsgründung wurde von Éva Knapp das Korpus der druckgraphischen Darstellungen des Königs Stephan aus der Zeit zwischen 1450 und 1860 zusammengestellt und in einem Band herausgegeben.[1] Dieses Korpus besteht aus insgesamt etwa 270 Stücken. Eine Analyse der beinahe 80 Blätter aus der Periode bis 1700 wird für die internationale Forschung an anderer Stelle vorgenommen. Hier stellen wir die Entstehungsbedingungen, Funktionen und die wichtigsten ikonographischen Merkmale der fast 200 Darstellungen aus der Zeit von 1700 bis 1860 dar. Es darf nicht unerwähnt bleiben, daß in der Ungarischen Nationalgalerie im Jahre 2000 eine großangelegte Ausstellung unter dem Titel *Geschichte – Geschichtsbild* veranstaltet wurde, in der u.a. mehrere druckgraphische Blätter zur Ikonographie des Königs Stephan ausgestellt waren.[2]

Die Gliederung des Korpus in zwei Teile ist in erster Linie von quantitativen Gesichtspunkten bestimmt. Denn das Jahr 1700 bedeutet weder den Entstehungsbedingungen noch der Ikonographie noch der Funktion nach eine reale Grenze. Im 18. Jahrhundert setzte sich die am Anfang des 17. Jahrhunderts begonnene Erneuerung der Ikonographie fort, und die Bestrebungen aus dem 17. und 18. Jahrhundert lebten in vieler Hinsicht bis in die Jahre um 1850 weiter.

Die obere Grenze der Untersuchung ist vor allem durch die seit Mitte des 19. Jahrhunderts in gesteigertem Maße zur Geltung kommende historisierende Darstellungsweise, durch die im Sankt-Stephan-Kult einsetzende rasche Veränderung und dadurch begründet, daß die traditionelle Kupferstichtechnik grundsätzlich in den Hintergrund gedrängt wird.

Techniken, Meister und Funktionen

Etwa ein Drittel der beinahe 200 Abbildungen wurde im 18. Jahrhundert, der Rest zwischen 1800 und 1860 hergestellt. Mehr als die Hälfte der Blätter sind Kupferstiche. Die Holzschnittechnik ist im 18. Jahrhundert durch insgesamt sechs Blätter vertreten. Von einer Erneuerung der Holzschnittechnik zeugt, daß in der ersten Hälfte des 19. Jahrhunderts beinahe dreißig Blätter in dieser Technik angefertigt wurden. Die Lithographie kommt um 1830 auf, bis 1860 konnten insgesamt etwa vierzig, zum Teil kolorierte Lithographien registriert werden. Die etwa zehn Stahlstiche wurden nach 1839, der letzte Kupferstich um 1850 (**244**) angefertigt. So wie im 17. kann auch im 18. Jahrhundert in einigen Fällen eine Verstümmelung der Kupferplatten, eine nach ihrer Umgestaltung erfolgte Neuverwendung, beobachtet werden (**80**, **94**).

Die überwiegende Mehrheit der Blätter ist signiert, mehrere Holzschneider sind allerdings dem Namen nach nicht bekannt. Bei einigen namentlich angeführten Meistern kann deren Wirkungsstätte nicht identifiziert werden. Ungefähr die Hälfte der signierten Blätter ist von ungarischen, die andere Hälfte von ausländischen Meistern angefertigt worden. Im Korpus aus Ungarn hebt sich die Tätigkeit der Meister aus Pest-Buda ab. Von den Kupferstechern aus Pest-Buda hat allein Johann Philipp Binder in der zweiten Hälfte des 18. Jahrhunderts insgesamt elf Stiche angefertigt, die Sankt Stephan darstellen. Die Namen Sámuel Mikovinyi und Anna Schreffl sind auf jeweils einem, der von Joseph Pappirnik ist auf zwei Kupferstischen angeführt. Von den Kupferstechern des 19. Jahrhunderts aus Pest-Buda stellten Sámuel Lehnhardt drei, Gottfried Prixner zwei, Anton Meyer, Ferenc Karats, Jeremias Renner und Alajos Fuchsthaller jeweils eine Sankt-Stephans-Darstellung her. Von den Graphikern fertigten in der ersten Hälfte des 19. Jahrhunderts Mihály Lencsó zu drei Stichen, Liborius Balla, Károly Russ, Joseph Patachich und Alajos Rohn zu jeweils einem Stich bzw. einer Lithographie die Vorlage an. Von den zur gleichen Zeit ebenfalls dort tätigen Lithographen kommt der Name Miklós Szerelmey auf vier, der von Károly Ludwig auf zwei Blättern, der von Joseph Trentsensky, Johann Schmid und Armbruster jeweils auf einem Blatt vor.

Von den bekannteren Kupferstechern des 18. Jahrhunderts aus der Provinz verdienen Sebastian Zeller aus Preßburg (ung. Pozsony, heute: slow. Bratislava), Anton Tischler aus Eger, Joseph Jäger aus Tyrnau (ung. Nagyszombat, heute: slow. Trnava) und von den um die Wende des 17./18. Jahrhunderts tätigen Meistern der ebenfalls in Tyrnau wirkende Hans Frank von Landgraff, die alle mit je einem Blatt vertreten sind, erwähnt zu werden. Von den Holzschneidern müssen J. Gritner, weiterhin ein Meister des Holzstiches aus dem 19. Jahrhundert, János Mihalovics, von dem insgesamt neun Blätter berücksichtigt wurden, genannt werden. Der Amateurgraphiker und Kupferstecher István Májer fertigte zwei Lithographien des heiligen Stephan an.

Von den ausländischen Stecherzentren tritt hinsichtlich der Zahl der Darstellungen Wien weit hervor. Von den Wiener Kupferstechern des 18. Jahrhunderts sind drei Blätter von Hieronymus Löschenkohl, zwei Blätter von Johann Ernst Mansfeld und jeweils ein Blatt von Thomas Bohacz, Andreas und Joseph Schmuzer, Franz Leopold Schmitner, Sebastian Mansfeld, Jakob Adam, Johann Christoph Winkler, August Zenger, F.M. Will, Johann Christoph Reinsberger und Anton Tessaro signiert. Von den in der ersten Hälfte des 19. Jahrhunderts tätigen Wiener Kupferstechern kommt der Name Dorneck auf vier, der von Johann Blaschke auf drei, der von Samuel Czetter auf zwei Blättern und der von Michael Hofmann, Joseph Kovatsch sowie József Vitéz Zadányi auf je einem Blatt vor. Von den Wiener Malern, Graphikern und Designern haben im 18. Jahrhundert Vinzenz Fischer und Fritz Moser jeweils eine Vorlage, in der ersten Hälfte des 19. Jahrhunderts Peter Johann Nepomuk Geiger vier, A. Kollianer zwei und Josef Hasslwander, Vinzenz Georg Kininger, Moritz von Schwind sowie Carl Hofmann jeweils eine Vorlage geliefert. Von den Lithographen der Kaiserstadt stellten Johann Rau viermal, August Gerasch zweimal, Hermann Engel, Franz Gerasch, Faustin Herr, Karl Lanzedelly, M. Streicher, J. Tritschler und C. Pichler je einmal den heiligen Stephan dar. Von den Wiener Stahlstechern ist der Name Anton Bogner, von den Innsbrucker Lithographen der von Johann Kravogl im Korpus anzutreffen.

Es überrascht nicht, daß von den süddeutschen Stecherzentren des 18. Jahrhunderts Augsburg an erster Stelle steht. Die Geschwister Klauber und Johann Andreas Pfeffel kommen auf insgesamt vier Blättern vor (letzterer hat zusammen mit dem ebenfalls aus Augsburg stammenden Martin Engelbrecht ein Blatt signiert). Gottfried Berhard Göz und Adam Johann Stockmann haben jeweils ein Blatt angefertigt. Auf je einem Blatt ist die Signatur des Mainzer Kupferstechers Heinrich Jonas Ostertag, die des Nürnberger Stahlstechers Carl Mayer und die des Münchener Lithographen Thomas Driendl zu lesen. Prag ist im 19. Jahrhundert durch ein Blatt von Joseph Führich, Mailand durch eines von Antonio Lanzani, Paris durch ein gemeinsam von Auguste Trichon und Janet-Lange angefertigtes Blatt vertreten.

Verglichen mit dem 16./17. Jahrhundert geht daraus eine Verlagerung der Herstellungsorte hervor. Von den früher vertretenen ausländischen Stecherzentren sucht man vergebens Meister aus Douai, Venedig, Rom und Parma, was darauf hindeutet, daß sich der Kreis der Herstellungsorte auf Mitteleuropa beschränkte. Andererseits tauchen neuerdings Augsburg sowie gelegentlich Mainz,

Prag, Mailand und Paris auf. Am auffallendsten ist die hohe Zahl der in Ungarn angefertigten Darstellungen seit der zweiten Hälfte des 18. Jahrhunderts sowie die kontinuierliche Darstellung Stephans durch Wiener Meister im 18. und 19. Jahrhundert. Das so gewonnene Bild wird durch die geographische Verteilung der Druckorte der Publikationen, die einen Teil der Darstellungen enthalten, kaum modifiziert.

In der Untersuchung der Bildfunktion darf nicht außer acht gelassen werden, daß ein Teil der Blätter im Laufe der Zeit den Originalkontext verloren hat. Diese sogenannten Einblattdrucke machen ungefähr ein Viertel des gesamten Korpus aus, ihr Anteil ist in der zweiten Hälfte des 18. Jahrhunderts am höchsten. Wenn man diese unberücksichtigt läßt, so machen etwas weniger als ein Drittel der Darstellungen die Buchillustrationen aus. Unter den mit einem Stephansbild illustrierten Publikationen sind historische, juristische und sphragistische Werke, Promotions- und Bruderschaftspublikationen ebenso zu finden wie Bibelübersetzungen, Sammlungen von Heiligenviten und Predigten, Gebetsbücher, kirchliche Gesangbücher, eine Statutensammlung des Heiliger-Stephan-Ordens und Beschreibungen von Mariengnadenbildern. Frontispize, kleine Andachtsbilder und Handwerkskundschaften mit Ortsansichten bilden in ungefähr gleichem Anteil das zweite Drittel. Außerdem sind noch die Anzahl der Kalender-, Titelblatt- und Wochenzeitschriftsillustrationen sowie die von Heiligenbildern in Kalendern und deren Umschläge beachtenswert. Vereinzelt sind noch Sankt-Stephan-Darstellungen auf Schmucktitel-, Gebets- und Thesenblättern, Rechnungsköpfen, Jubiläumsgedenkblättern und Einblattkalendern zu finden. Unter diesen trifft man auf mehrere Druckschriften, die ihrem Typ und ihrer Funktion nach vor 1700 noch unbekannt waren bzw. in denen früher keine Abbildungen des Königs vorkamen. Besondere Aufmerksamkeit verdienen die Handwerkskundschaften, die seit 1740 vereinzelt, seit 1770 aber in immer höherer Zahl mit Veduten und figuralen Rahmenkompositionen versehen sind, auf denen Stephan als Landes-, Komitats- oder Stadtpatron abgebildet wurde.

Das Weiterleben der Ikonographie aus dem 17. Jahrhundert

Im Rahmen einer Erneuerung der Ikonographie im 17. Jahrhundert wurde der König auf unterschiedliche Weise im Familienkreis, als tatkräftiger und an christlichen Tugenden reicher Herrscher, als das Land (die Landeskrone) der Jungfrau Maria darbietender König sowie im Kreise von ungarischen Heiligen und Habsburgherrschern dargestellt. Im 17. Jahrhundert trat die Gestalt des Königsheiligen als eines der bedeutendsten Exempel der Gegenreformation, des Türkenkampfes und der nationalen Unabhängigkeitsbestrebungen hervor. Die vor allem auf Anregung der Jesuiten geschaffenen und überwiegend von der katholischen Aristokratie getragenen neuen Kompositionen haben dadurch, daß sie die profanen Züge in den Hintergrund drängten, hagiographische Überlieferungen heranzogen und lebensnahe Szenen ausarbeiteten, zur Erneuerung der Ikonographie wesentlich beigetragen. Gleichzeitig ist die Gestalt des Königs allmählich zu einem Bildtopos geworden.

Im 18. und in der ersten Hälfte des 19. Jahrhunderts ist das Weiterleben der früheren Bildtraditionen sowie deren Variierung und Vervollkommnung zu beobachten. Parallel dazu wurden einzelne ikonographische Lösungen in den Hintergrund gedrängt, die Zahl anderer wiederum stieg sprunghaft an. Die früheren Typen differenzierten sich in bedeutendem Maße und neue Darstellungsschemata kamen auf. Für die Heranziehung der graphischen Blätter aus dem 17. Jahrhundert als Vorlage ist das Schmucktitelblatt in der Ausgabe der katholischen Bibelübersetzung von 1732 ein gutes Beispiel, das aufgrund des Titelblattes in der Variante „A" der ersten Ausgabe von 1626 angefertigt wurde (**84**). Auf dem Schmucktitelblatt stehen zu beiden Seiten des Rahmens vor jeweils zwei Säulen die Gestalt Moses' und Davids, ganz oben sind die zwei ungarischen Wappen, in der Mitte zwischen zwei knienden Engeln das Jesuitenwappen, darunter die thronende Madonna mit dem Jesuskind als Patrona Hungariae zu sehen. Links von dieser sind drei, sich einst auf dem Gebiet Ungarns aufhaltende – und darum als Ungarn betrachtete – Heilige dargestellt: Bischof Gerhard, Bischof Adalbert von Prag und Martin von Tours, auf der anderen Seite drei ungarische Königsheilige: Stephan und Ladislaus I. sowie der Sohn König Stephans, Kronprinz Emmerich. Unter dem Text des Titels findet man auf der Variante von 1626 kleine Bildnisse von Jesuitenheiligen (**46**), die später weggelassen wurden.

Im 18. Jahrhundert wurden die den König in allegorischen Kompositionen darstellenden Blätter stark in den Hintergrund gedrängt. Zum Beispiel kommt Stephan zusammen mit dem heiligen Ladislaus als Berater von drei ungarischen Königen auf einem 1728 angefertigtem Frontispiz vor (**82**). Auf einem allegorischen Blatt, das drei Jahre später herausgegeben wurde, nimmt Stephan im Kreise der Schirmherren des Landes, nämlich der ungarischen Heiligen und Andreas' II., Königs von Ungarn, die Huldigung der Hungaria entgegen (**83**). Die von Andreas und Josef Schmuzer sorgfältig ausgeführte und detailreiche Komposition ziert eine Druckschrift, die aus Anlaß der 1731 an der Jesuitenuniversität Kaschau (ung. Kassa, heute: slow. Košice) abgehaltenen Magisterprüfung herausgegeben wurde und sowohl mit deren Inhalt als auch mit der Gattung Thesenblatt in enger Verbindung steht. Die Gestaltung des Hauptmotivs, der die Huldigung Hungarias entgegennehmenden „heiligen Versammlung", weicht in einem Punkt vom traditionellen Ensemble der ungarischen Heiligen ab. Den Kopf der rechts stehenden, geharnischten und bekrönten Gestalt umgibt kein Glorienschein, und nur aus dem Text des Werkes geht hervor, daß es sich dabei um Andreas II., König von Ungarn, den Führer des von Papst Innozenz III. 1217 angeregten fünften Kreuzzuges handelt. Die vom Text inspirierte Komposition nimmt also die Gestalt des Türkenbezwingers Andreas II. in den Kreis der ungarischen Heiligen auf.

Stephan ist in dem feierlichen Innenraum eine hervorgehobene Gestalt unter den im Zeichen der Dreifaltigkeit versammelten Patronen. Sein rechter Fuß ruht auf der Brust einer vor ihm liegenden Furie, sein nach unten gerichtetes Zepter weist auf ihre offene Brust, auf das „böse Herz". Diese Geste wird von dem neben ihm stehenden heiligen Adalbert, dem Gründer des Bistums Gran (ung.: Esztergom), wiederholt; er zeigt auf die in den Boden getretene Gestalt, auf den falschen Propheten, und damit auf das Schädlichsein der häretischen Lehren. Zur Linken Stephans steht Kronprinz Emmerich, neben ihm Bischof Gerhard. An der linken Seite der Komposition thront König Ladislaus, alle drei mit ihren traditionellen Attributen. Die Gestaltung der Figuren des Ladislaus und des rechts stehenden Andreas II., ihre kontrapunktische Darstellung also, zeigt, daß beide das Erbe von Stephan fortsetzen. In der Gestalt Andreas' II. ist der christianisierte Herosbegriff verkörpert; in seiner erhobenen Rechten hält er ein Schwert und einen Rosenkranz, die anderweitig die traditionellen Attribute Ladislaus' sind. Im unteren Bildfeld erscheinen die Wappen der neuen Magister und die der sie begrüßenden Offerenten zusammen mit den Flüssen Theiß, Bodrog, Samosch und Wag. Das Blatt ist ein anschauliches Beispiel für die souveräne und erfindungsreiche Umgestaltung einer alten Darstellungstradition.

Ein nach dem Entwurf von Vinzenz Fischer im Jahre 1774 in der Technik der Radierung und des Kupferstichs angefertigtes Thesenblatt stellt die Staatsgründung Stephans, die Einführung des christlichen Glaubens in Ungarn dar (**115**). Der junge König in ungarischer Adelstracht empfängt im Kreise seiner Höflinge die Benediktinermönche. Zu beiden Seiten sind der Sturz der Götzenbilder, die Aufstellung eines Kreuzes und die Errichtung von Ordenskirchen dargestellt. Im Himmel thront Papst Silvester II. mit den laut Überlieferung durch ihn übersandten ungarischen Krönungsinsignien, zu seinen Füßen das Symbol des besiegten Heidentums.

Die Stephan allein abbildenden Blätter setzen großteils die früheren Traditionen fort und variieren diese weiter. So ist er sowohl als stehender und als sitzender Herrscher (z.B. **144**, **158**, **183** und **209**), als römischer Pilger (**81**), mit dem Kreuz und den Krönungsinsignien (z.B. **164**, **177**, **187** und **216**), mit den Komitatswappen (**185**) und zu Pferde mit erhobenem Schwert (**217**) dargestellt. Im zweiten Viertel des 19. Jahrhunderts zeigt die verhältnismäßig hohe Zahl der Stephan allein darstellenden Blätter eine bewußte Hervorhebung des Königs, eine reduzierte, archaisierende Variante der Hinwendung zur Vergangenheit.

Ebenfalls die frühere Überlieferung wird in der Mehrheit jener Kompositionen weitergeführt und entfaltet, die Stephan zusammen mit anderen Gestalten darstellen. So kommt er zusammen mit seinem Sohn, dem heiligen Emmerich (z.B. **123**, **124** und **134**), zusammen mit seiner Gemahlin Gisela, Schwester Kaiser Heinrichs II., und Emmerich (**224**), mit zwei Engeln (**103, 108**), als Brustbild zusammen mit den Königen Ladislaus und Koloman (**160**, **162** und **170**), mit Ladislaus und dem Apostel Johannes im Ölkessel (**110**), mit Maria als

Patrona Hungariae sowie mit verschiedenen National- und anderen Heiligen (**109**, **135**, **260** und **262**) vor. Das in den 1720er Jahren angefertigte Altarbild in der ersten Kapelle links aus der ehemaligen Jesuitenkirche von Klausenburg (ung. Kolozsvár, heute: rum. Cluj-Napoca) wird auf zwei Kupferstichen von Thomas Bohacz (1739) und Anton Tischler (1770) dargestellt (**90** und **112**). Die unter einem Baldachin thronende Madonna als Patrona Hungariae ist von den ungarischen Dreikönigen, Stephan, Emmerich und Ladislaus, umgeben. Die typologische Vorlage zu dieser Komposition liefert eine Holzschnittillustration aus dem 1511 in Venedig erschienenen *Missale Zagrabiensis* (**16**). Aufgrund der Stiche von Bohacz und Tischler wurden später mehrere Ölgemälde und Skulpturen angefertigt.

Die Kompositionen, die den thronenden König zusammen mit dem Kronprinzen, dem heiligen Emmerich, darstellen, folgen meistens dem durch die Augsburger Ausgabe der *Thuróczy-Chronik* (1488) (**3**) und durch das *Nádasdy-Mausoleum* (**56**) populär gewordenen Typ und waren bis ganz zur Mitte des 19. Jahrhunderts beliebt (**123**, **124**, **134**, **153** und **213**). Die Titelblattillustration der Druckschrift, welche die Statuten des 1764 von Maria Theresia gegründeten Ordens des heiligen Stephans enthält, folgt zum Beispiel der Kopfhaltung Stephans im *Mausoleum* (**108**). Putten halten unter dem Titel ein Medaillon mit dem Bildnis Stephans. In der Hand der Putte links ist ein an einer Kette hängendes Kreuz des Ordens zu sehen, die Putte rechts hält die ungarische Landeskrone mit dem schiefen Kreuz und das Zepter in ihren Händen. Oben im Schriftband ist Stephan als erster apostolischer König angeführt. Ebenfalls den Vorlagen des *Mausoleums* folgen die Königsporträts, die die Ausgabe des *Corpus juris* von 1751 zieren, aber in neuer Form: In der Mitte des horizontal-rechteckigen Bildfeldes erscheint in einer Kartusche das Brustbild des Herrschers, zu beiden Seiten sind einige sich auf ihn beziehende Symbole oder Szenen zu sehen. Neben dem in eine Landschaft gestellten Bildnis Stephans stehen rechts und links je eine Putte; die eine hält das apostolische Doppelkreuz, die andere die Krönungsinsignien, eine Szene fehlt allerdings (**103**). Die Kompositionen vom Ende des 18. und aus der ersten Hälfte des 19. Jahrhunderts, die die legendäre Krönung Stephans durch Engel zum Thema haben, folgen ebenfalls typischen Details der entsprechenden Darstellung aus dem *Mausoleum* (**143** und **192**). Die in der Ungarischen Bilderchronik (*Képes krónika*) als Vision des heiligen Ladislaus beschriebene Szene ist ursprünglich an Fürst Geysa, den älteren Bruder Ladislaus', geknüpft. Ihre eigenständige Darstellung ist durch die Übertragung des europaweit bekannten literarischen und ikonographischen Topos auf Stephan und durch das Loslösen des entsprechenden Motivs aus dem ursprünglichen Zusammenhang zustande gekommen.

Die Stephan im Rahmen verschiedener Herrscherfolgen und Stammbäume darstellenden Kompositionen sind teils als Fortsetzung der früheren Legitimationsbilder zu verstehen. Sein Brust- oder Hüftbild, seine sitzende oder stehende

Gestalt sind immer am Stammbaum der Herrscher aus dem Hause Árpád (**100**), auf Abstammungstafeln (**193**, **206** und **249**), auf Porträtserien (**101**, **126** und **223**) und auf einem die bedeutenden ungarischen Herrscher zeigenden Blatt aus dem 19. Jahrhundert zu sehen (**179**). An den Blättern des Lorbeerkranzes, der das Bild des thronenden Königs Karl III. (VI.) umgibt, ist Stephans schematisches Porträt unter den Bildnissen der ungarischen Könige (**80**) genauso zugegen wie im Kreise der verschiedenen weltlichen Würdenträger und Herrschervorgänger, die das Bildnis Ferdinands V. umgeben (**191**). Auf dem 1720 angefertigten und dann 1729 mit einer modifizierten Inschrift erneut verwendeten Legitimationsbild vom König Karl III. halten zwei Putten vor dem sitzenden Herrscher jeweils ein Schild mit dem Wappen Ungarns und dem der Patrona Hungariae. Das Herrscherbildnis wird von einem Lorbeerkranz umgeben, an dessen Blättern je ein Miniaturbrustbild eines ungarischen Königs dargestellt ist. Über dem Haupt König Karls sind die drei ungarischen Königsheiligen durch einen Glorienschein hervorgehoben. Anstelle Emmerichs ist hier abweichend von der Überlieferung Prinz Salomon dargestellt. Oberhalb des Lorbeerkranzes halten zwei Engel die Herrscherinsignien und die ungarische Heilige Krone. Unterhalb des Lorbeerkranzes ergänzen das Wappen Ungarns und die der Kronländer die Komposition.

Erneuerungsversuche der Ikonographie

Im 18. Jahrhundert stieg die Zahl der Blätter, die verschiedene Szenen aus dem Leben des Königs und seiner Legende darstellen, sprunghaft an, und diese Tendenz setzte sich auch in der ersten Hälfte des 19. Jahrhunderts fort. Auf einem Kupferstich Johann Andreas Pfeffels d. Ä. vom Beginn des 18. Jahrhunderts ist der Heilige Stephan zusammen mit dem Bischof Gerhard zu sehen (**77**). Den ideellen Hintergrund der Komposition bildet die Freundschaft zwischen Stephan und Gerhard, die der Legende nach aufgrund der Marien-Predigt Gerhards bei der Kirchweih der von Stephan gestifteten und der Jungfrau Maria geweihten Basilika in Stuhlweißenburg (ung. Székesfehérvár) zustande gekommen war. Im mittleren Bildfeld ist die Vision aus der Nacht vor dem Märtyrertod Gerhards vergegenwärtigt: Das von Maria gehaltene Jesuskind schmückt den zu ihm aufschauenden Gerhard mit der Siegespalme des Martyriums; Stephan dagegen im Tausch für das dargebotene Land – worauf das von den Engeln in die himmlische Sphäre erhobene Landeswappen deutet – mit der himmlischen Krone. Links in der Nebenszene regt Gerhard Stephan dazu an, das Land Maria darzubieten, rechts findet sich die Martyriumsszene Gerhards. Die Bildinschrift verweist kurz auf Gerhards Marienverehrung und sein Martyrium. Auf einem anderen Blatt Pfeffels, das zur gleichen Zeit angefertigt wurde und ähnlich aufgebaut ist, unterrichtet bzw. tauft Bischof Adalbert von Prag den König (**78**). Auf einem Kalenderbild der Geschwister Klauber aus dem Jahre 1750 besiegt Stephan seine Feinde mit Hilfe der Jungfrau Maria (**95**). Auf der an den jüngsten historischen Ereignissen orientierten Darstellung ist eine schwungvoll gestaltete türkisch-ungarische Kampfszene zu sehen. In den Wolken thront Maria mit dem Jesuskind, das einen Blitz auf die Türken schleudert. Das obere Schriftband bezieht sich auf Maria, die Inschrift am unteren Teil des Blattes auf Stephan. Letzterer kann mit der die Türken verfolgenden christlichen Rittergestalt, die umgeben ist von einem Glorienschein, identifiziert werden.

Auf zwei Einblattdrucken mit der aktuellen Szene der Huldigung vor der Stephanskrone, entstanden 1790, im Jahre der Rückgabe der Krone an Ungarn, ist das Brustbild Stephans zusammen mit dem des Papstes Silvester, von dem er die Krone erhalten haben soll, zu sehen (**127** und **128**). In der ersten Hälfte des 19. Jahrhunderts wurden die Taufe Stephans (z.B. **214**, **218** und **250**), seine Almosenverteilung (**180**) und Krankenpflege (**152**) sowie seine Krönung in weltlicher Umgebung (z.B. **219** und **233**) in eigenen Szenen dargestellt. Die Szene der Taufe erhielt als historische Parabel einen politischen Akzent: In der Debatte über die Unabhängigkeit der ungarischen Kirche drückte sie das Primat der Kirche gegenüber der Königsmacht aus. Die erfolgreiche lithographische Serie *Geschichte Ungarns und Siebenbürgens in Zeichnungen* von Johann Nepomuk Geiger, einem Schweizer, den es in jungen Jahren nach Ungarn verschlagen hatte, erschien geheftet mit erklärendem Text zu den einzelnen Blättern zwischen 1842 und 1844. Die Bilderserie, in der sich romantische Idealisierung und historisierender Detailrealismus vereinigen, zeigt Momente aus der ungarischen Geschichte, die zusammen mit den Bildunterschriften eine zusammenhängende Erzählung ergeben. Drei Blätter der aus insgesamt 17 Stücken bestehenden Serie stellen Szenen aus dem Leben Stephans dar: Tafel 4, 5 und 6 vergegenwärtigen die Taufe, die Krönung und den Empfang der Familie des besiegten rivalisierenden Stammesfürsten Julius (Gyula) durch den König (**210-212**). Die Serie und ihre Einzelblätter wurden in der zweiten Hälfte des 19. Jahrhunderts – häufig als Holzschnitt – durch populärwissenschaftliche Publikationen und in Zeitschriften mit hoher Auflage vermittelt; sie erschienen auch in den Geschichtsbüchern (vgl. **220**). Die Szene der Krönung Stephans schmückte zum 10. Jubiläum der Entthronung des Hauses Habsburg im Jahre 1849 die Titelseite der populären *Sonntagszeitung* (Vasárnapi Újság), was ebenfalls zeigt, daß die Historienbilder in dieser Zeit eine neue, aktuelle, politische Bedeutung bekommen hatten und daß anstelle des früheren reichs-nationalen Kolorits die Bezüge der nationalen Unabhängigkeit in den Vordergrund getreten waren.

Auf hagiographische Quellen greifen jene Kompositionen zurück, die die Übergabe des Kronprinzen Emmerich an seine Erzieher darstellen (**161** und **163**) und die den Dank Emmerichs an den Benediktiner Maurus im Beisein Stephans zum Ausdruck bringen (**231**). Das bezieht sich auch auf die beiden Blätter, auf denen abgebildet ist, wie Stephan seinem Meuchelmörder verzeiht (**175** und **221**). In den weiteren Szenen mit einem biographischen Hintergrund stiftet

(**206**) oder baut Stephan eine Kirche (**203**, **248** und **251**) bzw. spricht Recht (**258**). Zu den szenischen Darstellungen werden auch jene Blätter gezählt, auf denen der König vor einer Statue oder einem Bild Marias, zu ihr betend (z.B. **182**, **198** und **232**), oder vor irgendeinem konkreten Gnadenbild huldigend dargestellt wurde (**181**, **196** und **234**). Den Prozeß, wie aus dem Landespatron Stephan ein allgemeiner Nothelfer wird, zeigt das 1838 in Schabmkunst angefertigte Blatt, auf dem die in den Wolken stehende Gestalt des Königs über der angeschwollenen Donau zusammen mit einer Vedute von Pest-Buda zu sehen ist (**199**).

Eine eigene Gruppe bilden die zahlreichen Kompositionen, die den sein Land oder seine Krone der Jungfrau Maria darbietenden König zeigen. Dieser ikonographische Typ kam am Ende des 17. Jahrhunderts in der Druckgraphik auf und entfaltete sich im 18. Jahrhundert. Seine Varianten kommen auch in der ersten Hälfte des 19. Jahrhunderts in großer Zahl vor. Das ist der Typ, der auch in anderen Kunstgattungen am häufigsten dargestellt ist und die Idee vom Landespatronat Stephans und den Gedanken von Maria als Patrona Hungariae wirkungsvoll zum Ausdruck bringt.

Der dargebotene Gegenstand ist meistens die Heilige Krone Ungarns, von Fall zu Fall ergänzt durch die Herrscherinsignien (z.B. **99**, **106**, **114**, **136** und **141**) und die Gestalt des Kronprinzen Emmerich (**149**). Selten ist es ein Kirchenmodell (**102** und **157**), ein Kistchen mit Gold (**88**) oder auch der Reichsapfel (**145**). Die Darbietung kann das Sujet allein oder ergänzt zeigen, zusammen mit dem heiligen Emmerich (**156** und **178**) oder anderen Heiligen (z.B. Ladislaus). Das Motiv der Darbietung ist oft durch die Darstellung einer Vedute (z.B. **79**, **97** und **107**), des Landeswappens (z.B. **94**, **139** und **155**) und der unverwesten rechten Hand Stephans, der Heiligen Rechten (z.B. **89**), vervollständigt. 1743 erschien als Frontispiz zu der Predigtsammlung eines Trinitariers, dann drei Jahre später zu der eines Jesuitenpredigers die Darstellung der Landesdarbietung, umrahmt von einer theatralischen Ehrenpforte und ergänzt mit einer Vedute von Tyrnau, dem Erscheinungsort beider Bände (**92**). Auf dem Bogengesims steht die Büste des Bischofs Adalbert, des heiligen Ladislaus und des Kronprinzen Emmerich, zu beiden Seiten der Pforte sind die beiden ungarischen Heiligen der Barmherzigkeit, das von einer Kartusche umrahmte Bildnis Martins von Tours und Elisabeths vom Hause Árpád (von Thüringen) dargestellt. Links der Vedute ist das Wappen Ungarns, rechts das von Tyrnau zu sehen. Auf einem um 1750 von den Geschwistern Klauber angefertigten Kupferstich bieten Stephan und Gisela in ungarischer Tracht das Land in Form einer Landkarte Mariä dar (**96**).

Eine eigene Gruppe bilden die Darstellungen der Handwerkskundschaften, auf denen die Darbietungsgeste in Miniaturmaß, in reduzierter Form zusammen mit verschiedenen anderen Motiven, so in erster Linie mit der Reliquie der Heiligen Rechten, zu sehen ist. In einer Typenvariante kommt das Motiv der Heiligen Rechten bereits Mitte des 18. Jahrhunderts auf. Nach angeblichen Vorlagen aus dem Spätmittelalter erscheint das Motiv auf einem Blatt in einer Serie von Kalenderbildern, die von den Geschwistern Klauber in der Zeit zwischen 1737 und 1743 herausgegeben wurde (**89**). Auf dem Blatt kniet Stephan rechts unten in der Ecke, während Maria, links oben auf einer Wolke sitzend, seine Huldigung entgegennimmt. Die Verbindung zwischen den beiden Gestalten wird durch einen quer durch das Bild verlaufenden Lichtstrahl hervorgehoben. Oberhalb der Szene in der Mitte ist eine von einem Glorienschein und einem Füllhorn umrahmte Hand zu sehen, die durch ein Psalmzitat als rechte Hand identifiziert wird. Stephan ist hier durch seine Heilige Rechte die Quelle des Wohlstandes und zusammen mit Maria der höchste Patron des Landes. Während im 18. Jahrhundert der Bildtopos der Darbietung auch in der Ikonographie des heiligen Ladislaus bekannt war, knüpft die Reliquie der Heiligen Rechten eindeutig an Stephan an.

Der Versuch der Erneuerung des traditionellen Kompositionsschemas durch Hinzufügen eines neuen Motivs nach der im Jahre 1771 erfolgten Überführung der Reliquie nach Buda fand auf den mit Veduten verzierten Handwerkskundschaften der Budaer Zünfte ein bedeutendes Echo. Auf diesen wurde die Reliquie bereits in ihrem neuen Schrein dargestellt, meistens zusammen mit Stephan, Ladislaus, Emmerich, Maria Immaculata, manchmal auch mit den speziellen Zunftpatronen. Die weiteren Motive (Doppeladler, die Abzeichen des Ordens vom Goldenen Vlies, Lorbeerblatt und Palmenzweig, Flaggen und Waffen) und deren Anordnung auf dem um 1786 angefertigten Kupferstich Johann Philipp Binders deuten gleichermaßen auf die Rückeroberung Budas von den Türken, den Legitimitätsanspruch der Habsburgherrscher sowie das Landes- bzw. Stadtpatronat Stephans und Ladislaus' hin, sie bringen aber auch zum Ausdruck, daß die Reliquie in Buda aufbewahrt wird (**122**). Zahlreiche Varianten dieser Komposition wurden bis in die 1820er Jahre angefertigt, auf denen Stephan als Landespatron erscheint (z.B. **118**, **121**, **122**, **135**, **137**, **138**, **140**, **165** und **171**).

Vor allem mit dem Erstarken des historischen und archäologischen Interesses, dem Anspruch auf Dokumentation und Bekanntmachung alter und zeitgenössischer Kunstgegenstände in breiten Kreisen bzw. mit einer speziellen erbaulichen Zielsetzung ist es zu erklären, daß Stephan seit der ersten Hälfte des 18. Jahrhunderts auf graphischen Kopien von in anderen Kunstgattungen entstandenen Darstellungen und Objekten auftaucht. Das als Grundlage dienende Objekt kann z.B. ein Wappen (**167**, **201**, **202** usw.), ein Altar (z.B. **98**), ein Altarbild (**90**), ein Kupferrelief (**132**), eine Kodexillustration (**227** und **228**) und das Ensemble der Krönungsinsignien (**263**) sein. Diese Blätter zeigen den König immer in der auf dem gegebenen Objekt dargestellten Weise. In einem derartigen Zusammenhang taucht Stephan auf den Kupferstichen der im Jahre 1734 herausgegebenen heraldischen Arbeit *Cerographia Hungariae* von Joseph Koller, den Siegeln des Zagreber Kapitels, der Komitate Fejér und Tolna sowie der Stadt Königsberg (heute: slow. Nova Bana, ung. Újbánya) erstmals auf (**85-88**).

Eine 1746 herausgegebene Arbeit mit den wichtigsten Quellen der ungarischen Geschichte des Mittelalters enthält die ersten bekannten Darstellungen der Miniaturen aus der 1358 entstandenen *Ungarischen Bilderchronik* (Képes krónika) in Kupferstichtechnik, die damals in der Wiener Hofbibliothek aufbewahrt wurde. Auf dem eine Initiale S der Chronik darstellenden Stich ist Stephan im Ritterkleid zu sehen; in seiner Rechten hält er eine Fahne mit dem Doppelkreuz, in seiner Linken ein Schild mit dem ungarischen Wappen (**93**). Auf einem in die Mitte des 18. Jahrhunderts datierten Kupferstich der Geschwister Klauber sieht man den neuen Altar der königlichen Burgkapelle in Scheyern, an dessen unterem Teil die Verlobungsszene von Stephan und Gisela von dem ungarischen und dem bayerischen Wappen umgeben ist (**98**). Die Authentizität beanspruchenden Darstellungen des Palliums mit dem Brustbild Stephans findet man seit 1754 bis ganz zur Mitte des 19. Jahrhunderts in zahlreichen Varianten (z.B. **104**, **105** und **125**). Eine der frühesten Darstellungen von Denkmälern, auf denen Stephan vorkommt, fertigte Johann Mansfeld 1767 von dem Marienaltar der Kathedrale in Raab (Győr) an (**111**). Von der im Jahre 1810 abgerissenen Dreifaltigkeitssäule in Pest wurde 1775 ebenso ein druckgraphisches Blatt angefertigt (**116**) wie von dem Altar der Bakócz-Kapelle (**189**) und der Porta Speciosa (**226**) in Gran in der ersten Hälfte des 19. Jahrhunderts. Auf den marianische Gnadenaltäre darstellenden Kupferstichen des 1835/36 von Elek Jordánszky herausgegebenen Atlas Marianus kommt die Gestalt Stephans ebenfalls mehrmals vor (**190**, **195-197**).

Zusammenfassung

Überblickt man diesen mehr als 150 Jahre umfassenden Abschnitt aus der Geschichte der Stephansikonographie, ist festzustellen, daß die Druckgraphik in der untersuchten Periode eine sich außerordentlich dynamisch verändernde Kunstgattung war und den Wandel der Ikonographie in anderen Gattungen im Kleinen aufzeigt. In die früheren ikonographischen Typen wurden neue Motive und Kompositionsschemata aufgenommen, und es entwickelten sich neue Modelle. Außer den eng an die Druckgraphik anknüpfenden Lösungen konnten zahlreiche Darstellungstypen identifiziert werden, die aufgrund von Werken in anderen Gattungen entstanden sind bzw. diesen als Vorlage gedient haben. Am Anfang des 18. Jahrhunderts kamen neben den jesuitischen Inspirationen auch benediktinische Bezüge auf. Im Laufe des Jahrhunderts wurden mehrere, aus der Legende von gleichzeitig lebenden anderen Heiligen gelöste und umgeformte hagiographische Szenen in die Ikonographie des Königs integriert, und die mariologischen Bezüge erstarkten auch außerhalb der Darbietungsikonographie. Die Vielfalt der Kompositionen deutet auf die ständigen Erneuerungsbestrebungen hin und zeigt zugleich die Suche nach den am meisten charakteristischen Darstellungstypen.

In den 1730er Jahren tauchten die ersten druckgraphischen Kopien von historischen Darstellungen auf. Infolge der zunehmenden Funktionalisierung wird Stephan seit 1760 mehr und mehr zu einer Nebenfigur und einem Nebenmotiv, und als solches bestärkte er wirkungsvoll die Rolle der lokalen und der Körperschaftspatrone. Neben der kontinuierlichen thematischen Bereicherung ist seit dem letzten Drittel des 18. Jahrhunderts eine allmähliche Verweltlichung in der Ikonographie des Königs wahrzunehmen. Es kam das Bestreben nach einer möglichst authentischen Darstellung des die katholische Kirche schützenden Stephan auf, und das Stephansbild der Legenden wurde durch historische Bezüge und weltliche Gesichtspunkte erweitert. Ab den 1770er Jahren ist die Auffassung vom König, der sein Volk auch hier auf Erden glücklich machen will, greifbar. Um 1790 tauchen die Darstellungen der zu historischen Szenen umgeformten aktuellen politischen Ereignisse auf, und Stephan wird immer häufiger zum ergänzenden, dekorativen Element dieser Szenen umgedeutet.

Um die Jahrhundertwende erstarkte das Bestreben, die Verteidigung der Standesrechte durch die Darstellung des Königs geltend zu machen. Die Heranziehung Stephans zu weltlichen und zu kirchlichen Zwecken trennte sich endgültig voneinander, trotzdem verschwanden die Attribute des Heiligen von den Bildern in weltlicher Funktion nicht. Um 1800 wurde die Ikonographie durch mehrere neue, bisher nicht dargestellte Szenen legendären Ursprungs erweitert, und auch die Momente der Lebensgeschichte, die ursprünglich negativen Inhalts waren, wurden zu positiven Beispielen umfunktioniert. Ab den 1830er Jahren wurden die weltlichen Elemente noch wichtiger, gleichzeitig damit nahm die Bedeutung der mariologischen Bezüge zu. Mit der Darstellung neuer historischer Szenen in den 1840er Jahren kamen die ersten historisierenden Bestrebungen auf, der Einfluß der Vorlagen aus dem 17. und 18. Jahrhundert ist jedoch bis weit in die fünfziger Jahre des 19. Jahrhunderts nachweisbar.

Man kann auf den Blättern auch das Aufkommen der neuen Stilströmungen ziemlich genau verfolgen. Der Einfluß des Rokokos taucht in den 1760er, der des Klassizismus in den 1790er, der der Romantik in den 1820er und der des Historismus in den 1840er Jahren auf. Parallel dazu bestehen die barocken und spätbarocken Merkmale bis zur Mitte des 19. Jahrhunderts. Im Bildmaterial aus der ersten Hälfte des 19. Jahrhunderts finden wir dann die neuen Stilmerkmale und ikonographischen Schemata zusammen mit den traditionellen Modellen vor.

Anmerkungen

1. Éva Knapp: Gyönyörű volt szál alakja: Szent István király ikonográfiája a sokszorosított grafikában a XV. századtól a XIX. század közepéig [Die Ikonographie des Königs Stephan der Heilige in der Druckgraphik vom 15. bis zur Mitte des 19. Jahrhunderts]. Budapest 2001. – Die **fetten** Nummern im laufenden Text verweisen auf den Katalogteil dieses Bandes. Hier sind auch erste Ansätze der folgenden Ausführungen zusammen mit dem gesamten wissenschaftlichen Apparat zu finden. – Für die sprachlich-stilistische Glättung der deutschen Fassung danken wir Dr. Klaus Haberkamm, Münster, von Herzen.
2. Történelem – kép: Szemelvények múlt és művészet kapcsolatából Magyarországon. Kiállítás a Magyar Nemzeti Galériában 2000. március 17 – szeptember 24 [Geschichte – Geschichtsbild: Die Beziehung von Vergangenheit und Kunst in Ungarn. Ausstellung der Ungarischen Nationalgalerie 17. März - 24. September 2000]. Hg. von Árpád Mikó – Katalin Sinkó. Budapest 2000. – Vgl. Szilárdfy, Zoltán: Sajátos típusok a magyar szentek barokk kori ikonográfiájában [Spezialtypen in der barockzeitlichen Ikonographie der ungarischen Heiligen]. In: Magyar szentek tisztelete és ereklyéi. Kiállítás a Keresztény Múzeumban 2000. június 17-október 1. Hg. von Pál Cséfalvay – Ildikó Kontsek. Esztergom 2000, S. 55-88.

Abbildungen

Abb. 1:
Andreas und Joseph Schmuzer: Die Huldigung der Hungaria vor ihren Ratgebern und Patronen, Frontispiz, Kupferstich, 247 x 165 mm. In: (Melchior Tarnóczi): Christianum svadae Cassoviensis somnium, Cassoviae 1731.

Abb. 2:
Die Darbietung der ungarischen Krone der Jungfrau Maria mit der Ansicht von Nagyszombat/Trnava, Frontispiz, Kupferstich, 281 x 165 mm. In: Josephus a S. Maria: Festivale Tyrnaviense, Tyrnaviae 1743.

Abb. 3:
Adam Johann Stockmann – Joseph Sebastian und Johann Baptist Klauber: Der Altar der königlichen Burgkapelle von Scheyern mit der Verlobungsszene von Stephan und Gisela, Einblattdruck, Kupferstich, Mitte 18. Jahrhundert, 193 x 134 mm. Ungarisches Nationalmuseum. Historisches Bildarchiv, Budapest, 2191.

Abb. 4:
Anton Tessaro: König Stephan und Prinz Emmerich, Einblattdruck, Kolorierte Radierung, um 1792, 293 x 190 mm. Ungarisches Nationalmuseum, Historisches Bildarchiv, Budapest, 187

Abb. 5:
C. Russ – József Stőber: Almosenverteilung von König Stephan, Buchillustration, Kupferstich, 105 x 81 mm. In: Urania, Esztergom 1828, Tafel nach S. 192.

Abb. 6: August Gerasch – J. Tritschler: Gründung von Pannonhalma auf der Abstammungstafel der ungarischen Könige, Detail, Einblattdruck, Lithographie, 1840, 612 x 805 mm. Ungarisches Nationalmuseum, Historisches Bildarchiv, Budapest, 10.459/1,2,3

Abb. 7: Peter Johann Nepomuk Geiger: Die Taufe Stephans, Buch-Illustration, Lithographie, 221 x 296 mm. In: Gusztáv Wenzel: Magyar- és Erdélyország története rajzolatokban, (Wien 1842–1844), Tafel IV.

Abb. 8: Anton Gerasch – Franz Gerasch: Stephan gibt seinem Lande die Verfassung, Einblattdruck, Chromolithographie, um 1854, 450 x 580 mm. Ungarisches Nationalmuseum, Historisches Bildarchiv, Budapest, 10982

Konrad Vanja

Dietrich Monten und sein Werk „Finis Poloniae 1831"[1]

Der Diskurs unter den Museen verschiedener Disziplinen ist immer dann besonders fruchtbar, wenn er sich aus verschiedenen Perspektiven mit einem gemeinsamen Objekt oder Thema befassen kann. Das Museum Europäischer Kulturen als eine Teilinstitution der Staatlichen Museen zu Berlin nahm die festliche Wiedereröffnung einer anderen Teilinstitution, nämlich der Alten Nationalgalerie 2001 zum Anlaß, einmal der Fragestellung nachzugehen, inwieweit ein Kunstwerk durch kulturgeschichtliche und rezeptionsgeschichtliche Recherchen und Interpretationen noch um weitere Dimensionen vertieft werden kann. Als Thema von „Kunst im Kontext", die mein Haus schon seit längerem beschäftigt, entstand die Sonderausstellung „Finis Poloniae 1831: Polnisches Schicksal, deutsches Gemüt und europäische Solidarität. Das Gemälde von Dietrich Monten aus der Alten Nationalgalerie im Museum Europäischer Kulturen".[2]

Im Zentrum stand das Historienbild von Dietrich Monten (18.9.1799 bis 13.12.1843) „Finis Poloniae 1831"[3] (Abb. 1), das sich im Bestand der Alten Nationalgalerie der Staatlichen Museen zu Berlin befindet und einmal genauer unter dem Aspekt der kulturellen Kontextualisierung betrachtet werden sollte. Das kleinformatige Ölbild (44,2 x 52,5) entstand 1832 unmittelbar nach dem dramatischen Ereignis des niedergeworfenen Aufstandes von Warschau, das zum Auszug der geschlagenen polnischen Truppen aus dem von Rußland wiedereroberten sog. Kongreß-Polen führte. Monten erfaßte den Moment des Abschiedes polnischer Offiziere vor Überschreitung der Grenze nach Preußen. Er malte eine Szene verzweifelter, aber stolzer Soldaten, die sich zu verschiedenen Gruppen formierten und deren Dreh- und Angelpunkt die Grenzsäule nach Preußen ist. Die Dramatik zeigt sich gleich einer Golgatha-Szene in ihrem gestalterischen Entwurf: In ihrem Aufbau um Grenzsäule und zerschlissene Fahne ähnelt sie einem Kalvarienberg.

Montens Bild stammt aus der Sammlung des Konsuls Joachim Heinrich Wilhelm Wagener, der das Bild zusammen mit einem Gemälde von Peter Hess erst im Juni 1845 aus der Sammlung Buchholz in Lübeck erworben hatte.[4] Es wurde 1861 für die Alte Nationalgalerie erworben. Das Bild ist ein klassisches Werk der Historienmalerei – vielleicht würde man hier besser sagen: der Aktualitätenmalerei des 19. Jahrhunderts –, dessen historische Detailtreue jedoch nur scheinbar eine realistische Szene festhält, handelt es sich doch trotz aller Nähe zum Ereignis von 1831 um eine symbolische Bildkonstruktion. Der Reiter auf dem Schimmel im Zentrum der Szene ist mit dem Portrait des legendären Fürsten Józef Antoni Poniatowski versehen, der beim Rückzug der napoleonischen Truppen 1813 in der Weißen Elster bei Leipzig ertrunken ist. Auch die Inschrift auf der Grenzsäule ist im Rahmen der polnischen Historienlegende ähnlich zu deuten: „Finis Poloniae" (Das Ende Polens) wird dem letzten polnischen Oberbefehlshaber Tadeusz Kościuszko (1746-1817) als Ausruf nach der verlorenen Schlacht von Maciejowice (1794) zugeschrieben, die zur dritten Teilung Polens 1795 führte.[5] Seitdem begleitet diese Formel die martyriologisch gedeutete Geschichte des Landes bei allen folgenden markanten politischen Einschnitten.

Nicht erstaunlich ist diese Konstruktion, weil sie ein Gebilde von Assoziationen ermöglicht und die Gemüthaftigkeit der Zeit mit ihrer Suche nach großem Pathos aufnimmt. Erinnert sei hier nur daran, daß die Aufstände gegen Napoleon lediglich zwei Jahrzehnte zurück lagen und die Entstehung eines Nationalgefühles als deutsche Nation gefördert haben bzw. überhaupt erst haben entstehen lassen. In Übertragung der deutschen Situation konnte man eine solche Entwicklung auch den entehrten Polen zugestehen.

Das Pathos des Gemäldes bezeugt zugleich die große Welle der politischen Hoffnung und der internationalen Solidarität, die nach der Juli-Revolution von 1830 in Paris und der Nationenbildung Belgiens alle europäischen liberalen Bewegungen ergriffen hatte. Im Novemberaufstand in Warschau 1830 sah das liberale Bürgertum somit eine mögliche Vorentscheidung für das Schicksal Europas und Deutschlands. Durch eine Lösung des russischen Drucks auf den Deutschen Bund schien sich die Chance einer Befreiung Deutschlands vom System der Restauration und die Schaffung seiner nationalen Vereinigung zu erhöhen.[6]

Die Solidarität mit den kämpfenden Polen[7] äußerte sich in ganz Europa nicht nur durch Geldspenden und das Sammeln von Verbandsmaterialien oder Hilfeleistungen zahlreicher deutscher und französischer Ärzte, die sich der verwundeten polnischen Soldaten annahmen, sondern auch durch eine das Kampfgeschehen illustrierende Bildberichterstattung. Der Nürnberger Verleger Friedrich Campe begleitete mit radierten Serienblättern ebenso die Ereignisse wie sein Neuruppiner Kollege Gustav Kühn mit kolorierten Lithographien.[8] Nach der endgültigen Niederschlagung des Aufstandes Anfang September 1831 durch die russischen Truppen flohen etwa 10.000 polnische Exilanten und durchquerten Deutschland in Richtung Belgien, Frankreich und Schweiz bis hin nach Großbritannien. Dadurch intensivierte sich noch einmal die Solidarität in der direkten Konfrontation mit dem Elend der polnischen Flüchtlinge. In vielen deutschen Städten gründeten sich spontan Polenvereine zur Unterstützung der durchreisenden Polen. Den Höhepunkt dieser Welle von politischen Kundgebungen bildete das Hambacher Fest auf der Maxburg bei Neustadt an der Haardt Ende Mai 1832. Diese Massenkundgebung – über 25.000 Menschen waren zusammengeströmt, alle Bevölkerungsschichten waren vertreten – bedeutete zugleich auch den Höhepunkt des deutschen Polenenthusiasmus. Auf den Zinnen der Hambacher Schloßruine waren neben den schwarz-rot-goldenen Farben die Trikolore und die polnische Flagge gehißt, und das Polenthema beherrschte die Reden: „Denn ohne Polens Freiheit keine deutsche Freiheit! Ohne Polens Freiheit kein dauernder Friede, kein Heil für alle andern europäischer Völker! ... “[9] äußerte ein Redner Namens Fitz aus dem nahen Dürkheim.

Im Kontext dieser Ereignisse ist das Bild von Dietrich Monten entstanden, sicherlich nicht ohne die Vorbedingungen, daß er als Historien- und Schlachtenmaler im Sujet der geschichtlichen Darstellungen seit seiner akademischen Ausbildung in Düsseldorf (1821) und in München bei Peter Hess gut bewandert war. Zugleich entstanden zeitgenössische Kopien und Laienbilder in Öl oder Gouache, die sich an Montens Original oder – sicherlich mehr zu vermuten –, auch an denen nach Monten entstandenen zahlreichen Lithographien orientierten. Hier entstanden aus Bildsegmenten neue Konstellationen in der Zusammenstellung der Figuren, die das Thema – der lithographischen Technik geschuldet – auch seitenverkehrt variierten.[10] Neue Gruppen traten in der Ikonographie auf, beispielsweise die „Polnische Familie“ oder als Pendant zu den Männergruppierungen illustrierten auch die weiblichen Figuren in dem Bild von E.Th. Parris „Der Rubin“ das Thema der „Polnischen Trauer“. Die Niederlage wird durch ein zerbrochenes Schwert und Schlachtenfeuer im Hintergrund versinnbildlicht. Kennzeichnend blieb der typische „Krakauer Hut“ bei Männern und Frauen als Merkmal der polnischen Identität.

Außerhalb des populären Wandbildschmuckes findet sich Montens „Finis Poloniae 1831“ in den folgenden Jahren in Bildausschnitten und Bilderweiterungen wider, und dies insbesondere auf den klassischen Biedermeier-Accessoires von Tabaksdosen und Porzellantabakspfeifen, als Bildschmuck aber auch auf Tassen des Biedermeier oder in einem Pendant zweier Porzellanbilder der Königlichen Porzellanmanufaktur in Berlin.[11] Diese und zahlreiche weitere lithographische zeitgenössische Darstellungen des polnischen Freiheitskampfes und der darauf folgenden „Großen Emigration“ insbesondere von J.B. Madou oder A. Raffet[12] in Frankreich und anderen Teilen Europas präsentierten das Umfeld des polnischen Schicksals und die Solidarität der europäischen Völker.

Auf anderen Feldern der Künste schlugen sich die Ereignisse in Polen ebenfalls nieder. Die Polenlieder wurden sprichwörtlich und waren allgemein verbreitet. So war etwa Karl von Holteis Text von „Denkst du daran, mein tapferer Łagienka“ aus seinem Drama „Der alte Feldherr“ von 1825 entlehnt[13], einem Text, der auf einem Zwiegespräch von Tadeusz Kościuszko mit einem seiner Soldaten beruhte und damals in aller Munde war. Seine Melodie orientiert sich an dem napoleonischen „Te souviens tu?“.[14] Ähnlich populär waren auch nach 1832 das Lied „Die letzten Zehn vom 4. Regiment“ von Julius Mosen[15] oder „Der polnische Verbannte“ und das schon Ende des 18. Jahrhunderts verfaßte Nationallied „Noch ist Polen nicht verloren“. Neben der Aufnahme dieser Lieder in die studentischen Kommersbücher wurden nach ihren Vorlagen auch Gelegenheitsgedichte musikalisch untermalt.[16] Noch in Theodor Fontanes wesentlich später verfaßter kriminalistischer Erzählung „Unterm Birnbaum“[17] von 1885 schlägt sich seine vielfache Berührung mit dem Polenthema nieder, so daß selbstverständlich in einer Wirtshausrunde Polenlieder angestimmt wurden.

In der zeitgenössischen Lyrik hatten sich Georg Herwegh, August von Platen, Ludwig Uhland oder Nikolaus Lenau ebenso engagiert des polnischen

Schicksals angenommen[18] wie in der Musik Richard Wagner, der mit seiner „Polonia-Ouverture“, entstanden zwischen 1831 und 1836, polnische Weisen zur Grundlage seiner Komposition machte.[19]

Durch eine Zusammenschau verschiedenster kultureller Äußerungen der Zeit wird der Inhalt und der „Sitz im Leben“ des Gemäldes von Dietrich Monten deutlich und kann zur Ergänzung und Erweiterung der kunstgeschichtlichen Aspekte führen. Zugleich ist diese Zusammenstellung ein Beitrag zur Thematik der Formulierung von europäischen Bilderwelten und der Prägung nationaler Identitäten im 19. Jahrhundert.

Der erstaunlich lange Nachklang der polnischen Ereignisse für Deutschland ist vielfach bezeugt: obwohl längst die Auseinandersetzung um den Status der Provinz Posen begonnen hatte und sowohl Bismarck als auch die Bevölkerung in Deutschland für eine eindeutige Zuordnung dieses Gebietes plädierten, blieb der Eindruck bestehen, daß das Thema von Ehre und Selbstbehauptung untrennbar mit Polen verbunden war. Dies bezeugen auch nach dem in Deutschland stark kritisierten Aufstand von 1863 viele Details: es sind die positiven und emotional gefärbten literarischen Zeugnisse etwa von Theodor Fontane in seinen Gedichten „Die Verbannten“ und „An der Elster“ oder mit dem zeitgenössischen Kolorit der deutschen Polenbegeisterung in seinem schon genannten Kriminalstück „Unterm Birnbaum“, das wie selbstverständlich die „Polenlieder“ noch im letzten brandenburgischen Dorf erklingen läßt.

Zur Bildanalyse

Die Elemente des Bildes enthalten sachliche und gefühlsmäßige Komponenten. Sie bilden eine erzählende Geschichte in einzelnen Segmenten und Topoi, die sich zu einem formalen Aufbau in der Haltung der Personen und der Gruppierungen ordnen. In Frankreich findet man solche dramatisch-erzählenden Bilder etwa bei Théodore Géricault (1791-1824) in seinem Gemälde aus dem Grande Louvre: „Das Floß der Medusa“(1817/18), ein Bild, das einst ganz Frankreich politisch erschütterte. „Finis Poloniae 1831“ stellt sich als ein Assoziationsfeld für Historie, Erzählung und Schicksal, für Religion und Familie, Nation und Gesellschaft, für Symbolik und Verbildlichung dar, es ist ein „lieux de mémoire“, in dem sich Bekanntes zu einem neuen und scheinbar eindeutig zuzuordnenden Bild verdichtet und damit übernational und grenzüberschreitend identifiziert werden konnte. Nicht das „wilde“ und „aufrührerische“ Verhalten, wie es insbesondere die restaurativen Kräfte in allen deutschen Ländern gesehen haben, klingt an, etwa unter dem Motto, daß Polen seine Situation selbst verschuldet habe, sondern die edle Szene der „Geschlagenen Heroen“ als die Helden einer langen polnischen Tradition von Entrechtung und Entehrung. Das Bild reiht sich damit ein in die Interpretationsreihe der Geschichte Polens als die eines geschundenen Christus und der damit verbundenen Martyriologie bis zum heutigen Tage.[20]

Nicht zufällig gehört das Bild von Dietrich Monten bis heute zum Inventar der Bebilderung polnischer Geschichte. Sein deutscher Hintergrund verblaßt dabei bis zur Unkenntlichkeit, wenn etwa mit der Künstlerbezeichnung Monteu, als einer Verschreibung des Namens Monten, eine Polonisierung dieser Inkunabel zur Schaffung einer eigenen Identität ungewollt entsteht.[21] Zugleich wird dieses Bild auch in Deutschland häufig als eine der nicht allzu zahlreichen Darstellungen des Vormärzes herangezogen.[22]

Die Elemente des Bildes im Kontext von Historie, Gesten, Gefühl und Religion, der Versuch einer „Warburgschen Atlastafel“:

- Alter Soldat: weise und erfahrene Persönlichkeit, der Topos des „Alten Landwehrmanns“, „Der alte Grenadier“, „Der Alte Feldherr“ (von Holtei); hier als Parallele zu Tadeusz Kościuszko und als Parallele zur Begegnungssituation Napoleons mit einem Soldaten im Lied „Te souviens-tu?“
- Pferd: Treue, Hilfe, der Retter.
- Schimmel: als Pferd Napoleons, des „Helden des kleinen Mannes“, Assoziation an den Schimmel als Pferd des Todes.[23]
- Geneigtes Haupt: Trauer, Elend, Anklang an den Ecce homo: „Oh Haupt voll Blut und Wunden ...“, Christus in der Rast, der Kriegsheimkehrer.
- Trauernder junger Soldat: vgl. die visuelle Parallele zu Hippolyte Flandrin, Junger Mann am Meer von 1835.
- Verletzung als Heiligung: Poniatowski mit Kopf- und Armbinde, einzuordnen in das Thema des verletzten Kultbildes, ein Thema der Hagiographie, das die Wertschätzung erhöht und das Opfer betont, eine Parallele in Polen ist das verletzte Kultbild von Tschenstochau.
- Kleidung/Tracht als Zeichen der nationalen Zugehörigkeit, insbesondere stechen die quadratischen Hüte hervor, die dem Krakauer Militär zuzuordnen sind und das Stereotyp des polnischen Soldaten bestimmen. Die Krakauer Hüte gehen in die Polenmode über: Kinder mit Polenhüten waren in Deutschland bei dem Empfang der durchreisenden Polen zu sehen, vergleiche auch die „Trauernden Polinnen“ mit den Krakauer Hüten.
- Farben Weiß/Rot: polnische Nationalfarbe, wieder zu finden in den Uniformen mit roten Hosen und weißen Biesen sowie in der Kombination von Reiter und Pferd.
- Fahne: zerrissen, blutig, dramatisch, Adler nur noch zu erahnen, Bekränzung mit Trauerflor.
- Heraldik: Weißer Adler auf rotem Feld als heraldisches Symbol Polens, Stolzer Vogel.
- Die Gruppe der Offiziere als gemeinsame Figur eines „Heiligen Restes“: ein schon aus dem Alten Testament bekannter Topos, der die Niederlage heiligt und die Überlebenden als letzte Perspektive der Hoffnung und der Zuversicht darstellt, ein Topos, der in der Exilzeit der Juden aufkommt.
- Gestalterischer Aufbau: dichte Gruppierung um die Vertikale (Säule), Vergleich zu Eugène Delacroix: Die Freiheit führt das Volk, Theodore Géri-

cault: Das Floß der Medusa, Hippolyte Bellangé: La Garde meurt et ne se rend pas. Vgl. auch die Fotografien mit Fahnenhissungen nach dem Ende des Zweiten Weltkrieges u. ä.

- Abschiedsthematik: Untertitel zu Montens „Finis Poloniae 1831“ ist „Der Polen Abschied vom Vaterland“, vgl. Horace Vernet: Der Abschied Napoleons in Fontainebleau, in der Haltung einzelner Figuren.
- Grenzstein mit der Inschrift „Finis Poloniae“ (Abb. 2): Grenze Polens, aber auch das Ende Polens, Grenze, Abschied, Ausgrenzung, Verstärkung durch die Bekränzung mit Trauerflor.
- Grenze mit offenem Schlagbaum am Horizont: Zeichen für einen erlaubten Transit durch Preußen, aber auch für die erwartete Entwaffnung, allgemeines Thema der Grenzüberschreitung.

Conclusio

Ich hoffe gezeigt zu haben, daß das Bild „Finis Poloniae 1831“ im Kontext der Kulturgeschichte mehrfach zu deuten ist:

- als ein Beleg für die engagierte und mitfühlende Aktualitätenmalerei des Malers Dietrich Monten,
- als eines der populärsten Bildmotive für die Polenbegeisterung in Deutschland, das selbst wieder zur Vorlage für Grafik, Ölmalerei und als bildliche Vorlage für Porzellanmalerei u. ä. diente,
- und drittens als eines der herausragenden und unverzichtbaren künstlerischen wie erzählenden Illustrationslieferanten für die Bebilderung der polnischen wie der deutschen Geschichte im Zeitalter des europäischen Völkerfrühlings.[24]

Dietrich Monten hat mit seinem Werk aus deutscher Perspektive ein Fenster zu einer deutsch-polnischen, ich würde behaupten, sogar zu einer europäischen Geschichte geöffnet.[25]

Anmerkungen

1. Der Vortrag wurde im Rahmen der 23. Jahrestagung des Arbeitskreises Bild Druck Papier am 30. Mai 2003 in Budapest und im Rahmen der 10. Konferenz des Arbeitskreises deutscher und polnischer Kunsthistoriker, 25.-28.09.2003 in Warschau gehalten.
2. Ausstellung vom 21. 12. 2001-10. 3. 2002. In veränderter und erweiterter Gestaltung sowie dreisprachig in Deutsch, Französisch und Polnisch betextet wandert diese Ausstellung unter dem neuen Titel „Frühling im Herbst - Wiosna jesienią - Le printemps en automne. Vom polnischen November zum deutschen Mai. Das Europa der Nationen 1830-1832“, seit ihrem Beginn anläßlich des Treffens des „Weimarer Dreiecks“ in Wrocław (Breslau), Mai 2003, durch deutsche und polnische Städte.
3. Christa Pieske war es, die durch Ihre gezielten Sammlungen auf mein heutiges Thema aufmerksam gemacht hat und in der Ausstellung „Bilder für jedermann“ 1988

erstmals auf diesen Komplex hinwies. Damit hat sie durch ihre Sammlungen eine Grundlage für weitere Forschungen und Ausstellungen gelegt. Vgl. Pieske, C.: Bilder für jedermann. Wandbilddrucke 1840-1940. Mit einem Beitrag von Konrad Vanja, Ausst. Kat. Museum für Deutsche Volkskunde SMPK, Berlin 1988, S.113, Abb. 9, 10a und 10b. Danken möchte ich den zahlreichen Unterstützern, Hinweis- und Leihgebern sowie meinem Kollegen Gianenrico Bernasconi, Paris, der zahlreiche Kontextbelege für dieses Projekt recherchiert hat.

4. Außer der einschlägigen lexikalischen Literatur sind mir keine monographischen Arbeiten zu Leben und Werk Dietrich Montens bekannt geworden. Vielfache Hinweise verdanke ich Claude Keisch und der in der Alten Nationalgalerie der Staatlichen Museen zu Berlin vorhandenen Dokumentation zum Objekt. Hinweisen möchte ich auf den Fund der Vorskizze durch Hans Ottomeyer und Herbert Giese, Gemälde in: Kunst & Krempel. Familienschätze entdecken. München und Berlin 1997, S. 11-28, hier S. 14-15.

5. Büchmann G.: Geflügelte Worte. Der Zitatenschatz des deutschen Volkes. 25. Auflage, neu bearbeitet von Krieger B., Berlin 1912, S. 479.

6. Zum Novemberaufstand 1830 vgl. Ehlen, P. (Hrsg.), Der polnische Freiheitskampf 1830/31 und die liberale deutsche Polenfreundschaft, München 1982. Ich verweise auch auf das Projekt „Für unsere und Eure Freiheit", Deutsche und Polen im Europäischen Völkerfrühling 1830-1848/49 am Museum Europäischer Kulturen, Staatliche Museen zu Berlin.

7. Vgl. ganz allgemein zur deutschen Solidarität: Bleiber H., Kosim J. (Hrsg.): Dokumente zur Geschichte der deutsch-polnischen Freundschaft 1830-1832, Berlin 1982.

8. Siehe beispielsweise: „Der Kaiser von Rußland erklärt den Polen den Krieg …", kolorierte Lithographie, Gustav Kühn, Neuruppin, um 1831 in: Museum Europäischer Kulturen, Staatliche Museen zu Berlin, oder Wunder, G.B.: „Die Polnischen Helden am Grenzsteine des Vaterlandes", Friedrich Campe, Nürnberg, Staatsbibliothek zu Berlin, Preußischer Kulturbesitz.

9. Rede von Fitz, Bürger aus Dürkheim, auf dem Hambacher Fest, Schloßruine Hambach 27. Mai 1832 in: Bleiber H., Kosim J. (Hrsg.): Dokumente zur Geschichte der deutsch-polnischen Freundschaft 1830-1832, Berlin 1982, S. 293.

10. Zur zeitlich vermutlich verspäteten Genealogie der Monten-Rezeption in der populären Druckgraphik vgl. Pieske: Druckgraphische Reproduktionen nach Dietrich Montens „Finis Poloniae 1831": eine Bildwanderung, in: Arbeitskreis Bild Druck Papier. Tagungsband Budapest 2003, Münster 2004, S. 93-110 (Arbeitskreis Bild Druck Papier, Bd. 8).

11. z. B.: Pfeife mit Bildmotiv nach D. Monten „Finis Poloniae 1831", Porzellan bemalt, dat.1842, Münchner Stadtmuseum; Lackdose mit dem Motiv „Finis Poloniae 1831", Papiermaché lackiert, Neustadt a/H., 1835, Deutsches Historisches Museum, Berlin; oder eine Tasse mit Umdruckdekor, siehe: Stiftlandmuseum Waldsassen: Steingut. Das Tafelgeschirr der Bürger und Barone 1750-1918. Sonderausstellung 2002. Begleitbuch zur Ausstellung vom 16. März 2002 - 6. Januar 2003, Hohenberg a. d. Eger 2003, S. 94-95.

12. z. B.: Madou J.-B.: Le passage des Polonais par l'Allemagne, lithographiert von Burggraaff, Blatt aus „Souvenirs d'émigration polonais", Polenmuseum Rapperswil, oder Raffet A.: C'est un Polonais. Lithographie, Gihaut frères éditeurs, Paris, Polenmuseum Rapperswil.

13. Karl von Holtei: Der alte Feldherr, in: 491 Beiträge für das Königstädter Theater, Wiesbaden 1832.

14. Nachweise bei Steinitz, Wolfgang: Deutsche Volkslieder demokratischen Charakters aus sechs Jahrhunderten, Berlin 1955/1962, Bd. 2, S. 60-68, hier S. 64, und zahlreiche weitere Belege für die Wiederaufnahme dieses Liedes nach 1830.
15. Vgl. hierzu die Nachweise bei Steinitz, Bd. 2, S. 42-51, mit dem Hinweis auf die parallele Rezeption im Polnischen.
16. So auf Vivatbändern zu Geburtstags- und Hochzeitsfeiern 1837 und 1843. Vgl. Vanja, Konrad: Vivat – Vivat – Vivat. Widmungs- und Gedenkbänder aus drei Jahrhunderten, Berlin 1985, S. 111.
17. Fontane T.: Unterm Birnbaum, Berlin, 1885.
18. Grundlegend zu dieser Thematik sind die Forschungen und zahlreichen Beiträge von Gerhard Kosellek (Gerard Koziełek): Polenlieder, Stuttgart 1982; Das Polenbild der Deutschen. 1772-1848, Heidelberg 1989 oder Reformen, Revolutionen und Reisen. Deutsche Polenliteratur, Wiesbaden 2000.
19. Vgl. hierzu Rieck, W.: Polnische Thematik im Werk Theodor Fontanes, in: Fontane-Blätter Nr. 61, 1996, S. 84-115, hier S. 98.
20. Landgrebe A.: „Wenn es Polen nicht gäbe, dann müßte es erfunden werden". Die Entwicklung des polnischen Nationalbewußtseins im europäischen Kontext von 1830 bis in die 1880er Jahre, Wiesbaden 2003 (Studien der Forschungsstelle Ostmitteleuropa an der Universität Dortmund, Bd. 35).
21. Siehe: Powstanie Listopadowe, 1830-1831, Dzieje wewnętrzne, Militaria, Europa wobec powstania, pod red. Władysława Zajewskiego, Warszawa 1980 (Prace Instytutu Historii Polskiej Akademii Nauk), S. 340; Łepkowski T.: Powstanie Listopadowe, Dzieje Narodu i Państwa Polskiego, Warszawa 1987, S.67.
22. Vgl. 1848/49 Revolution der deutschen Demokraten in Baden, Hrsg.: Badisches Landesmuseum Karlsruhe, Baden-Baden 1998, S. 46-47.
23. Einem Hinweis auf eine spezielle Pferderasse im Polnischen Militär konnte ich leider nicht nachgehen.
24. Mit bisher selten publiziertem Bildmaterial und neuen Karten jetzt Marian Zgórniak, Polska w czasach walk o niepodległość (1815-1864), in: Wielka Historia Polski, Tom IV, Kraków 2003.
25. Mein Dank gilt allen, die mir Hinweise zu diesem Themenkomplex gegeben haben, stellvertretend insbesondere dem Polenmuseum Rapperswil und seinem Leiter Janusz S. Morkowski sowie Claude Keisch, der mir Montens Bild in großzügig zugänglich gemacht hat. Danken möchte ich auch Magdalena Ziomek-Beims, Oldenburg, und Gerhard Weiduschat, Berlin, für ihre Hilfe bei der Fertigstellung des Manuskriptes.

Abbildungen

Abb. 1: Dietrich Monten: „Finis Poloniae 1831“, 1832, Öl auf Leinwand, Alte Nationalgalerie – Staatliche Museen zu Berlin.

Abb. 2: Dietrich Monten: „Skizze zu Finis Poloniae 1831“, Öl auf Pappe, um 1832. Privatsammlung

Christa Pieske

Die druckgraphischen Reproduktionen nach Dietrich Montens „Finis Poloniae 1831"

Von dem Genre- und Schlachtenmaler Dietrich Monten (1779-1843) sind im Boetticher 55 Gemälde verzeichnet.[1] Einige davon gehören zu den polnischen Ereignissen um 1831; neben dem einflußreichen „Finis Poloniae 1831" sind es noch weitere, wie das genau 1831 entstandene „Der Kampf um die Fahne in der polnischen Revolution 1831" – es war im Österreichischen Kunstverein 1866 ausgestellt (Besitzer Hopfin, Wien) – und das „Polnische Gefecht" von 1833 (Besitzer Kaufmann Seeger). Von den letzteren sind keine Reproduktionen bekannt, wohl aber von der „Gefangennahme eines österreichischen Generals durch polnische Ulanen", ohne Datum. Es wurde durch den Münchner Lithographen Ludwig Troendlin (1798-1869) auf Stein gezeichnet.[2]

Der Ausgangspunkt der Untersuchung, Montens Gemälde „Finis Poloniae 1831", auch „Der Polen Abschied von dem Vaterlande" genannt, befand sich auf jeden Fall bereits vor 1839 im Besitz des Lübecker Syndikus Dr. Carl-August Buchholz (1785-1843) (Abb. 1). Dieser war ein über die Landesgrenzen hinaus bekannter und gesuchter Jurist, der ebenso in Paris wie in Berlin oder Wien in Lübschen Staatsgeschäften unterwegs war und die Prozesse seiner Mandanten zu guten Ergebnissen führte. Er war aber auch, und diese Seite war in der Öffentlichkeit weniger bekannt, schriftstellerisch tätig gewesen (Vaterstädtische Blätter 1896). Das „Gesamtverzeichnis des deutschsprachigen Schrifttums (GV)" führt 21 Nummern von ihm an.[3] Neben einigen Romanen, von ihm als Jugendsünden abgetan, und manchen dramatischen Versuchen schrieb er zwei vielbeachtete Abhandlungen über die notwendige Judenemanzipation. Die Titel, darunter „Aktenstücke, die Verbesserung des bürgerlichen Zustandes der Israeliten betreffend", waren bei Cotta in Stuttgart und Tübingen 1814 und 1815 erschienen. Seine Haltung wird von Hilde Spiel in ihren Büchern „Fanny v. Arnstein oder die Emanzipation" und „Der Wiener Kongreß in Augenzeugenberichten" ausführlich gewürdigt.[4] Es ist nicht ausgeschlossen, daß dieser Charakterzug, sich für Benachteiligte und gegen Ungerechtigkeiten einzusetzen, ihn bewog, das Gemälde von Monten zu erwerben.

Als Kunstsammler wird Buchholz nur in Zusammenhang mit dem Lübecker Kunstverein erwähnt. Auf der Ersten Ausstellung des gerade gegründeten Vereins wurde vom 14.6. bis 15.7.1839 aus seiner Sammlung das Gemälde „Finis Poloniae" (No. 306) entliehen; es war als private Leihgabe unverkäuflich. Außerdem steuerte Buchholz noch 20 weitere Gemälde seiner Sammlung bei, die meist von Münchner Malern wie Rottmann, Heß, Bürkel oder Maes stammten.[5] Ob Buchholz den „Monten" unmittelbar vom Künstler oder schon von einem Vorbesitzer erworben hat und zu welchem Preis, ist nicht bekannt. Auf jeden Fall erlaubten es ihm sein Gehalt von jährlich 5.000,- Courant Mark und die

Anwaltseinkünfte, eine recht qualitätvolle Gemäldesammlung aufzubauen.[6] Sein repräsentatives Haus in der Oberen Mengstraße wird einen adäquaten Rahmen geboten haben. – Buchholz war von Anfang an Mitglied im Lübecker Kunstverein, er erwarb dort Aktien und hatte auch bei den jährlichen Verlosungen eine glückliche Hand. Sein Sohn, ebenfalls Jurist und Vereinsmitglied, gehörte von 1869-1872 dem Vorstand an.[7] Daß dieser die Sammlung seines Vaters nach dessen Tode 1843 behalten hat, ist anzunehmen. Er scheint sich jedoch 1845 von dem „Monten" getrennt und das Gemälde an den bedeutenden Berliner Kunstsammler Joh. Heinr. Wilh. Wagener (gest. 1861) verkauft zu haben. Die Sammlung von Wagener besaß in jeder Hinsicht andere Dimensionen als die von Buchholz. Mit Schinkels Gemälde „Gotischer Dom am Fluß", erworben 1815, hatte der Konsul seine Sammlungsrichtung auf die zeitgenössische deutsche Malerei festgelegt. 1848 stellte er sie im Gemäldesaal seines neuen Hauses in der Brüderstr. 5 aus. Als Vermächtnis 1861 dem Preußischen Staat überantwortet, bildeten die 262 Gemälde den Grundstock der Deutschen Nationalgalerie.[8]

Der „Monten" war schon von seinen Maßen her (44 x 52,5 cm) kein großes Gemälde.[9] Es sind einige Kopien bekannt. Ob der Künstler selbst Repliken gemalt hat, weiß man nicht. Im späteren 19. Jahrhundert äußerten sich die Kunstkritiker sehr zurückhaltend über dessen malerische Qualitäten. Heinrich Becker schrieb 1888 über den Maler, „daß seine meisten Werke zeigen, wie wenig Ansprüche man zu damaligen Zeiten an die künstlerische Vollendung stellte". In der Tat weist die Komposition einige Ungeschicklichkeiten auf wie z.B. die links von dem Grenzstein stehende Gruppe der sich gegenseitig verdeckenden Soldaten. Nach Becker war Monten sehr populär gewesen und vielfach kopiert und reproduziert worden.[10] Der Kunstschriftsteller Rosenberg sah vor allem die Reproduktionen durch farbige Lithographien als äußerst fragwürdig an.[11]

Damit haben wir von kunsthistorischer Seite aus einen wichtigen Hinweis auf die Druckgraphiken erhalten, durch die dieses Bildmotiv weit verbreitet wurde. Daß nicht nur Museen, sondern auch Sammler ihre Gemälde zum Reproduzieren zur Verfügung stellten, kam recht häufig vor. Es kann angenommen werden, daß die druckgraphischen Vervielfältigungen von Montens „Der Polen Abschied" erst nach der Erwerbung durch den Schwedisch-Norwegischen Konsul Wagener in Berlin, also ca. 1845, einsetzten.[12] Es ist nicht wahrscheinlich, daß sie von ihm selbst veranlaßt waren. Denn auf solchen Blättern erschien immer der Vermerk: „Das Original befindet sich im Besitz des Herrn Banquier Wagener in Berlin" oder ähnliche Formulierungen. So sind nach dessen Sammlung einige Beispiele wie „Die Wilddiebe" nach Carl Schulz [MEK Berlin 989] bei Gebr. Rocca [13] oder die „Rheinweinprobe" nach Adolph Schroeder [MEK Berlin 996] bei C. G. Lüderitz in Berlin vervielfältigt worden. Es ist zwar nicht ganz auszuschließen, daß schon vorher, bevor sich das Gemälde von 1839 bis 1845 in der Sammlung Buchholz befand, nach einer evt. Kopie lithographiert worden wäre. Doch eine Spekulation darüber ist müßig, die Abfolge von Repliken und Kopien sowie ihre Anzahl wird ungeklärt bleiben.

Auf dieser unsicheren Grundlage läßt sich keine verläßliche Chronologie der Reproduktionen nach Monten aufstellen. Fest steht, daß gerade in den vierziger Jahren des 19. Jahrhunderts die vielen Kunst- und Popularverlage aufblühten, die die ganze Bandbreite an lithographischen Gemäldereproduktionen abdeckten. Ob in Berlin, München oder in den Provinzstädten, Genreszenen, auch historischen Inhaltes, Fürstenporträts und Ansichten wurden überall in unterschiedlicher Ausführung und beträchtlicher Anzahl hergestellt.[14]

War es vielleicht der Popularverlag Knoblauch & Co. in Magdeburg, der mit einer detailgetreuen lithographischen Wiedergabe des Monten-Gemäldes den Anfang machte? Das Blatt wurde 2002 im Antiquariatshandel angeboten. Nach den Unterlagen des Stadtarchives Magdeburg gab es dort keinen Verleger dieses Namens, wohl aber den Kaufmann Johann Christian Friedrich Daniel Knoblauch (1805-1879).[15] Seine vielseitigen Geschäfte umfaßten Kommissionen und Speditionen. In dem kürzlich erschienenen Magdeburger Biographischen Lexikon (2002) ist sein erfolgreicher Lebenslauf vom Textil- bis zum Versicherungskaufmann aufgezeigt und sein Wirken in der Korporation der Kaufmannschaft geschildert. Der König von Preußen verlieh ihm den Titel Kommerzienrat.[16] Die Firma ist 1835 als Knoblauch & Co. im Magdeburger Adreßbuch verzeichnet. Da unter diesem Namen Bilderbogen mit den Nummern 31 bis 184 herausgekommen sind, kann die Produktion, oder vielleicht besser, die Kommissions-Übernahme von einem Bilderbogen-Verlag, nicht ganz klein gewesen sein.[17] (Abb. 2)

Ob hier Beziehungen zu dem bekannteren Magdeburger Popularverlag Robrahn & Co. bestanden haben? Der Zeitlage nach wäre es gut möglich gewesen. Der 1823 gegründete Verlag Robrahn & Co. annoncierte 1833, daß er außer den „längst bekannten feinen Bilderbogen jetzt auch noch die ordinären anzubieten hätte. Das Blatt „Der Polen Abschied" von Koblauch & Co. muß seiner Gestaltung nach zu solchen „feinen Bilderbogen" gerechnet werden. Es trägt die Nr. 73 und dürfte damit in die Zeit um 1840 oder später gehören. Knoblauch & Co. scheint schon Ende der dreißiger Jahre größere szenische Darstellungen bevorzugt zu haben. Als Nr. 31 führte er z.B. „Der Dorffiedler" [MEK Berlin, 2472] nach dem zum Armen-Leute-Genre gehörenden Werk „The blind Fiddler" des englischen Genremalers David Wilkie (1785-1841) von 1806.[18] Die bei Knoblauch herausgegebene Lithographie trägt die Signatur des Lithographen Edmund Wodick (1817-1886). „The blind Fiddler" wurde auch von anderen Popularverlegern reproduziert, u. a. von dem Berliner F. Lenz.[19] Knoblauch firmierte in der späteren Zeit vor allem auf naiv bezeichneten Fürstenporträts wie Friedrich d. Große, Friedrich Wilhelm III. und die Fürstin Liegnitz oder Prinz Carl von Preußen mit seiner Braut (vor der Hochzeit 1827).[20] Die Nr. 184 ist bis jetzt als höchste bekannt. Diese Motive mit ihrer populären Gestaltung würden sich mit den „ordinären Bilderbogen" von Robrahn decken. Leider hat Robrahn (1823-1928), der lange Jahrzehnte, auch mit seiner Gebrauchsgraphik florierende Bilderbogenverlag, bisher keine Monographie erhalten.

Eine andere vollständige Wiedergabe des Gemäldes von Monten befindet sich in den Abbildungswerken „Denkmäler der Kunst“, die von dem Kunsthistoriker Friedrich Wilhelm Lübke (1826-1893) herausgegeben wurden. In dem Band „Denkmäler der modernen Kunst“ sind die Umrisse des Gemäldes als Stahlstich durch den Münchner Maler, Stecher und Lithographen Friedrich Hohe (1802-1870) wiedergegeben.[21] Solche Tafelwerke mit Umrißstichen stellten für die damalige Forschung eine authentische Bildquelle dar und waren neben unterschiedlichen Zeichnungen das einzige Informationsmaterial, das vor dem Einsatz der photographischen Wiedergaben von den Kunsthistorikern genutzt werden konnte.

Generell konnten Kunstverlage nur in den seltensten Fällen auf das Original-Gemälde zurückgreifen. Der Weg vom Gemälde zur Reproduktionsgraphik erforderte verschiedene Vermittlungen. Zur Herstellung ihrer Produkte brauchten die Popularverleger Vorlagen, die dem Gemälde und seiner Umsetzung entsprachen. Diese Vorlagen basierten fast ausschließlich auf den Reproduktionsgraphiken der renommierten Kunstverleger. Durch ihren Auftrag wurden die Bildmotive von ersten Künstlern nach den Originalgemälden durch Umzeichnungen aufgenommen und später von Kupfer- und Aquatintastechern als meistens großformatige, in Mischtechnik und als Linienstiche einem kunstverständigen Publikum offeriert. Diese Reproduktionsgraphiken dienten den Popularverlegern als unmittelbare Vorlagen, die sie durch ihre Lithographen umzeichnen und den Erfordernissen des Marktes anpassen ließen. Es war bei der Reproduktionsgraphik seit Jahrhunderten gang und gäbe, die bereits auf dem Markt befindlichen Stiche oder dann später die Lithographien ohne Anführung einer Quelle als Bildvorlage zu benutzen. Die so geschaffenen Trivialisierungen konnten verschiedene Grade erreichen, von einer fast genauen Zeichnung bis zu grundlegenden Veränderungen durch Hinzufügen oder Weglassen. Bei manchen Blättern mit weltweit verbreiteten Motiven wie dem „Abendmahl“ von Leonardo da Vinci läßt sich sogar so etwas wie eine Genealogie der Reproduktionen, die häufig zu Trivialisierungen wurden, aufstellen.[22] Ein solches Verfahren ist auch bei einer weiteren, typisch populargraphischen Wiedergabe des Monten-Gemäldes abzulesen. (Abb. 3)

Der bislang wenig erforschte, in seiner Zeit äußerst aktive Berliner Kunst- und Popularverlag A. Felgner, gegründet 1844, hatte dieses Motiv mit einer zwar thematisch verwandten, aber völlig fremden Vorlage kombiniert. Dadurch entstand folgende Änderung: Geblieben ist nur die linke Bildhälfte mit der Gruppe von drei stehenden und einem sitzenden Soldaten sowie dem Grenzstein. Aber auf der rechten Seite mit dem Reiter erscheint statt der Zweiergruppe der stehenden Soldaten eine andere Szene: Es ist der Abschied von Frau und Tochter des zu den Waffen eilenden älteren Polen. Diese unkolorierte Lithographie, ebenfalls mit dem Titel: „Der Polen Abschied“, wurde von dem frühesten lithographischen Unternehmen Berlins, dem Königlich Lithographischen Institut (KLI), 1816 durch den Major Reiche gegründet und von ihm zu einer bedeutenden Anstalt entwickelt, herausgegeben.[23] Die Darstellung zeichnete und lithographierte C. W. Bormann, in Berlin zwischen 1839 und 1841 nachzuweisen. Im Impressum erscheint neben dem KLI der Berliner Kunstverleger G. Larché, im Adreßbuch nur von 1837-47 angeführt. Die unkolorierte Kreidelithographie befindet sich im Kupferstichkabinett (Staatliche Museen zu Berlin, Inv. Nr. 184-124) (Abb. 4).

Diese Veränderung hatte Felgner von dem Lithographen Ludwig Blau (1808-1879) vornehmen lassen, der nicht nur bei ihm, sondern auch bei einer Reihe anderer Berliner Verlage gut beschäftigt war. Felgner arbeitete für zwei Käuferschichten: Die Lithographien für die gutbürgerliche Klientel waren sorgfältig gezeichnet und seltener koloriert, die Legende umfaßte alle Künstlernamen und die volle Druckadresse, auch war hier häufig der Trockenstempel „Kunstverlag I. A. Felgner Berlin“ zu finden. Seine populären Blätter, deren Zahl die der gutbürgerlichen bei weitem überstieg, besaßen den charakteristischen schwarzgestrichenen breiten Rand mit Bronzeaufdruck von Bildtitel und Verlag. Die Blätter waren durchweg sehr lebhaft koloriert und dazu verschwenderisch mit Tinseln beklebt.[24] Die Felgner-Lithographie, die sich im „Historischen Museum des polnischen Widerstandes“ in Warschau befindet, gehört zu der ersteren Kategorie. Sie wird zwischen 1845 und 50 entstanden sein.

Es war während der Vorbereitungen für die Ausstellung „Bilder für jedermann“ um 1985 im Museum für Volkskunde in Berlin, jetzt MEK, als die Pendants mit den Darstellungen „Finis Poloniae“ und „Die trauernden Polinnen (Der Rubin)“ als klassisches Beispiel für das Entwickeln von Pendants aus Gemälden entdeckt wurde. Mit ihrer Erscheinung bestätigten sie alle bereits aufgestellten Kriterien für die Umwandlung von Motiven der bildenden Kunst in leichter lesbare, einprägsame, volkstümliche Fassungen.[25] Damit wurde die entschiedenste Hinwendung zur Populargraphik vollzogen. Bei dieser Auflösung des Monten-Gemäldes für Pendants sind folgende Schritte erkennbar: Das Breitformat der Gemäldevorlage wurde in ein Hochformat gebracht. Das erforderte eine starke Reduzierung der Anzahl der Personen von ca. 12 zu nur 3. Mit sicherem Gespür für die Bildwirksamkeit ist von der Gesamtdarstellung aus der linken Gruppe der auf einer Steinplatte am Boden hockende Soldat herausgelöst, um 180° gedreht und mit der rechts stehenden Gruppe des älteren und jüngeren Soldaten in eine Beziehung gebracht. Durch die veränderte Handhaltung des Vaters oder Offiziers (?), die sich von der geballten Faust in eine tröstende Geste verwandelt, entsteht ein aussagekräftiger Drei-Personen-Aufbau. Das Kernstück, der Grenzstein, dessen ursprüngliche Bekränzung fehlt, bildet die linke Randbefestigung, der Hintergrund ist fast unbehandelt. (Abb. 5)

Diese Bildformulierung ist bei dem Berliner Kunst- und Popularverleger *Johann Conrad Schall* anzutreffen.[26] Vermutlich um 1810 als Sohn des Stickmuster-Verlegers Gottlieb Friedrich Schall in Berlin geboren, wuchs er in künstlerischer Umgebung auf und widmete sich der Porträt- und Historienmalerei. Auf den Berliner Akademie-Ausstellungen war er von 1830 bis 40 oftmals vertreten.[27] 1840 eröffnete er eine eigene Kunsthandlung, der auch eine Lithographische Anstalt angegliedert war; das Unternehmen bestand bis 1870. Nach den vorliegenden Sammlungen war sein Ausstoß an Berliner Genredrucken nicht allzu groß. Der Verleger beschäftigte verschiedene Lithographen und ließ meistens bei der renommierten Anstalt von *Sachse & Co.* drucken. Diese Lithographie wurde von *Edmund Lindenbaum* verfertigt, der bei Schall auch andere Blätter lithographiert hatte. Mit einem dreifachen Randstrich versehen, war das unkolorierte Blatt als gerahmtes Bild für die gutbürgerliche Wohnung sehr geeignet. Auch der Druck bei Sachse verbürgte eine bestimmte Qualität.

Die Druckerei des Kunstverlegers Louis Sachse (1798-1877) befaßte sich weniger mit Auftragsarbeiten als vielmehr mit seiner eigenen, anspruchsvollen Gemäldereproduktion. Er gehörte in der Jahrhundertmitte zu den wichtigsten Kunstverlegern Berlins. 1822 hatten ihm seine Beziehungen zu der polnischen Studentenverbindung in Berlin, der Panta Koina, sechs Jahre Festungshaft eingebracht, damit war ihm die angestrebte akademische Ausbildung verwehrt.[8] Nach der vorzeitigen Freilassung wandte er sich in Paris der Lithographie zu und gründete 1828 in Berlin einen bald expandierenden Kunstverlag. Ab 1857 richtete er eine „Permanente Kunstausstellung“ ohne Akademiezwang ein, die über Jahrzehnte hin ein Anziehungspunkt für das Berliner Publikum war. Schall ist der einzige, der die Gruppe der polnischen Soldaten nach dem Vorbild von Monten auf der rechten Seite des Grenzsteines ansiedelt. Wann er sich genau der Polen-Thematik angenommen hat, ist nicht zu bestimmen.

Die anderen Berliner Kunst- und Popularverleger, bei denen eine ähnliche Kurzfassung des Monten-Gemäldes vorkommt, verfahren anders. *C. Martin sen.*, von 1846 bis 1867 als Kunsthandlung, Kunstverlagshändler und Maler nachweisbar, verausgabte die farbige Lithographie „Der Polen Abschied vom Vaterlande 1831“, die von dem weniger bekannten Lithographen Albrecht gezeichnet worden war. Dieser läßt die Gruppe der stehenden Soldaten links vom Stein erscheinen, der sitzende Soldat ist an die linke Bildkante gerückt. Damit ist eine markante Diagonale geschaffen, die den Bildaufbau beherrscht. Der Verlag C. & A. Martin, Friedrichstr. 17, schuf die typischen Berliner Genredrucke mit humoristischen, sentimentalen und auch religiösen Szenen.[29] (Abb. 6) War er bzw. sein Lithograph der Urheber dieser Kurzfassung?

Der dritte, der diese Darstellungen in seinem Repertoire führte, war der bekannte Berliner Verleger *Wilhelm Zawitz*. Sein Kunst- und Popularverlag wurde 1838 in Berlin gegründet und existierte bis 1876. Zawitz ist zuerst als Kunsthändler, dann als Buch-, Kunst- und Landkartenverlag in den Berliner Adreßbüchern verzeichnet. 1854 kaufte er den Berliner Verlag Zschermack auf, sein eigener Nachfolger wurde Julius Heinrich in Leipzig. – Zawitz war einer der produktivsten Genrebildverlage, dessen Bilddrucke vor allem für ein breites bürgerliches Publikum bestimmt waren.[30] Als typischer Vertreter dieser für den lithographischen Wandbilddruck so wichtigen Jahrzehnte mußte er über einen großen Mitarbeiterstab an Zeichnern und Lithographen verfügen. Sie waren so gut wie nie fest angestellt, sondern lebten von den wechselnden Aufträgen der Kunstverleger. Unter den vielen Namen, die sich auf den Blättern von Zawitz befanden, waren G. Bartsch, Beeger, Dietrich, Fullhass, Günther, Jab, C. Koch, Meyer, Müller, Paalzow, Quatz, Schertle, Schwemer, Wildt u.a.m. Nach seinen zahlreichen bekannten Blättern scheint Wilhelm Jab der von ihm am meisten Beschäftigte gewesen zu sein. Zudem kann auch mit großer Wahrscheinlichkeit angenommen werden, daß dieser, der aus einer Lithographenfamilie stammte, die Neuformulierung geschaffen hat. In den Jahren 1838 bis 1856 wurde Jab nachweislich von den größeren Berliner Genreverlagen in Anspruch genommen.[31] Er wäre als geschickter und routinierter Lithograph durchaus in der Lage gewesen, eine solche Trivialisierung des Monten-Gemäldes zu kreieren. Seine Fähigkeiten für die Umsetzung von bekannten Gemälden hatte er genügend unter Beweis gestellt: Nach Vernet hatte er „Die Troika" oder nach Greuze „Die Dorfbraut", umgezeichnet, um nur diese Titel anzuführen. Das alles könnte dafür sprechen, daß die Umwandlung des Monten-Bildes in eine Dreierszene zuerst bei Zawitz herausgegeben wurde.

Von Zawitz liegen mehrere Exemplare der reduzierten Fassung von „Finis Poloniae" vorliegen [MEK Berlin 1095, 1096]. Bei einer sitzt nun der Soldat links vor dem Grenzstein, die stehenden schließen die Darstellung nach links ab. Damit sind mindestens drei Varianten auf dem Markt gewesen, die von C. Martin und die von Schall und Zawitz, die sich seitenverkehrt entsprechen. Darüber hinaus ist diese verkürzte Szene mehrfach anonym erschienen, als seitenverkehrte, kolorierte und unkolorierte Lithographie. Ein koloriertes, keinem Verlag zuzuordnendes Blatt besitzt die SB Berlin [YB 14745 m.b.]. (Abb. 7)

Ein weiterer Schritt zur Popularisierung lag in der Schaffung von Pendants – seit der Barockzeit immer häufiger als verkaufsfördernde Maßnahme in die Praxis umgesetzt. Diese als „Gegenstücke" bezeichneten Bilddrucke fehlten bei keinem Kunstverleger, gleichgültig, ob er auf ein kunstverständiges Publikum oder auf ein geschmacklich anspruchsloseres eingestellt war. Die langen Titellisten z. B. der Berliner Genreverleger weisen einen hohen Prozentsatz der in Klammern angeführten Pendants auf. Alle Themenbereiche wurden von ihnen erfaßt, wenn auch die Polarisierung „Vorher / Nachher" oder „Gut / Böse" im Genrebereich überwog.

Diese häufig vorkommende Dreierszene hatte wohl zur selben Zeit ein Pendant erhalten. Die kolorierten Blätter befinden sich im MEK Berlin, sie sind stark beschnitten und lassen weder den Bildtitel nach den Verleger erkennen. Sie haben einen zweifachen, in den Ecken stark ornamentierten Randstrich. Diese Gestaltung ist außerordentlich selten; sie wurde unter Hunderten von Blättern nur bei Halder & Kronsberger, Stuttgart gegr. 1832, (Savoyardenkinder, No. 206) oder bei Gustav Kühn (Die Flut) gefunden. Im Vergleich mit weiteren Fassungen sind sie als „Der Polen Abschied" und „Der Rubin" bzw. „Die trauernden Polinnen" zu bezeichnen. Als „Der Rubin", ist die Darstellung einer trauernden Mutter – sie trägt die viereckige polnische Czapka – mit Tochter und Söhnchen wiedergegeben. Vor dem Hintergrund der rauchenden Ruinen eines Schlosses spielt das Kind mit dem Rubin-Kreuz am Hals der Mutter. Eine sichere Zuschreibung zu einem Verlag nicht möglich. Die Zeichnung der Soldatengruppe stimmt zwar mit der Lithographie von W. Zawitz überein, unterscheidet sich aber durch die nachlässigere Kolorierung. Bei dem hemmungslosen Nachzeichnen und Nachdrucken von Wandbilddrucken, wie es die allgemeine Praxis war, kann hier an einen Anonymus gedacht werden, der das gängige Motiv aufgriff. (Abb. 8)

Wer diese Zusammenstellung zuerst wählte und wo sie zuerst gedruckt wurde, ist unklar. Durch die gelegentlich erwähnte, aber nicht gedruckt nachweisbare Bildtiteländerung von „Der Rubin“ zu „Die trauernden Polinnen“ ist die Verwendung der Bilddrucke als Pendants, als zusammengehörige Darstellungen eines verbindenden Grundmotivs, geschaffen worden. (Abb. 9) Auf jeden Fall wurde damit eine sehr überzeugende Aussage getroffen, die der Thematik voll gerecht wurde.

Das Motiv selbst stammt aus der erfolgreichen Serie „The Gems of Beauty“ des Londoner Modemalers Edmond Thomas Parris (1793-1873), der für Porträts und Genrestücke berühmt war. Als Stahlstiche kursierten seine Bilder in den dreißiger und vierziger Jahren in ganz Europa.[32] Hier hatte sich der englische Graphikmarkt ein großes Absatzgebiet erobert. Dazu gehörte auch die „Edelsteinserie“, die durch den Stahlstecher E. Finden (1791-1857) ab 1836 auf dem Kontinent bekannt geworden war.[33] Außer von Finden wurde sie noch von John Henry Robinson (1796-1871), einem vielbeschäftigten Reproduktionsstecher, vervielfältigt. Robinson erhielt später auf der Pariser Industrie-Ausstellung von 1855 eine Medaille I. Klasse.[34] Auch der Stahlstecher Henry R. Cook (1800-1845), an manchen Serien für Damen-Magazine beteiligt, hatte an dieser mit „The Cairngorm“ und „The Topas“ mitgewirkt.[35] Soweit bekannt, ist Edmond Parris mit Originalen einzig durch das 1835 gemalte Aquarell „The Topas“ im Victoria & Albert-Museum vertreten. – Weitere Vorzeichnungen oder Aquarelle von Parris sind nicht bekannt, wohl aber gibt es von dem Rubin-Motiv zwei Öl-Kopien, eine unbezeichnete und eine mit „Schuchardt 1843“ signierte, dessen Name jedoch nicht nachzuweisen ist.[36] Diese Öl-Kopie konnte 1990 auf einem Berliner Flohmarkt erworben werden (MEK Berlin). (Abb. 10)

Die rührige Münchner Kunstanstalt Bergmann & Roller (gegr. 1836) setzte nach 1845 diese Stahlstiche in kolorierte Lithographien um. Sie hatte den „Rubin“ sowie eine Anzahl weiterer Motive nach Parris, darunter „Der Saphir“, „Der Emerald“, „Der Aquamarin“ und „Die Perle“ im Angebot. Die Dreiergruppe „Der Rubin“ gehört zu der eindrucksvollsten Darstellung in der sonst nur die üblichen Genreszenen mit hübschen Mädchen umfassenden Serie (MEK Berlin 1098, 300, 301, 305-307. – Sammlung Eugen Roth).[37] Durch ihre „vortrefflichen Lithographien nach neueren Meistern“ war die Anstalt schon 1840 mit einer vielseitigen Produktion hervorgetreten.[38] Emil Roller wurde 1845 der Kompagnon von dem Verlagsgründer Ignaz Bergmann (1797-1865).

Auch in Frankreich sind die Motive der Edelstein-Serie aufgenommen worden: Der Pariser Verleger Jte. Bourmancé verausgabte eine Anzahl von mehr oder minder umfangreichen Serien, wie sie sich in der Mitte des 19. Jahrhunderts als Mappenwerke oder lose Blätter für die Graphikmappe größter Beliebtheit erfreuten.[39] Er beschäftigte den Lithographen Ch. Vogt, der auch für weitere Pariser Verleger tätig war. Die „Galerie des Cents et un“, „Galerie des Arts“ oder „Les Fantaisies du Jour“ sind von ihm bekannt. Es ist nicht ausgeschlossen, daß sich hier neben „Les Turquoises“ auch „Le Rubin“ und weitere Motive befunden haben könnten [MEK Berlin 8272]. Bei Bourmancé sind einzelne Blätter der Edelstein-Serie als Allegorien für Länder und Regionen verwendet worden.[40]

Dieser Überblick, der keineswegs ohne Lücken bleibt und damit offene Fragen übrig läßt, führt zu folgenden Ergebnissen:

Das Bildmotiv „Finis Poloniae“ wurde von der Populargraphik erst zwölf bis fünfzehn Jahre nach den historischen Ereignissen in vollem Umfang aufgenommen. Die wahrscheinlichste Ursache hierfür liegt in dem Gemälde und seinen Kopien, die als Privatbesitz zunächst nicht für eine Reproduzierung zur Verfügung standen. Ferner müssen die zeitraubenden Umsetzungsmethoden (Umriß-, Detail- und Steinzeichnung, lithographischer Druck, Schablonen- oder Handkolorierung) in Rechnung gestellt werden. Es zeigt sich aber auch, daß im 19. Jahrhundert historische Ereignisse wie solche ergreifenden Bewegungen nicht so schnell in Vergessenheit gerieten. Sie wirkten lange nach, so daß noch nach fast einer halben Generation eine umfangreiche Bildkampagne, an der eine ganze Reihe von Kunst- und Popularverlagen beteiligt war, mit Erfolg gestartet werden konnte. Und es ist keinesfalls ausgeschlossen, daß nicht noch weitere Hersteller- und Bearbeiternamen auftauchen. Dieses Bildmotiv macht die Verlegerpraxis deutlich, historische, anrührende und bewegende Stoffe, die ein starkes Interesse in der Öffentlichkeit hervorriefen, in gefragte, wohlfeile Wandbilddrucke verschiedener Qualitätsstufen umzusetzen. Sie erreichten damit auf dem Kunst- und Populargraphiksektor eine unverhältnismäßig große Bandbreite an Bildformulierungen. Auch dieses Motiv bestätigt den sehr freizügigen Umgang mit Vorlagen, der immer wieder Vorstöße hervorrief, sich den Fragen des Copyrights konsequenter zu widmen, als es um die Jahrhundertmitte noch der Fall war. (Abb. 11)

Anmerkungen

1. Boetticher, Friedrich v.: Malerwerke des 19. Jahrhunderts, 4 Bde. Dresden 1891. Bd. 2, S. 70, Nr. 5. – Noch erwähnt in: Pecht, Friedrich: Geschichte der Münchner Kunst im 19. Jahrhundert. München 1888. – Münchner allgemeiner u. historischer Kunst-Anzeiger, 1858 (nur: Münchner Kunst-Anzeiger, Nr. 1-12, 1965-66, nachweisbar).
2. Boetticher, vgl. Anm. 1: Nr. 7, 32, 43.
3. Gesamtverzeichnis des deutschsprachigen Schrifttums 1700-1910. München/New York/London/Paris 1979-1987 (GV).

4. Spiel, Hilde: Fanny v. Arnstein oder die Emanzipation. Ein Frauenleben an der Zeitenwende 1758-1810. Frankfurt/M. 1978. – Dies.: Der Wiener Kongreß in Augenzeugenberichten. Frankfurt/M. 1965[3].
5. Ackermann, W.: Erster Bericht des Lübecker Kunstvereins 1838/39 m. 639 Nummern. Vorläufige Übersicht über die 2. Lübecker Kunstausstellung und deren Erfolg. In: Lübeckische Blätter 1839, S. 157f., 193-196, 253. – Lübeckische Blätter 1843, S. 385-387.
6. Lübeckische Blätter 1843: Anonym, S. 197-199, Nr. 32, S. 205-210, S. 252.
7. Dto. 1843, S. 385-387. – Vaterstädtische Blätter (Nach Notizen der Angehörigen), Jg. 1896, S. 76. – ZLGA (Zeitschrift für Lübeckische Geschichte und Altertumskunde) 29, S. 117.
8. Wirth, Irmgard: Berliner Malerei im 19. Jahrhundert. Berlin 1990, S. 67, 209, 257, 305.
9. Geismeier, Willi: Biedermeier. Leipzig o. J. [1982], Abb. 123.
10. Becker, Heinrich: Deutsche Maler. Leipzig 1888, S. 248.
11. Rosenberg, Adolf: Geschichte der modernen Kunst. 2. Bd. Leipzig 1887, S. 441ff.
12. Waagen, Gustav Friedrich: Verzeichnis der Gemäldesammlung des am 18.1.1861 zu Berlin verstorbenen Konsul Wagener, welche durch letztwillige Bestimmung in den Besitz S. H. des Königs übergegangen ist. Berlin 1866.
13. Aus der Jagdserie, lithographiert von F. Daniel. – Untertitel: „Das Original-Gemälde in derselben Größe befindet sich in der Sammlung des Kgl. Schwed. u. Norweg. Consuls Herrn Wagener zu Berlin".
14. Pieske, Christa: Bilder für jedermann. Wandbilddrucke 1840-1940. München 1988. Abb. 9, 10a, 10b.
15. Heinrich, Guido u. Günther Schandera (Hg.): Magdeburger Biographisches Lexikon, 19. u. 20. Jahrhundert. Magdeburg (Scriptum Verlag), 2002, S. 363.
16. Freundliche Auskunft von Frau Buchholz, Stadtarchiv Magdeburg.
17. Brückner Wolfgang: Populäre Druckgraphik Europas. Deutschland. München 1975[2], S. 221b. – 1836 erschienen bei Knoblauch 45 lithographierte Tafeln nach dem Totentanz von Holbein (im Handel). – Im BNM befinden sich die Nummern 98, 130, 179 und 184.
18 Die meisten Gemälde des schottischen Genremalers David Wilkies befinden sich in Edinburgh.
19. F. Lenz war ein typischer Popularverleger in Berlin, der für den Export nach England arbeitete.
20. Vgl. Brückner, Anm. 17: Nach Karl Rosenkranz: Königsberger Skizzen. Königsberg (1836) 1842, S. 277: Beschreibung des Blattes „Der alte Fritz" von Knoblauch.
21. Lübke, Friedrich Wilhelm: Denkmäler der Kunst. Tafelwerke 5 Bände, Stuttgart 1853-1858. In Bd. 1854, Taf. 126: Umrißstich von Fr. Hohe.
22. Lambert, Susan: The Image Multiplied. Printed Reproductions of Paintings 1480-1880. London 1987, p. 194-206. – Hüttel, Richard: Spiegelungen einer Ruine. Leonardos Abendmahl im 19. und 20. Jahrhundert. Marburg 1994.
23. Winkler, R. Arnim: Die Frühzeit der deutschen Lithographie. München 1977, S. 205f.
24. Pieske. Christa: Internationales Firmenregister der Kunst- und Popularverlage. (In Arbeit s. 1960). – Eine Monographie über A. Felgner wird vorbereitet.
25. Pieske, Christa: Bilder für jedermann. Wandbilddrucke 1840-1940. München 1988, S. 105-118. – Dies.: Trivialisation, Die Allegorien der Künste und Wissenschaften in der europäischen Populargraphik. In: From Academic Art To Popular Pictures (Voss 1995). Bergen 2000, S. 125-140.
26. Johann Conrad Schall (Exemplar im Stiftung Stadtmuseum Berlin).
27. Börsch-Supan, Helmut (Hg.): Die Kataloge der Berliner Akademie-Ausstellungen 1786-1850, 2 Bde. Berlin 1971.

28. Kern, G. J.: Louis Friedrich Sachse, der Begründer des Berliner Kunsthandels. In: Zeitschrift der Vereins für die Geschichte Berlins, N.F., Heft 1, 1934, S. 1-12. – Ein nicht unbedeutender Teil des Nachlasses von Sachse befindet sich im Landesarchiv Berlin. – Holt, Elizabeth Gilmore: The Art of All Nations 1850-1874. New York 1981, p. 181.
29. Pieske, Christa, vgl. Anm. 24. – Exemplar in dem Militärhistorischen Museum der Bundeswehr Dresden, Fotografische Sammlung. – Ich danke für die freundl. Vermittlung durch Dr. Katja Protte.
30. Wilhelm Zawitz (MEK Berlin, 1095), vgl. 24).
31. W. Jab arbeitete für die Berliner Verlage Dominé, Gerhardt, Glück, Liebmann, Martin, Schall, Seehagen, van Severen, am häufigsten aber für Zawitz. – Börsenblatt des Deutschen Buchhandels, 1860, S. 20.
32. Risch, Marianne: Die Druckgraphik englischer Genremaler und die Düsseldorfer Malerschule 1820-1850. Kiel Diss. 1986. – Dies.: Strukturen des englischen Graphikmarktes um 1800. In: Weltkunst, Heft 9, 1988, Folge I, S. 1366-1369. – Heft 11 Folge II, S. 1450-1653.
33. S. C. Hall: Book of Gems, 1836, Finden sc. (8 Stiche). – Ferner von Finden „Plates for Byrons's Beauties“ 1834. – „Finden's Gallery of Modern Art“, London 1840. – Engen, Rodney K.: Dictionary of Victorian Engravers, Print Publishers and Their Works. Cambridge 1979, p. 75f.
34. Journal für Buchdruckerkunst, Jg. XXII 1855, Heft 23.
35. Winterberg: Auktionskatalog Nr. 37, no. 1516, DM 2.400,00, Heidelberg 1988: „Allegorie auf die polnische Unterdrückung“, Schuchardt p. 1843, 52 x 41 cm. – Thieme, Ulrich und Becker, Felix: Allgemeines Künstlerlexikon der bildenden Künstler von der Antike bis zur Gegenwart. Leipzig 1907-1950.
36. Als No.8 der Serie „The Gems of Beauty“ (MEK Berlin).
37. Süddeutsche Buchhändler-Zeitung, 3. Jg. 1840, S. 218, Stuttgart.
38. Adressen-Taschenbuch, München 1842, S. 197.
39. Pieske, Christa: Französische Bildserien mit literarischen Motiven (ca. 200 Nummern). (In Vorbereitung).
40. Les Turquoises, unkolorierte Lithographie (MEK Berlin 8272).

Abbildungen

Abb. 1: Der Polen Abschied. Ölgemälde, Kopie n. Dietrich Monten, Ludwig Pietsch p. 1835 (?). Privatsammlung. (Foto Steiß)

Abb. 2: Der Polen Abschied vom Vaterlande – Adieu des Polonais à leur Patrie. Unkolorierte Lithographie, Knoblauch & Co. Magdeburg. 38,5 x 44 cm, Privatsammlung. (Foto Pieske).

Abb. 3:
Der Polen Abschied. Kolorierte Lithographie, A. Felgner Berlin. Muzeum historyczny w Warszawie, Nr.44098 / uv. Nr. 20603 . (Foto G. Pawlak). Aus: H. Bleiber u. J. Kosim: Dokumente zur Geschichte der deutsch-polnischen Freundschaft 1830-32. Berlin 1982, S. 113.

Abb. 4:
Der Polen Abschied Pożegnanie Polakŏw z oyczyzna. Unkolorierte Lithographie von C. W. Bormann, Berlin. Kunstverlag G. Larché, Berlin. Kupferstichkabinett Berlin (Staatliche Museen), Inv.Nr. 184-124 (Foto Steiß).

Abb. 5:Der Polen Abschied. Unkolorierte Lithographie von E. Lindenbaum, J. C. Schall, Berlin, gedruckt bei Sachse. Stiftung Stadtmuseum Berlin.

Abb. 6: Der Polen Abschied vom Vaterlande. Verlag von C. Martin sen. Berlin, Friedrichstr. 17. Lith. von Albrecht, Druck b. H. Delius. 34,2 x 25,2 cm. (Militärhistorisches Museum Dresden).

Abb. 7:
Der Polen Abschied. Kolorierte Lithographie mit vierfachem Randstrich, 25,7 x 20,8 cm. Kunstverlag W. Zawitz, Druck W. Zöllner, beide Berlin. MEK Berlin 1095 (Foto Pieske).

Abb. 8: Ohne Titel [Der Polen Abschied – Der Rubin]. Kolorierte Lithographien mit zweifachem, in den Ecken ornamentiertem Randstrich, stark beschnitten. Kunstverlag W. Zawitz (?) MEK Berlin 1096a (Foto Pieske).

Abb. 9:
Ohne Titel [Der Rubin]. Stahlstich von H. Robinson nach Ed. Th. Parris. 18,5 x 14 cm. MEK Berlin 301 (Foto Pieske)

Abb. 10:
Der Rubin. Kolorierte Lithographie mit einfachem Randstrich, 27,8 x 21 cm. Kunstverlag Bergmann & Roller, München. MEK Berlin 300. (Foto Pieske).

Abb. 11: Der Rubin. Öl auf Pappe, unsigniert, 52 x 41 cm. MEK Berlin 32 I 266. (Foto Steiß).

Theodor Kohlmann

Die Kunstverlage „Könyves Kálmán" in Budapest und „Pallas" in Berlin

1978 erwarb Cäcilia Kohlmann den Nachlaß des Pallas Verlages Berlin, der nach seinem Briefbogen vom Ende der zwanziger Jahre „Kunstblätter vornehmen Stils" und „Originalgraphik erster Künstler" verlegte. Gegründet wurde der Verlag am 26. Februar 1919 in Berlin, offensichtlich unter Mitwirkung des Budapester Kunstverlages „Könyves Kálmán" mit dessen Direktor Révai. Auf Briefbogen und Verlagskatalogen des Pallas Verlages findet sich häufig der Hinweis auf die Generalvertretung oder Auslieferung der Blätter der Kunstverlags-Aktiengesellschaft „Könyves Kálmán". Ein Budapester Briefbogen des beginnenden 20. Jahrhunderts trägt auch einmal die Bezeichnung „Könyves Kálmán, Ung. Litterarische und Buchhandlungs-Actiengesellschaft – Kunstverlag". Das Verlagssignet des Pallas Verlages besteht in den zwanziger Jahren aus zwei großen KK (= Könyves Kálmán), eingerahmt von zwei kleinen Buchstaben PV (= Pallas Verlag) in einem Schild.

Die frühesten Briefe von „Könyves Kálmán" im Aktenbestand des Pallas Verlages datieren aus dem Jahr 1905. Weitere Schriftstücke mit Datierungen bis 1927 werden später im einzelnen vorgestellt. Andere Hinweise auf „Könyves Kálmán" geben Kataloge des Pallas Verlages, in denen zahlreiche Kunstdrucke angeboten werden, die von „Könyves Kálmán" übernommen worden sind, u.a. Blätter von Benczúr, Gergely, Kézdi-Kovács, Munkácsy, Szinyei-Merse und Hans Zatzka. Über „Könyves Kálmán" kamen wohl auch die Geschäftsbeziehungen des Pallas Verlages zu Wiener Kunstverlegern und Kunstdruckereien zustande. Als Beispiel sei die Kunstanstalt Max Jaffé genannt, die dem Pallas Verlag Farbenlichtdrucke lieferte.

Im Bereich der Originalgraphik schloß der Pallas Verlag einen Vertrag mit dem ungarischen Maler und Graphiker József Bató (1888-1966), der seit 1912 in Berlin lebte und Verbindungen zu renommierten Berliner Künstlern knüpfen sollte. Von Bató selbst wurden im Pallas Verlag 1922 zwei Radierungen verlegt.

In den Anfangsjahren des Pallas Verlages scheint der Einfluß von „Könyves Kálmán" auf den Berliner Verlag ziemlich stark gewesen zu sein. Gegen Ende der zwanziger Jahre gehen aber direkt wesentliche Teile des Budapester Verlages nach Berlin. Am 26. Dezember 1927 erfolgte eine Übertragung von Verlagsrechten über 207 Werke von „Könyves Kálmán" auf den Pallas Verlag. Eine Liste im Aktenbestand des Pallas Verlages führt die Künstler und die Titel aller dieser Bilder auf. Am häufigsten sind verzeichnet: Ferenc Innocent (1859-1934) mit 23, Pál Szinyei-Merse (1845-1920) mit 18, Mihály Munkácsy (1844-1909) mit 14, Imre Knopp (1867-1945) mit 8 und Hans Zatzka (1859-1945) mit 7 Werken. Die Liste der 207 Blätter erfaßt mit wenigen Ausnahmen nur ungarische Künstler. Dazu gehört Hans Zatzka. Von gut 10% der 207 Blätter existieren im Archiv des Pallas Verlages gedruckte Blätter mit der Verlagsbezeichnung „Könyves Kálmán". Die großformatigen Drucke wurden bei „Könyves Kálmán" wie beim Pallas Verlag als Farbenlichtdrucke ausgeführt. Der Pallas Verlag hat selten, „Könyves Kálmán" dagegen häufiger Reproduktionen als meist kolorierte Gravüren (Heliogravüren) herausgegeben. Eine Serie „Kleine Vierfarbendrucke" im Format von etwa 18 x 24 cm wurden als Farbautotypien gedruckt. Diese Serie wird auch in den Katalogen des Pallas Verlages angeboten.

Die folgende Liste der vorhandenen Drucke umfaßt allerdings auch Blätter, die in der Übertragungsliste von 1927 nicht aufgeführt sind. Die Titel sind deutsch, ungarisch, deutsch und ungarisch oder deutsch, ungarisch und französisch. Die Übertragungsliste enthält auch einige Drucke „Alter Meister" (Raffael, Rubens, Cranach, Caspar Netscher), die nachfolgend nicht erfaßt sind.

Liste der vorhandenen Drucke, alphabetisch nach Künstlern:

Benczúr, Gyula (1844-1920, Budapest, Direktor der Meisterschule, umfangreiche künstlerische und pädagogische Tätigkeit: *Der Narr der Liebe.* Kleiner Vierfarbendruck,
Idylle. Dto.

Bihari, Sándor: *Verlassen.* Kolorierte Gravüre

Dohnalek (1879-1945), Brno, tschech.-slowakischer Maler: *Blüten-Madonna.* Farbenlichtdruck

Gergely, Imre (1868-1914), tätig in Budapest, Schüler von Benczúr, auch Illustrator, fertigte „z.B. historische Kartons für Anschauungsunterricht in den Schulen, Genrebilder und italienische Landschaften, die als Reproduktionen (Heliogravüren) des Könyves Kálmán Verlags verbreitet waren." [Thieme-Becker]: *Katzentoilette.* Kolorierte Gravüre
Biedermeier. Kleiner Vierfarbendruck

Glatz, Oszkár (1872-1958): *Das Märchen.* Farbenlichtdruck
Spielende Kinder. Kleiner Vierfarbendruck

Hampel, Sigmund Walter (1867 o. 1868-1949). Es existiert ein Briefwechsel über Honorarfragen mit dem „Akademischen Maler" in Wien.
Vanitas. Kleiner Vierfarbendruck

Innocent, Ferenc (1859-1934): Besonders beliebt waren seine genreartig aufgefaßten Darstellungen weiblicher Schönheiten [Thieme-Becker].
Madrigal. Kolorierte Gravüre
Blumenorakel. Dto. (auch 2215 MEK Berlin)
Mädchen mit Rosen im Haar. Dto.
Mädchen mit Rosen am Kleid. Dto.

Kasparides, Eduard (1958-1926), Maler in Wien: *Die Insel des Glücks.* Farbenlichtdruck

Kézdi-Kovács, Laszló (1864-1942), in Budapest): *Herbst.* Kolorierte Gravüre

Kézdi-Kovács, Elemér (?): *Traumland.* Farbenlichtdruck, Copyright 1926.

Das Blatt erscheint gleichzeitig bei O.G. Zehrfeld Inc., New York, unter dem Titel „The Drooping Bough“.
Gartenterrasse mit Glycinien, Farbenlichtdruck. Ebenso bei O.G. Zehrfeld Inc., New York, unter dem Titel „The Garden Pool“. – MEK Berlin.

Knopp, Imre (1867-1945), Budapest: *Terpsichore*. Kleiner Vierfarbendruck
Eitelkeit. Dto.
Venus. Dto.
(*Holländisches Paar*). Kolorierte Gravüre

Mark, Lajos: *Junge Frau im Reifrock*. Dto.
Junge Frau beim Servieren. Dto.

Munkácsy, Mihály von (1844-1909): *Christus*, Aquarell-Facsimile Copyright 1912
Kreuzigung. Farbenlichtdruck
Rückkehr von Golgatha. Dto.
Der Erlöser. Kleiner Vierfarbendruck.
Christus vor Pilatus. Dto.
Ecce Homo. Dto. (1896). – MEK Berlin
Golgotha (sic). Dto.

Poll: *Gänseliesel*. Gravüre

Schramm, Victor (1865-1929): *Bei der Toilette*. Kleiner Vierfarbendruck

Skuteczky, Dóme: *Neugierde*. Kolorierte Gravüre

Spányi, Béla: *Birken*. Gravüre

Stuck, Franz von (1863-1928): *Frühling*. Farbenlichtdruck und Kleiner Vierfarbendruck

Szenes, Ferenc: *Abendsonnenstrahl*. Kolorierte Gravüre

Szinyei-Merse, Pál (1845-1920): *Die Lerche*. Farbenlichtdruck
Eine verkleinerte Ölkopie im Format der kleinen Vierfarbendrucke und wahrscheinlich danach kopiert, wurde auf einem Berliner Flohmarkt erworben. Thema des Bildes ist ein weiblicher Akt auf einer Wiese. Die namengebende Lerche ist am Himmel nur als kleiner schwarzer Fleck zu erkennen. Eine großformatige moderne Reproduktion wurde um 1980 auf dem Berliner Weihnachtsmarkt von einem Verkaufsstand mit ungarischer Volkskunst angeboten.
Der Bach. Kolorierte Gravüre
Herbstfarben. Kleiner Vierfarbendruck

Tolnai, Ákos (geb. 1861, in Budapest): *Lustige Geschichten* (Holländ. Szene). Kolorierte Gravüre
Holländerinnen. Dto.

Wiese, Bruno (geb. 1865), Berlin: *Der Garten des Friedens*. Farbenlichtdruck. Das Blatt erschien auch bei O.G. Zehrfeld Inc., New York, unter dem Titel „The Garden of Peace“.

Neben diesen Drucken mit der Verlagsadresse „Könyves Kálmán“ kamen im Zug der Übertragung von Reproduktionsrechten im Jahr 1927 auch einige Originalgemälde von Budapest nach Berlin. Sie befinden sich seit 1994 bis auf zwei Ausnahmen in Welver-Dinker bei Soest im Domizil des Pallas Verlages. Etwa Mitte der zwanziger Jahre ließ „Könyves Kálmán“ eine Kopie des Bildes von Peter Paul Rubens (1577-1640) *„Jesuskind mit dem hl. Johannes und Engeln“* im Kunsthistorischen Museum in Wien anfertigen, da das Museum keine Reproduktionsunterlagen zur Verfügung stellte. Im Bestand der Drucke von „Könyves Kálmán“ befindet sich ein „Kleiner Vierfarbendruck“ dieses Motivs und ein weiterer „Kleiner Vierfarbendruck“ mit dem Bild *„Früchtekranz“* von Rubens.

Von dem Maler Hans Zatzka stammen fünf Ölgemälde, zu denen Vorverträge, Kaufverträge über gelieferte Gemälde und Quittungen über Anzahlungen und Restzahlungen vorhanden sind. Es handelt sich um 13 Schriftstücke, die jeweils von Hans Zatzka signiert sind. Eine *„Rosenmadonna“* im Querformat entstand 1905. Der Vorvertrag lautet: „Laut Vereinbarung mit Ihrem Herrn Direktor Horváth habe ich mich verpflichtet, Ihnen ein Madonnenbild im Querformat, ca. 120 ctm. lang und entsprechend hoch, nach der Ihrem Herrn Direktor vorgewiesenen und von ihm unterfertigten Skizze, in Öl zu malen. Da Sie das Bild zur farbigen Reproduktion verwenden wollen, verpflichte ich mich, dasselbe vollständig auszuarbeiten und derart auszuführen, daß es sich zu einer farbigen Reproduktion eignet. Sie bewilligen mir ein Honorar von Kr. 500 (fünfhundert) und geht nach Erhalt dieser Summe sowohl das Originalbild, wie auch sämtliche Reproduktionsrechte, farbige und schwarze, für alle Zeiten in Ihren Besitz über. Das vollkommen ausgeführte Bild, liefere ich Ihnen in spätestens 5 (fünf) Monaten“.

1906 erwirbt der Verlag ein Christusbild im Hochformat. 1907 verkauft Hans Zatzka eine *„Madonna mit Kind“* im Hochformat mit allen Reproduktionsrechten an die Kunstverlagsfirma „Aurora“ in Budapest, die Bild und Rechte noch 1907 an „Könyves Kálmán“ weiterverkauft. Ein weiteres *Christusbild „mit blauer und weißer Gewandung“* geht 1907 ebenfalls über „Aurora“ an „Könyves Kálmán“ über. Von 1912 datiert ein Vertrag über die Lieferung einer *„Immaculata“* und eines *„Christus am Ölberg“* „lt. vorgelegten Skizzen“ mit der Firma „Parthenon, Kunstverlagshandlung G. Horvath“, in Wien. Beide Bilder werden 1913 direkt an „Könyves Kálmán“ verkauft. Die *„Immculata“* bzw. *„Non est macula in Te“* liegt im Original nicht vor, der *Ölbergchristus* befindet sich als Stiftung des Pallas Verlages im Museum Europäischer Kulturen Berlin.

Von Gyula Eder, 1875 geboren, Schüler von Benczúr und ansässig in Budapest, sind drei Gemälde im Besitz des Pallas Verlages, eine *„Heilige Familie“*, ein *„Folget mir nach“* und ein *„Amorettentanz“*. Diese Motive erscheinen auch in Katalogen des Pallas Verlages, in denen außerdem als Heliogravure eine *„Büßende Magdalena“* von Eder aufgeführt wird.

Der „*Amorettentanz*“ leitet von den religiösen zu den profanen Motiven über. Zwei Genrebilder sind unsigniert und erscheinen auch nicht als Reproduktionen in den vorhandenen Verlagskatalogen. Auf beiden Bildern sind junge Frauen dargestellt. Das eine Bild zeigt eine Träumende auf einer Liege unter blühenden Bäumen, umschwebt von Putten. Bei dem anderen Bild lauscht eine weiß gekleidete Frau mit einem Brautkranz in der Hand musizierenden Knaben und Mädchen. Aus der Übertragungsliste von 1927 kämen die Motive „*Ein Traum vom Glück*“ von Hermann oder „*Träumerei*“ von Innocent bzw. „*Das Brautlied*“ von Dohnalek in Frage. – Das Bild „*Frühling im Süden*“ von Lipót Hermann, 1884 geboren und ansässig in Budapest, ist als Farbenlichtdruck in einem Katalog des Pallas Verlages enthalten.

Wieder ohne Signatur ist das Brustbild eines Renaissancefürsten oder -feldherrn mit prunkvollem Helm. Die Zuordnung zu dem Künstler bringt eine großformatige Gravüre, die außer der Verlagsbezeichnung „Könyves Kálmán, Budapest“ und der Unterschrift „*Si Deus pro nobis, quis contra nos*“ den Vermerk „Benczúr pinx.“ trägt. Ein Gemälde „*Hypnos*“ von Benczúr ist vor einiger Zeit an einen ungarischen Interessenten verkauft worden. – Ein weiteres Gemälde mit einer blumengeschmückten Terrasse ist wohl erst nach 1945 für den Pallas Verlag von einem Auftragsmaler zum Weiterverkauf entstanden. Es kopiert in etwa einen Farbenlichtdruck nach Imre Gergely.

Die bisherigen Nachrichten über „Könyves Kálmán“ legen den Schluß nahe, daß der Verlag vorwiegend Reproduktionen von Bildern ungarischer Maler vertrieben hat. Dieser Schluß wird zweifelhaft durch ein Doppelblatt „Nachtrag I zum Kunstverlagskatalog der A.G. Könyves Kálmán“ mit Angeboten von Drukken nach „Alten Meistern“. Abgebildet sind u.a. Bilder von Jacob Gerritsz Cuyp, Gerard Dou, Hans Holbein, Pieter de Hoogh, Jacob Jordaens, Murillo, Rembrandt, Tizian und Velasquez. Diese Bilder erscheinen auch in einem Katalog „Pallas-Drucke. Farbenlichtdruck-Wiedergaben von berühmten Gemälden Alter Meister“. Der Katalog enthält Bilder der Altdeutschen, der Italienischen, der Spanischen, der Flämischen, der Holländischen, der Französischen, der Englischen, und der Deutschen Schule des 19. Jahrhunderts. Es ist zu vermuten, daß der Pallas Verlag dieses umfangreiche Programm zusammen mit „Könyves Kálmán“ entwickelt hat.

Im Aktenbestand des Pallas Verlages befinden sich außer den Zatzka-Verträgen und der Übertragungsliste von 1927 weitere Schriftstücke zu „Könyves Kálmán“. Ein Briefumschlag trägt die Aufschrift „Munkácsy-Verträge“ und enthält 22 Briefe von 1897 bis 1911 von der Pariser Firma „Charles Sedelmeyer“ mit Übertragungen von Reproduktionsrechten an die Budapester Firma „Egyházy Ágoston és Társa“, die 1905 von „Könyves Kálmán“ erworben wird, so daß von da an die Briefe von Sedelmeyer an „Könyves Kálmán“ gehen. Das Konvolut enthält außerdem zwei Reproduktionsverträge von Cecile de Munkácsy, der Witwe von Mihály von Munkácsy. Die Firma Sedelmeyer war allerdings nicht im Besitz der Originalgemälde. Sie handelte vielmehr nur mit den

Reproduktionsrechten. Sedelmeyer ließ dazu Kopien anfertigen, nach denen die Drucke angefertigt wurden. Selbst kolorierte Photos konnten als Vorlage dienen. In einem Brief vom 17.7.1905 geht es um das Vervielfältigungsrecht an dem Bild „*Christus am Kreuz mit den Seinen*“ in der Dresdener Gemäldegalerie. „Könyves Kálmán“ schreibt dazu an Sedelmeyer: „Zur Herstellung der auf unsere Kosten herzustellenden Reproduktion stellen Sie zu unserer Verfügung als Vorlage eine kolorirte Photographie des Bildes in der Größe von ungefähr 48 x 38 cm, welche Sie seiner Zeit anfertigen haben lassen. Sollte diese kolorirte Photographie jedoch nicht mehr zu Ihrer Verfügung stehen, so werden Sie uns eine Photographie auf Salzpapier derselben Größe liefern, die wir uns von dem Bilde koloriren lassen.“

Ein Konvolut von 1912 betrifft das Bild „*Und es erfüllete sich Alles, was er gesagt hatte*“ des Dresdener Akademieprofessors J.R. Wehle (1948-1936), ein Pendant zu Wehles „*Und sie folgten ihm nach*“. „Könyves Kálmán“ hatte die Reproduktionsrechte von Stalling in Oldenburg erworben. Sie korrespondierten über den Nachdruck mit der F. Bruckmann A.G. in München und mit dem Künstler, von dem drei handschriftliche Briefe vorliegen.

Ein weiterer Aktenbestand enthält einen Briefwechsel zwischen „Könyves Kálmán“ und „Kolbe & Schlicht, Kunstinstitut für Farbenreproduktion – Kunstverlag, Dresden“ von 1923/24. Es ging um Druckaufträge und um die Auslieferung der Kunstdrucke des Kunstverlages Oskar Schlicht durch „Könyves Kálmán“. Das Finanzielle wurde über den Pallas Verlag abgewickelt. Außerdem existiert eine Akte, die u.a. einen „Vertrag zwischen Fratelli Alinari Florenz und Könyves Kálmán A.G., resp. Pallas Verlag A.G. in Berlin vom 8. Oktober 1924“ enthält. Darin wird das ausschließliche Verkaufsrecht der Alinari-Farbphotographien für Deutschland und Österreich eingeräumt.

Die im Nachlaß des Pallas Verlages erhaltenen Originalgemälde, Kunstdrukke, Kataloge sowie Nachtragskataloge (1922 und 1923) und Verzeichnisse, ferner die Aktenkonvolute ergeben ein einigermaßen deutliches Bild der Ungarischen Kunstverlags A.G. „Könyves Kálmán“ ab 1905, dem Erwerb der Munkácsy-Rechte, und seit 1919 in enger Verbindung mit dem Berliner Pallas Verlag bis 1927, dem Zeitpunkt des Übergangs der Budapester Reproduktionsrechte an den Pallas Verlag.

Theodor Kohlmann

Nachtrag zur ungarischen Geschichte:
Die Namensgleichheit fordert geradezu zu einem geschichtlichen Hinweis auf: König Kálmán I, genannt Könyves Kálmán (Koloman mit dem Buch), regierte von 1095-1116. Er war der Nachfolger vom größten ungarischen König im Mittelalter, von László I, (Hl. László). Könyves Kálmán war ein sehr fortschrittlicher Herrscher. Er hatte zwei Gesetzesbücher ausgegeben, erließ Gesetze zum Schutze der Juden und verbot die Hexenverfolgung. Die Kreuzritter ließ er auf dem Weg nach Jerusalem durch sein Land ziehen, wenn sie aber plünderten, bekämpfte er sie. Er verbot die Todesstrafe bei Diebstahl. Auf kirchlichem Gebiet führte er in Ungarn das Zölibat ein und befahl, daß die Prälaten untereinander lateinisch sprachen. Er gründete neue Bistümer, begrenzte aber auch die Spenden an die Kirche zugunsten des Kö-

nigs. Seinen Beinamen „Koloman mit dem Buch“ erhielt er wegen seines besonderen Einsatzes für Kultur und Bildung.

Yvan S. Nagy

Abbildungen

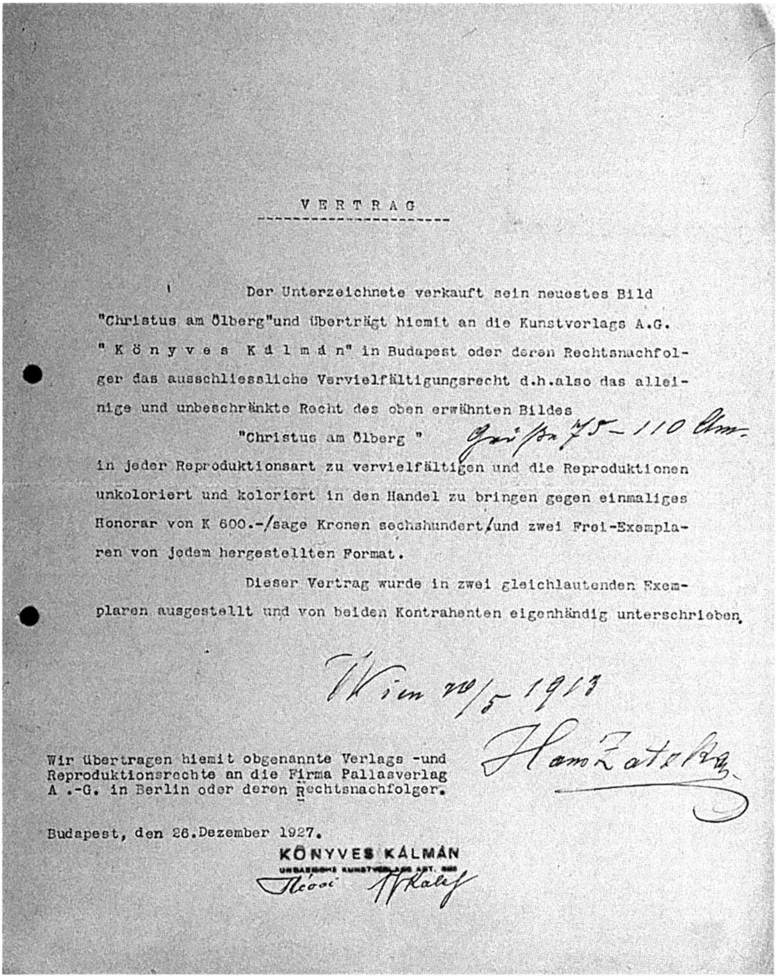

VERTRAG

Der Unterzeichnete verkauft sein neuestes Bild "Christus am Ölberg"und überträgt hiemit an die Kunstverlags A.G. "K ö n y v e s K á l m á n" in Budapest oder deren Rechtsnachfolger das ausschliessliche Vervielfältigungsrecht d.h.also das alleinige und unbeschränkte Recht des oben erwähnten Bildes

"Christus am Ölberg "

in jeder Reproduktionsart zu vervielfältigen und die Reproduktionen unkoloriert und koloriert in den Handel zu bringen gegen einmaliges Honorar von K 600.-/sage Kronen sechshundert/und zwei Frei-Exemplaren von jedem hergestellten Format.

Dieser Vertrag wurde in zwei gleichlautenden Exemplaren ausgestellt und von beiden Kontrahenten eigenhändig unterschrieben.

Hans Zatzka

Wir übertragen hiemit obgenannte Verlags -und Reproduktionsrechte an die Firma Pallasverlag A .-G. in Berlin oder deren Rechtsnachfolger.

Budapest, den 26.Dezember 1927.

KÖNYVES KÁLMÁN
UNGARISCHE KUNSTVERLAGS AKT. GES.

Abb. 1: Vertrag vom 10.05.1909 zwischen dem Kunstmaler Hans Zatzka und dem Kunstverlag Könyves Kálmán in Budapest über den Verkauf des Originals „Christus am Ölberg“, sowie Abtretung der Reproduktionsrechte am 26.12.1927 vom Kunstverlag Könyves Kálmán an den Pallas Verlag in Berlin.

Nr. 5659 EDER

Madonna

Farbenlichtdruck 70 : 100 cm M. 20.–

Nr. 4752 NEUREUTHER

Schmetterlings-Madonna

Madone au papillon – Madonne with butterfly

Farbenlichtdruck 68 : 41 cm M. 20.–

Nr. 5681 EDER

Heilige Familie – La st. famille – The holy family

Farbenlichtdruck 52 : 120 cm M. 20.–

Nr. 5683 EDER

„Folget mir nach" – Christ et ses disciples – Christ and his followers

Farbenlichtdruck 52 : 120 cm M. 20.–

Nr. 4618 ZATZKA

Christus am Ölberg

Le Christ au mont des oliviers

Christ at the mount of olives

Farbenlichtdruck 100 : 70 cm M. 15.–

5

Abb. 2: Katalogseite 5; mit Abbildungen nach Eder, Neureuther und Zatzka.

Abb. 3:
Feldherr mit Punkhelm, Gyula Benczúr p.,
42 x 32,5 cm, Gravüre, nr.14.

Abb. 4:
Der Erlöser, Mihály Munkácsy p. ,
24,5 x 18,3 cm, Vierfarbendruck,
nr.17.

Abb. 5: Frühlingsmadonna (Blütenmadonna), Dohnalek p. no. 24. Farbenlichtdruck. Bei Pallas 1921 (Annonce in „Der Kunsthandel“). Ebenfalls Katalog Fils. Berlin 1935, S. 13 (Sammlung Pieske).

Abb. 6: Madrigal – Blumenorakel, Ferenz Innocent p., je 30 cm Ø, Farbenlichtdruck, nr. 37.

Sigrid Nagy

Geschichte der ungarischen Krippenbewegung. Papierkrippen*

Da die ungarische Krippenbewegung keine isolierte Erscheinung darstellt, möchte ich hier zunächst einige wenige wichtige Eckdaten zur allgemeinen Krippenbewegung geben.

Die Geschichte der Krippenvereine beginnt in der zweiten Hälfte des 19. Jahrhunderts. Die erste Gründung erfolgte 1860 in Wenns in Westtirol und nannte sich „Weihnachtskrippe-Gesellschafts-Verein". 1868 kam in Spanien eine Vereinigung der spanischen Krippenfreunde zustande, nachdem bereits 1863 in Barcelona ein Krippenverein gegründet worden war. Im Umfeld der evangelisch-lutherischen Kirchengemeinden des sächsischen Erzgebirges entstanden gegen Ende des 19. Jh. Krippenvereine an verschiedenen Orten, der erste 1879 in Lößnitz. Der bekannteste war der von 1894 in Oberwiesenthal.[1]

Den eigentlichen Aufschwung nahm das Krippenvereinswesen jedoch erst nach dem 1. Weltkrieg. Mit Sitz in Innsbruck war der Verband der Krippenfreunde Österreichs bereits 1909 als Tiroler Krippenverein begonnen worden.[2] 1917 wurde der Verein Bayerischer Krippenfreunde gegründet.[3] 1925 erfolgte der Zusammenschluß der Krippenfreunde in Rheinland und Westfalen.[4] Schließlich kam es im Jahre 1952 im Kloster Montserrat bei Barcelona zur Gründung der Internationalen Vereinigung der Krippenfreunde – es entstand die Universalis-Foederatio Praesepistica (= Un-Foe-Prae) mit Sitz in Rom.

Als Vertreterin der Krippenvereine Deutschlands unterzeichnete die evangelische Christin Gertrud Weinhold diese Gründungsurkunde mit. Durch sie war 1949 der Kreis der Krippenfreunde von Berlin und Ostdeutschland entstanden, den sie, (bedingt durch die politischen Ereignisse) 1953 dem Bayerischen Krippenverband anschloß.[5] Wir werden später noch auf Gertrud Weinhold zurückkommen.

Erwähnt werden muß außerdem die bedeutende Krippensammlung des Kommerzienrats Max Schmederer (1854-1917). Diese Sammlung wurde in mehreren Teilen ab 1892 dem Bayerischen Nationalmuseum übereignet. Ebenso erwähnenswert sind die beiden Hauptwerke von Rudolf Berliner (1886-1967), – er war von 1920 an Konservator am Bayerischen Nationalmuseum, ehe er 1935 in die USA emigrieren mußte – nämlich die 21 Lieferungen der *Denkmäler der Krippenkunst* in der Zeit von 1926 bis 1930 und sein Standardwerk *Die Weihnachtskrippe*, das jedoch erst 1955 erscheinen konnte.[6]

1936 kam es auf Betreiben des Zisterzienserpaters, Volkskundlers und Hochschulprofessors Dr. Elemér Komjáthi-Schwartz zur Gründung einer Krippenbewegung in Ungarn, die zehn Jahre bis 1946 bestand.[7]

Dr. Elemér von Schwartz wurde 1890 in Vörösvár im Komitat Vas in Ungarn (heute Rotenturm an der Pinka, Burgenland) geboren und starb 1962 in Würzburg. Er studierte Theologie und Philosophie in Budapest und München und habilitierte sich 1922 mit *Deutscher Mundartforschung und Deutscher Volkskunde*. 1934 wurde er an die katholische Universität Péter Pázmány in Budapest berufen. Dort gründete er 1938 das Institut für Deutsche Sprachwissenschaft und Volkskunde und begann mit den Vorarbeiten zu einem Deutsch-Ungarischen Volkskundeatlas.[8] Im Jahre 1948 seines Amtes enthoben, verließ er Ungarn und wurde 1949 in Belgien an der Katholischen Universität Leuven Professor für deutsche Kulturgeschichte und Geisteswissenschaften. Sein spezielles Interesse galt der katholischen Religiösen Volkskunde.[9]

Die von ihm in Zusammenarbeit mit dem Kunsthistoriker, röm. kath. Priester und Universitätsprofessor Dr. Ernő Molnár (1891-1976) und dem Direktor und Gründer des Ungarischen Vereins vom Heiligen Land, P. Mór Majsay OFM (1891-1987) begründete Krippenbewegung gab unter Führung des Ungarischen Katholischen Hochschulverbandes Emericana die Parole *Ein Bethlehem unter den Weihnachtsbaum!* heraus.[10]

Molnár bemerkte in einem Rundschreiben an alle katholischen Pfarrgemeinden von Budapest dazu folgendes: „Im Salon oder im Eßzimmer steht auf dem vornehmsten Platz der Weihnachtsbaum. Und wie oft ist dieser geschmückte Baum so armselig. Weder darauf, noch darunter, noch daneben gibt es eine Weihnachtskrippe, die diejenigen, die Weihnachten feiern daran erinnern würde, daß die himmlische Liebe an diesem Abend zu uns herabkam. Zuerst in unseren Herzen, dann unter dem Weihnachtsbaum verschwand der wichtigste Grund unserer Freude, Gottes größtes Geschenk, das Jesuskind von Bethlehem. (...) Katholische Gläubige! Stellt eine Krippe unter den Weihnachtsbaum!“[11]

Dabei war die Weihnachtskrippe in Ungarn durchaus nicht unbekannt. Bei den traditionellen Hirtenspielen auf dem Lande zog eine Spielschar mit einer tragbaren Krippe, Bethlehem genannt, von Haus zu Haus, um den Bewohnern die Weihnachtsgeschichte vorzuspielen, ein Brauch, der nie erloschen ist, aber seit der Wende wieder eine größere Verbreitung findet. Jedoch erfolgten die ersten Versuche, Weihnachtskrippen unter Einbeziehung der modernen ungarischen Kunst aufzustellen, erst zu Beginn des 20. Jahrhunderts. Im Jahre 1910 schuf beispielsweise der Bildhauer Barnabás Holló (1865-1917) eine Krippe für die Szent-István-Basilika in Budapest.[12]

Der Verband *Magyar Bethlehemes Mozgalom* [Ungarische Krippenbewegung] hatte in kürzester Zeit 80.000 Mitglieder, weil kein Vereinsbeitrag erhoben wurde. Die anlaufenden Kosten wurden u.a. durch den Verkauf von gedruckten Papierkrippenbogen gedeckt. Den Anfang machte 1936 ein Bildkripp-chen des Graphikers Ferenc Bokros (1891-1974)[13], das preisgekrönt aus einem Wettbewerb hervorgegangen war, den der Direktor P. Mór Majsai OFM des von ihm selbst 1933 gegründeten Heilig-Land-Museums in Budapest initiierte.[14] Er wollte der ungarischen Krippenbewegung dort eine Heimat geben.

„In der Mitte des kreisförmigen Bildes liegt in einer Krippe das göttliche Kind, an seinem Kopf kniet betend die Hl. Maria, am Fuße steht mit einem Stab der Ziehvater, der Hl. Josef. Vor der Krippe steht ein ungarischer Komondor mit gespitzten Ohren. Der Ort ist ein Stall, durch die Tür ist der Sternenhimmel von Bethlehem zu sehen. Diese, in jeder Hinsicht ungarische Krippe ist auf dickem Karton mit goldenem Rand farbig reproduziert, zum Aufstellen geeignet. Die technische Vollkommenheit ehrt die Fabrik Piantik. Zu kaufen im Laden der Emericana, IV, Bástya-u. 11, Preis 30 fillér."[15]

Der Krippenverband entfaltete zahlreiche Aktionen, um der Bevölkerung die Idee und die Bedeutung der Krippe näher zu bringen. Dazu gehörten: Vorträge und Ausstellungen, religiöse Rundfunksendungen (sogar für die in den USA lebenden Ungarn), schulpädagogische Projekte, Artikel in Zeitungen und Zeitschriften und die Herausgabe von Briefmarken, Postkarten, Medaillen, Plaketten und Papierkrippen. Ferner wurde der Plan zur Gründung eines Forschungsinstitutes für weihnachtliches Brauchtum gefaßt.[16]

Die erste Krippenausstellung nach der Gründung des Krippenverbandes fand vom 24. Januar bis 10. Februar 1937 im Kulturhaus des Budapester Ortsteils Városmajor statt. Die erfolgreiche Schau wurde von mehreren tausend Besuchern gesehen. Zahlreiche Künstler hatten dazu ihre Werke eingereicht, darunter auch die bekannte Keramikerin Margit Kovács (1902-1977), die später mit mehreren Preisen ausgezeichnete Begründerin der modernen Keramik in Ungarn.

„Das Material der Ausstellung war folgendermaßen aufgeteilt: 1. Kirchenkrippen, 2. Krippen aus dem Wettbewerb, 3. Objekte des Heilig-Land-Museums in Budapest, 4. Statuen, 5. Gemälde, 6. verschiedene Gegenstände in Verbindung mit Krippen."[17]

„Karácsony a műveszetben" [Weihnachten in der Kunst] lautete der Titel eines von dem Kunsthistoriker János Jajczay (1892-1976)[18] gemeinsam mit Elemér Schwartz verfaßten Werkes, welches 1942 für die ungarischen Bücherfreunde von der Königlichen Ungarischen Universitätsdruckerei herausgegeben wurde.[19]

Angeregt durch die Bewegung gab die Königlich Ungarische Post zu Weihnachten 1943 eine von dem Kunstgewerbler und Bildhauer Gyula Tóth (1893-1970)[20] entworfene dreiteilige Briefmarkenserie heraus: Die grüne 4-fillér-Marke zeigt die Verkündigung an die Hirten, die blaue 20-fillér-Marke die Anbetung der Hirten und die rote 30-fillér-Marke die Anbetung der Könige.[21] Die Hirten tragen die alt-ungarische Tracht mit langen Bärten und Haaren und die Könige sind durch ungarische Nationalheilige dargestellt. Der Hl. Stephan (Szent István, 969-1038) opfert seine Krone, sein Sohn, der junge Hl. Emmerich (Szent Imre, gest. 1031) die Lilie, und der Hl. Ladislaus (Szent László, 1040-1095) das Beil, mit dem er der Legende nach Wasser aus einem Felsen geschlagen haben soll.

In Zusammenarbeit mit der Hochschule für Bildende Kunst und ihren Professoren Ernő Molnár, dem Kunstgewerbler Anton Megyer-Meyer (1883-1948), und dem Bildhauer, Architekten und Maler Jenő Bory (1879-1959) wurden mit den Kunststudenten Freilichtkrippen mit lebensgroßen Figuren hergestellt, die auf markanten Plätzen der Hauptstadt aufgestellt wurden. Beispielsweise wurde eine lebensgroße Krippe zu Weihnachten 1937 im leeren Wasserbecken unterhalb des Gellértberges an der Elisabethbrücke zwölf Tage lang bis zum 3. Januar aufgestellt. Der mit einem Strohdach versehene Stall war sechs Meter hoch. Den Hintergrund bildete die mit Eiszapfen bedeckte Felswand. Abends wurde die Szene durch verdeckte Reflektoren angestrahlt. Auch der Stern von Bethlehem erstrahlte zwischen den Felsen.[22]

Verschiedene Künstler schufen plastische Krippen aus Holz und Keramik für Kirche und Haus. Ein Beispiel dafür bildet die kleine Gruppe aus Terrakotta, eine Hl. Familie mit Engeln, die der Bildhauer Ferenc Varga 1943 als Wettbewerbsarbeit schuf. Sie befindet sich in der Sammlung der Ungarischen Nationalgalerie und wurde dankenswerterweise während unserer Tagung im Vortragsraum zur Besichtigung ausgestellt (s. Abb. 9).[23]

Um importierte Krippenbogen, die nicht der ungarischen Kulturauffassung der damaligen Zeit entsprachen, und den Kitsch auf diesem Gebiet zurück zu drängen, erhielten ungarische Künstler den Auftrag, unter Wahrung des biblischen Charakters der Darstellung typisch ungarische, d.h. volkstümliche Papierkrippen zum Ausschneiden zu entwerfen. Leider kann, um dies zu rekonstruieren, nur auf Abbildungen aus einem Prospekt[24] und auf Postkarten[25] zurückgegriffen werden.

Folgende Papierkrippenbogen wurden verlegt:

1. 1940 die Symbolkrippe *Urbi et Orbi* von Sr. Konstantina Kákonyi (1908-1998).[26] Nach Off.12,1 bildet Maria im Lichtnimbus bekleidet mit einem mit Sternen geschmückten Umhang, umgeben von der Sonne und stehend auf der Mondsichel den Mittelpunkt dieser Darstellung. Der kleine Jesusknabe als Christkönig steht vor ihr auf dem mit Wiesenblumen verzierten Halbrund der Weltkugel. Über ihnen schwebt im Hintergrund eine goldene Heiliggeisttaube. Umgeben sind beide von anbetenden und musizierenden Engeln.
2. 1940 das Engel- oder Rosenbethlehem von Masa Mária Feszty (1895-1979).[27] Maria im blauem Gewand kniet betend vor ihrem auf Stroh liegenden Kind. Beide sind umgeben von rosenbringenden, anbetenden Engeln. Jede Rose bedeutet ein Gebet.
3. 1940 die Könige aus dem Morgenland von Pál Molnár-C. (1894-1981).[28] Nach Mt.2,11 bringen die Hl. Drei Könige dem Jesusknaben kniend ihre Gaben Gold, Weihrauch und Myrrhe dar. Das Kind sitzt auf dem Schoß von Maria, die auf einem Schemel thront. Ein Palmbaum, zwei Zypressen und drei aufrecht schreitende Diener runden das Figurenarrangement ab.
4. 1940 das Biblisch-historische Bethlehem von Arthur Mezey (1907-?).[29] Die Krippe besteht aus sieben Figuren bzw. Figurengruppen, darstellend die Hl. Familie mit den anbetenden Hirten, Ochs und Esel. (Abb. 1).

5. 1940 Epiphanie oder Anbetung der Hl. Drei Könige von Béla Konkoly (1907-1983).[30] Farbenprächtige, traditionelle Darstellung, bestehend aus acht Figuren bzw. Figurengruppen und dem Stern. Das Jesuskind sitzt auf dem Schoß von Maria. (Abb. 2).
6. 1940 ein Volksbethlehem von Sr. Magdolna Macskássy.[31] Hierbei handelt es sich um eine ungarische Krippe, die landschaftlich nicht eingegrenzt ist. Das Jesuskind liegt in einer Armeleutewiege. Eingehüllt ist es in eine Daunendecke, in die ungarische Motive eingestickt sind. (Abb. 3).
7. 1940 ungarisches Puszta- oder Hirten-Bethlehem von Sándor Ungváry (1883-1951).[32] Dies war ein sehr beliebter und gesuchter Krippenbogen. Er zeigte traditionell gekleidete Schafhirten [juhász], den Hirtenhund [Puli] und einen Esel, auf dem ein Hirt reitet, der eine lederbezogene Holzflasche mit Wein in der Hand hält. Ein Engel bringt dem Kind ein Kissen, ein anderer einen Weihnachtsbaum mit brennenden Kerzen. Maria sitzt neben dem Kind, das in einer Krippe liegt. (Abb. 4).
8. 1942 das ungarische Bethlehem von Antal Megyer-Meyer (1883-1948)[33] zeigt das Landvolk der großen ungarischen Tiefebene [Nagyalföld] im Feiertagsstaat mit Schafspelz [Suba] und Bauernmantel [Szűr]. Der Bauer und sein Töchterchen, tragen Trachtenstiefel [Csizma]. (Abb. 5).
9. Székler-Bethlehem von Béla Emanuel (1897-?)[34]. Entsprechend der Textstelle Luk.2,16 eilen die Hirten des ungarischen Székler-Volkes aus Siebenbürgen zur Krippe. Ausgeschnitten und aufgebaut als Tragekrippe befindet sie sich in Gertrud Weinholds ökumenischer vergleichender Sammlung *Das Evangelium in den Wohnungen der Völker* im Museum Europäischer Kulturen SMBPK (Sign. 1/1994, 2817. Maße: 105 x 60 x 46 cm) in Berlin. Mit der ersten Version dieser Tragekrippe (Abb. 6), einem mit Buntpapier bezogenen einfachen, stilisierten Kirchengebäude mit einem Turm, bei der jedoch die Figuren hinter und vor einem geöffneten scheunenartigen Tor an der einen Seite des Kirchenschiffes angeordnet waren, wurde Gertrud Weinhold 1962 in der Berliner Tagespresse in einem Bericht über ihre Krippenausstellung abgebildet.[35] Frau Professor e.h. Gertrud Weinhold (1899-1992) veranstaltete von 1951 bis 1987 jedes Jahr eine Internationale Krippenausstellung in den Messehallen unter dem Funkturm im Rahmen des Westberliner Weihnachtsmarktes. Sie stellte beinahe jedes Jahr eine eigene Vitrine für ungarische Objekte zur Verfügung. Bei dieser Papierkrippe veränderte sie eines Tages die Aufstellung in eine Version, die auch ungarischem Brauch entspricht. Der Aufbau erfolgte nun in der Nachbildung eines einfachen, stilisierten Kirchengebäudes aus Holz mit einem hohen und zwei kleineren kreuzgeschmückten Tür-

men. Hier sind die Figuren im Kirchenschiff so angeordnet, daß sie im offenen Eingangsraum unter dem Turm sichtbar sind. (Abb. 7-8).

10. Schließlich erschien privat nach der Aufhebung des Vereins der ungarischen Krippenfreunde eine Gemeinschaftsarbeit von Masa Mária Feszty und M. Lánczy „Magyarok Nagyasszonya-Betlehem" (Krippe Unserer Lieben Frau von Ungarn).[36] Sie zeigt die thronende Madonna mit dem Kind, wie sie die Ovationen des ungarischen Volkes entgegennimmt. Neben ihrem Thron steht zu beiden Seiten je ein Engel mit brennender Kerze in der Hand. Die beiden Engel tragen die weiße ungarische Matyó-Mädchentracht, mit hohem Kopfschmuck, wie sie von jungen Mädchen in den kirchlichen Prozessionen in Mezőkövesd getragen werden. Die gleichen Kleider werden bei einem Drei-König-Spiel in Mezőkövesd von vier Mädchen getragen: Eines führt die Gruppe mit einer brennenden Kerze in der Hand an, die drei anderen Mädchen folgen ihm als die Hl. Drei Könige mit Gaben in der Hand.[37]

Zum Schluß sei noch bemerkt: 1999 wurde vom Landeshandwerkerrat zusammen mit der Stiftung Ungarisches Handwerk und dem Landesverband der Kunstgewerbe unter Schirmherrschaft des Weltverbandes der Ungarn das sechste Mal ein Krippenwettbewerb ausgeschrieben, mit ausdrücklichem Hinweis auf die Wiederbelebung der Tradition von vor dem Weltkrieg, initiiert durch P. Professor Dr. Elemér Schwartz OCis. Die erste Ausschreibung erfolgte durch den Landeshandwerkerrat und durch die Pfarrei St. Imre in Buda 1994.

Anmerkungen

* Die Übertragung sämtlicher Texte aus dem Ungarischen erfolgte durch Y.S. Nagy.

1. Vgl.: Nagy, Sigrid: Die protestantische Krippenbewegung des 19. und 20. Jahrhunderts. In: Jahrbuch für Volkskunde. 2003, S. 31-66, hier S. 53-56, mit Literaturangaben.
2. Verbandsorgan: Der Krippenfreund. 4 Hefte im Jahr
3. Verbandsorgan: Der Bayerische Krippenfreund. 4 Hefte im Jahr.
4. Verbandsorgan: Die Weihnachtskrippe. Jahrbuch der Landesgemeinschaft der Krippenfreunde in Rheinland und Westfalen.
5. Nagy, Sigrid: Gertrud Weinholds Weg als ökumenische Sammlerin vergleichender religiöser Volkskunst. In: Jahrbuch für Volkskunde 2001, S. 65-96, hier S. 94, mit Literaturangaben.
6. Berliner, Rudolf: Denkmäler der Krippenkunst. Augsburg 1926-1930 (21 Lieferungen zu je 8 Tafeln). – Ders.: Denkmäler der Krippenkunst. Leipzig 1936. – Ders.: Die Weihnachtskrippe. München 1955.
7. Komjáthi-Schwartz, Elmar: Auf! Lasst uns nach Bethlehem eilen! Fünfzehn Jahre ungarische Krippenbewegung. Köln – Detroit 1959. (Ungarische Studien 1). – Die 1984 erhaltene Kopie des Buches verdanke ich dem Krippenfreund Alois Leeb, Grödig/Salzburger Land, (1927-1993), dem Herausgeber der Bibliographie zur Weihnachtskrippe. Schwartz, Elmar von: Aus der ungarischen Krippenbewegung. In: Die

Weihnachtskrippe 27(1960), S. 57-58. – Die einstige Krippenbewegung in Ungarn. In: Der Bayerische Krippenfreund. Regensburg 1956, Nr. 136 (Juni), S. 40. – Sinkó, Ferenc: Betlehemtől a Magyar Betlehemig. [Von der Weihnachtskrippe zur ungarischen Weihnachtskrippe]. In: Új Ember, 02.12.1985.

8. Als Teilnehmer an der 25. Abgeordnetenversammlung des Verbandes deutscher Vereine für Volkskunde in Berlin 1930 referierte er über die deutsche Volkskunde in Ungarn. – Vgl.: Zeitschrift für Volkskunde. NF Bd. I 39 (Berlin u. Leipzig 1930), S. 200-202, hier S. 201.

9. Vgl.: Pop, Sever: Elemér von Schwartz. A l'occasion de son sixante-dixième anniversaire. In: Orbis. Bulletin international de Documentation linguistique. Louvain 1960, Tom IX. No. 1, pp. 263-280. Die aufgeführte Bibliographie von Dr. Schwartz listet über 40 Titel allein zum Weihnachtsfestkreis in ungarischer, französischer, niederländischer, englischer und deutscher Sprache auf. Außerdem werden hier die von ihm in der Zeit von 1921 bis 1951 gegründeten Verbände zusammengestellt. Darunter sind z.B. die 1946 gegründete *Fra Angelico társaság* (Fra Angelico-Gesellschaft, ein Verein zur Hebung der Weihnachtsfeier für Gelehrte, hauptsächlich für Folkloristen, Schriftsteller, Musiker und andere Künstler), sowie 1951 gemeinsam mit Msgr. Dr. J. Zágon die *Academia Catholica Hungarica Scientiis Artibusque provehendis* (Ungarische Katholische Akademie der Wissenschaften und Kunst in Rom). – Angelotti, Charlotte: Die internationale Krippenbewegung beklagt mit dem Hinscheiden von H. H. Professor Dr. Elemér von Schwartz, dem Begründer der Krippenbewegung in Ungarn, eine der ganz Großen in ihren Reihen. In: Der Bayerische Krippenfreund. 1962 Nr. 161 (Sept.), S. 54-55. – M. Életr. L. 1969, Bd. II, S. 605-606.

10. Der Verband der farbentragenden kath. Ung. Hochschüler *Foederatio Emericana* wurde von E. v. Schwartz zusammen mit Abt Illés Bitter OCist (1868-1939) bereits 1921 gegründet. – Vgl.: Orbis. Wie Anm. 9, S. 278. – Der Verband wurde durch die Behörden im Frühjahr 1945 aufgelöst und verboten.

11. Molnár, Ernő: Betlehemet a karácsonyfa alá!. In: Budapesti r.k. Egyházközségek Tudósítója. 1937, Nr. 4.

12. Sinkó, Ferenc, s. Anm. 7.

13. Ferenc Bokros wurde bekannt durch seine bedeutende volkskundliche Forschungstätigkeit sowie durch seine volkskundlichen Graphiken, die er zwischen den beiden Weltkriegen schuf. – Vgl.: M. Életr. L. 1990.

14. Nemzeti Újság vom 29. Sept. 1936. – Új Nemzedék vom 29. Sept. 1936. – Nemzeti Újság vom 20. Dez. 1936. – Emericana. 1937. S. 31. – Komjáthi-Schwartz 1959, wie Anm. 7, S. 16.

15. Molnár, Ernő: Betlehemet a karácsonyfa alá! [Krippen unter den Weihnachtsbaum!]. In: Emericana. 1936, S. 71.

16. Vgl. u.a.: Schwartz, Elemér: Karácsony és betlehem [Weihnachten und Weihnachtskrippe]. In: Katolikus Szemle. 50 (1936), S. 755-765. – Ders.: Betlehem és karácsonyfa [Weihnachtskrippe und Weihnachtsbaum]. In: Emericana. 1936, S. 70-71. – Molnár, Ernő: Betlehemes mozgalmak felődése [Die Entwicklung der Krippenbewegungen]. In: Emericana. 1936, S. 107. – Ders.: Magyar betlehemesek [Ungarische Krippenfreunde]. In: Emericana. 1938, S. 170-171. – Haffner, Andor: Miért és hogyan betlehemes mozgalmak [Warum und wie Krippenbewegungen]. Budapest (um 1937).

17. Molnár, Ernő: Betlehemes kiállítás. [Krippenausstellung]. In: Magyar Iparművészet XL (Budapest 1937) Nr. 3, S. 94-96. – Kalmár, János: A betlehemes kiállítás. [Die Krippenausstellung]. In: Emericana 1937, S. 123-124.

18. Vgl.: M. Kat. L., Bd. V., S. 544-545.

19. Jajczay, János és Schwartz, Elemér: Karácsony a művészetben. A magyar könyvbarátok számára kiadja a Királyi Magyar Egyetemi Nyomda. Budapest 1942 (79 Seiten). – 1972 erschien im Verlag Corvina in Budapest eine Neuauflage mit 45 Farbdrucktafeln unter dem alleinigen Verfassernamen János Jajczay. – Im gleichen Jahr erfolgte eine deutsche Ausgabe: Jajczay, János: Weihnachten. Budapest-Berlin 1972 (Union Verlag, Lizenzausgabe für die DDR) in der Übersetzung von Franz Gottschlig. – Es erfolgte eine französische Ausgabe: Jajczay, János: Noel dans l'art. Budapest-Paris 1973, in der Übersetuung von Béla Hap. – Eine spanische Ausgabe: Jajczay, János: La Navidad en el arte. Madrid 1976, in der Übersetzung von Kálmán Faluba.
20. M. gr. életr., S. 570. – Thieme/Becker, Bd. 33, S. 317. – Vollmer, Bd. 4, S. 462.
21. Die Marken wurden schwarz/weiß abgebildet in: Der bayerische Krippenfreund. Regensburg 1949, Nr. 108, S. 10, Tafel VIII.
22. Megyer-Meyer, Antal: Az Americana betleheme. [Die Krippe der Emericana]. In: Emericana 1938, S. 143-144.
23. Ferenc Varga, geboren ca. 1906, wanderte 1948 nach Caracas aus und lebte ab 1960 in Detroit/USA. Die Statuengruppe, Reg.-Nr. 6973, hat die Maße: 36 x 27,5 cm und steht auf einem schwarzen Holzsockel. Sie wurde damals für 800 Pengő erworben. Frdl. Mitteilung von Dr. Katalin Sinkó.
24. A Magyar betlehem. Hg. von den ung. Krippenfreunden. Illustrierter Prospekt, mit einem Vorwort von Dr. Elemér von Schwartz . Aus dem Nachlaß von Dr. Ferenc Sinkó (1912-1990), dankenswerterweise mir übereignet von seiner Tochter Dr. Katalin Sinkó. – Der Prospekt, der die ersten sieben herausgegebenen Papierkrippen auflistet und abbildet, wurde vom Besitzer handschriftlich um die Titel der später verlegten Papierkrippen *Magyar betlehem* und *Székely betlehem* ergänzt.
25. Photopostkarten herausgegeben durch den Verband Emericana. – Die fünf hier abgebildeten Krippen-Postkarten erhielt ich 1989 von Frau Dr. Éva Moskovszki.
26. Szentlélekes betlehem. Ausschneidebogen. Nr. 501, 25 x 35 cm, Preis 50 fillér. Die Künstlerin war Mitglied bei den Armen Schulschwestern in Kalocsa, Lehrerin daselbst, dann studierte sie in Budapest an der Kunsthochschule, lebte 1947-1950 in Rom, 1950-1994 in Doluth (Minnesota/USA). Vgl.: M. Kat. L., Bd. IV, S. 28. – Prokopp, Mária: Kákonyi Konstantina, István és Asztrik művészete. [Die Kunst von Konstantina, István u. Asztrik Kákonyi]. In: Új Ember Évkönyv 1995. [Jahrbuch Új Ember 1995]. Budapest 1996, S. 114-118.
27. Angyalos betlehem. Ausschneidebogen. Nr. 502. 25 x 35 cm, Preis 50 fillér. Die bekannte Malerin Masa Mária Feszty, Tochter eines Künstlerehepaares schuf vor allem Altarbilder und Portraits. – Vgl.: Vollmer, Bd. 2, S. 97. – Vollmer, Bd. 5, S. 478. – M. Életr. L. 1990. – M. gr. életr., S. 176. – M. Kat. L., Bd. III, S. 652.
28. Háromkirályos betlehem. Ausschneidebogen. Nr. 701. 34 x 50 cm, Preis 70 fillér. Werke des bekannten ungarischen Malers, Illustrators und Graphikers Pál Molnár-C. befinden sich auch in München, Rom, Venedig und New York. – Vgl.: Vollmer, Bd. 3, S. 363-364. – Thieme/Becker, Bd. 25, S. 46. – M. gr. életr., S. 418. – M. Életr. L. 1990. – M. Kat. L., Bd. IX., S. 292-293.
29. Történeti betlehem. Ausschneidebogen. Nr. 702. 34 x 50 cm, Preis 70 fillér. Der Maler Artúr Mezey studierte in Wien und Budapest. Mehrere seiner Bilder befinden sich in der Ungarischen Nationalgalerie. – Vgl.: Műv. L., S. 309.
30. Napkeleti bölcsek betlehem. Ausschneidebogen. Nr. 703. 34 x 50 cm, Preis 70 fillér. Der Maler Béla Konkoly schuf unter anderen Fresken, z.B. im Treppenhaus der Universität Szeged, und in zahlreichen Kirchen. – Vgl. Vollmer, Bd. 3, S. 96. – M. Életr. L. 1990. – M. gr. életr., S. 328.
31. Magyar népi betlehem. Ausschneidebogen. 34 x 50 cm, Preis 60 fillér.

32. Magyar pásztoros betlehem. Ausschneidebogen. 34 x 50 cm, Preis 60 fillér. Der ungarische Maler Sándor Ungváry schuf u.a. kirchliche Wand- und Glasmalereien. – Vgl. Vollmer, Bd. 4, S. 494 u. Bd. 5, S. 457. – Thieme/Becker, Bd. 33, S. 577. – M. gr. életr., S. 640.
33. Magyar betlehem. Der Kunstgewerbler, Gold- und Silberschmied Prof. Antal Megyer-Meyer schuf Möbel- und Teppichentwürfe und gestaltete das Innere mehrerer Kirchen und Kapellen. – Vgl.: Vollmer, Bd. 3, S. 362 u. Bd. 6, S. 262. – Thieme/Becker, Bd. 24, S. 317. – Műv. L., S. 283. – M. Életr. L. 1990. – M. Kat. L., Bd. VIII., S. 914.
34. Ungarischer Illustrator und Graphiker, studierte an der Kunsthochschule in Budapest, wurde mit mehreren Preisen ausgezeichnet. Vgl.: Vollmer, Bd. 5, S. 457. – M. gr. életr., S. 153.
35. Der Telegraf vom 23. Dez. 1962, S. 15.
36. Komjáthi-Schwartz 1959, wie Anm. 7, S. 44-45 u. Abb. 37.
37. Volly, István: Népi leányjátékok.[Volks-Mädchenspiele], Budapest 1944, S. 27-28.

Literatur

M. Életr. L.: Kenyeres, Ágnes (Hg.): Magyar Életrajzi Lexikon. Budapest, Bd. I 1967, Bd. II 1969, Bd. III 1985.

M. Életr. L 1990: Kenyeres, Ágnes (Hg.): Magyar Életrajzi Lexikon 1000-1990. (htpp://www.mek.iif.hu).

M. gr. életr.: Magyar festők es grafikusok életrajza. Szeged 1988.

M. Kat. L.: Diós, István (Hg.): Magyar Katolikus Lexikon. Budapest Bd. I-IX (1993-2004).

Műv. L.: Zádor, Anna, u. Genthon, István (Red.): Művészeti Lexikon. Budapest 1965.

Thieme/Becker: Thieme, Ulrich u. Becker, Felix: Allgemeines Lexikon der Bildenden Künstler von der Antike bis zur Gegenwart. Band 1-37. Leipzig 1907-1947.

Vollmer: Vollmer, Hans: Allgemeines Lexikon der Bildenden Künstler des 20. Jahrhunderts. Bd. 1-5 und Nachtrag. Leipzig 1953-1962.

Abbildungen

Abb. 1: Artúr Mezey: Biblisch historisches Bethlehem. Postkarte Nr. 3829.

Abb. 2: Béla Kontuly: Die Anbetung der Hl. Drei Könige. Postkarte Nr. 3805.

Abb. 3: Sr. Magdolna Macskássy: Ungarisches Volksbethlehem. Postkarte Nr. 3931.

Abb. 4: Sándor Ungváry: Ungarisches Puszta-Bethlehem. Postkarte Nr. 3903.

Abb. 5: Antal Megyer-Meyer: Ungarisches Bethlehem. Postkarte Nr. 3932.

Abb. 6: Béla Emánuel: Székler-Bethlehem. (Photo: Dezember 1970)

Abb. 7:
Béla Emánuel: Székler-Bethlehem.
Spätere Präsentation.

Abb. 8:
Béla Emánuel: Székler-Bethlehem.
Spätere Präsentation, Ausschnitt.

Abb. 9: Varga Ferenc: Angyalos betlehem, 1943, Terrakotta.

Eva Klose

Künstler- und Bildpostkarten für Ungarn im Kunstverlag Theo. Stroefer, Nürnberg

Über Theodor Stroefer (1843-1927), sein Leben und sein Werk ist schon 1994 auf der Tagung des Arbeitskreises Bild Druck Papier in Leipzig von der Verfasserin eingehend berichtet worden. Da zu der Zeit noch keine Tagungsbände herausgegeben werden konnten und der Vortrag also nicht im Druck vorliegt, hier wenige Zeilen zum Lebenslauf.

Stroefer absolvierte eine kaufmännische Lehre im „Verlag für Kunst und Wissenschaft" von Friedrich Bruckmann in München. Seinen außerordentlichen Leistungen entsprechend konnte er 1866 in Bruckmanns Auftrag in New York, 859 Broadway, eine eigene Handelsagentur errichten. Da war er 23 Jahre alt, und schon zwei Jahre später wurde er in dem notariellen Vertrag vom 18. Juli 1868 zwischen Friedrich Bruckmann und ihm bereits „Verleger" genannt.[1]

Sein Verlagsprogramm war sehr vielseitig angelegt: Er verlegte, exportierte und importierte illustrierte Bücher, Alben, Photographien, Stiche und Kunstwerke allgemeiner Art.[2] Außer den Firmen Friedrich Bruckmann, Franz Hanfstaengl, Jos. Albert (alle München) wurde u.a. auch die Photographische Gesellschaft Berlin von ihm vertreten. In New York wurde Stroefer mit Georg Kirchner bekannt, der aus Frankfurt/Oder in die USA eingewandert war. Mit ihm als Kompagnon beschloß man die Erweiterung der Firma.[3] Durch ein Rundschreiben vom 1. Februar 1871, New York, gab Stroefer seinen Kunden den neuen Firmennamen „Stroefer & Kirchner" zugleich mit der Versicherung bekannt, die bisherigen Aktivitäten fortzuführen.[4]

Guter geschäftlicher Erfolg und der Gedanke an seine in München wartende Braut bewegten Stroefer, sich neben New York auch in Deutschland niederzulassen. Hier etablierte er sich am 1. Oktober 1876 als Kunstverlag Stroefer & Kirchner, New York, in München, Schwanthalerstraße 34.[5] Diese Partnerschaft wurde jedoch nach dem Rundschreiben von New York, 2. April 1877 und München, 20. April 1877, wieder aufgelöst.[6] Damit war ab 1877 das europäische Geschäft in München unter dem Firmennamen Theo. Stroefer's Kunstverlag eingetragen. Die amerikanische Firma Geo. Kirchner & Co., 865 Broadway, New York, bleibt sechs weitere Jahre als Agent für Stroefer in den USA tätig.

Ganz im Trend der Zeit kündete die Firma Stroefer & Kirchner in München per Rundschreiben vom 1. Oktober 1876 dem deutschen Publikum an, sich dem „Verlage von Prachtwerken" widmen zu wollen.[7] Diese opulenten Werke, die zum Ausweis für Geschmack, Bildung und Wohlhabenheit wurden, haben ihm viele Anerkennungen eingebracht und wurden ein wesentlicher Teil seiner Produktion.

Die Prachtalben-Jahrzehnte dauerten noch an, als sich auf den Gebieten der Gebrauchsgraphik und des Luxuspapiers neue Sparten durchsetzten. In den letzten Jahrzehnten des 19. Jahrhunderts blühte die Ansichts- und Bildpostkartenindustrie auf, die zunehmend von speziellen Verlagen getragen wurde. Zu diesen gehörte der Kunstverlag Theo. Stroefer zwar nicht, seine Domäne war nach wie vor das illustrierte Buch in vielerlei Gestalt. Doch konnte auch er sich nicht der Verlockung entziehen, Künstler- und Bildpostkarten herauszugeben. Noch im Papieradreßbuch von Deutschland von 1927 ist er unter Kunstverlag und Postkartengroßhandel eingetragen.[8] Die Nürnberger Stadtchronik nennt Theodor Stroefer in ihrem Nachruf den frühesten Hersteller der farbigen Postkarte.[9] Wenn auch die inzwischen geleistete und fortgeschrittene Forschung dem nicht ganz zustimmen kann, Stroefer hatte auf jeden Fall einen bedeutenden Anteil an der Entwicklung der künstlerischen Postkarte. Die Anzahl seiner Serien, wie üblich mit sechs Nummern, ging in die Tausende. Seine Firmenmarke T.S.N. erschien auf den Adressenseiten. Vor 1905 bot die ungeteilte Rückseite Raum für knappe Verlagsangaben, das Wort „Postkarte" in vielen Sprachen, für Anschrift, Absender, Briefmarke und Stempel des Absender- und des Empfängerortes – die ungarischen Zierstempel waren berühmt –, aber keinen Platz für persönliche Mitteilungen. Erst nach 1905 erlaubte die Teilung des Schriftfeldes durch eine senkrechte Linie auf dem linken Abschnitt kurze Texte an den Empfänger. Der rechte blieb der Adressierung vorbehalten. (Abb. 1)

Der bekannte Satz „Ein Bild sagt mehr als 1000 Worte" trifft mit Sicherheit auf die Ansichtsseite einer Bildpostkarte zu. Eine derart rasante Entwicklung, wie sie die Postkartenindustrie nahm und damit für die Jahrzehnte von 1880 bis 1925 das goldene Zeitalter der Postkarte schuf, hätte niemand voraussehen können. Als Zeichen von Liebe und Freundschaft wurden sie zu allen denkbaren Gelegenheiten versandt, von leidenschaftlichen Sammlern getauscht oder in Alben gehütet. Die sechs oder auch zwölf Nummern einer Serie hatten einen Komplettierungszwang zur Folge. Es entstanden auch die ersten Sammlervereinigungen, die sich ausschließlich der Spezies Bild- und Künstlerpostkarte widmeten. In technischer Hinsicht hatten die rasch fortschreitenden Angebote der Drucktechnik diese Entwicklung ermöglicht.

In dem Verlagsverzeichnis von „Theodor Stroefer's Kunstverlag". Nürnberg 1911/12, sind die damals verfügbaren, nach Sparten geordneten 1162 Serien mit ihren Titeln aufgelistet. Die auf S. 13 verzeichneten Gratulationskarten waren als Chromolithographien und als wesentlich teuerere Stiche, Radierungen und Gravuren mit und ohne Aquarell-Handkolorit zu haben. Von S. 14-20 sind die Allgemeinen Genre- und Künstlerpostkarten (im Vierfarben- oder Norisdruck) verzeichnet, oftmals mit dem Namen der Zeichners oder Malers versehen. Es waren zu dieser Zeit hauptsächlich die deutschen Genre-, Tier- und Landschaftsmaler mit den beliebten speziellen Sujets. Bei Stroefer gab es vor allem idyllische und romantische Motive für das bürgerliche Postkarten-Album.

Die Wege, die zur Gestaltung der Künstlerpostkarten führten, waren recht unterschiedlich. Wenn ein Verleger bekannte Gemälde reproduzieren wolle, mußten dafür die Reproduktionsrechte erworben werden. Gerade auf dem Postkartensektor waren erbittere Prozesse ausgefochten worden, nicht immer wurde auf das Copyright geachtet. Auch die Abkürzung „Ges. gesch.“ (gesetzlich geschützt) half nicht immer. Die renommierten Kunstverleger wie Stroefer bevorzugten jedoch die unmittelbare Verbindung mit dem Künstler. Er wie auch seine Kollegen der gehobeneren Postkartenbranche gaben zahlreichen Künstlern Arbeit und Brot. Zu ihnen gehörten auch gebürtige Ungarn wie *Antal Neogrády* (1861 in Galsa/Ungarn, gest. 1942). Die von ihm aquarellierte „Schneeballschlacht“ wurde im Lichtdruck publiziert. (Abb. 2) Der Maler und Illustrator hatte seine Ausbildung in Budapest und München erhalten und ließ sich später als Professor für Aquarellmalerei an der Akademie in Budapest nieder.[10]

Stroefer verausgabte Reihen mit fortlaufenden Nummern wie die „M.K.“ (Münchner Kunst) mit der von einer Jugendstilranke umrahmten Adressenseite. Die unter diesem Titel erschienenen Arbeiten wurden zunächst nicht im Auftrag des Verlages geschaffen, sondern beziehen sich auf Werke der in und um München lebenden Künstler, die der Münchner Künstlergenossenschaft, dem Münchner Kunstverein oder ähnlichen Standesvertretungen angehörten. Unter vielen anderen zählte zu diesen Künstlern auch *Emilia von Hallavanja* aus Pula/Istrien, die bei Ludwig von Herterich (1856-1932) an der Münchner Akademie Malunterricht genommen hat. Der Neuen Sachlichkeit zugerechnet, suchte sie besondere Lichtführung bei dem Sujet „Morgensonne“ darzustellen. Der Charme dieser in Ungarn gelaufenen Karte ist bis heute nicht verblaßt.[11] Ebenfalls ungarische Marken trägt die Karte nach einem Gemälde des in Fünfkirchen/Ungarn geborenen Malers *Karl Jantsy-Horvath*. Zusammen mit seiner aus der Ukraine stammenden Frau kam er 1913 von Melbourne/Australien nach Pullach, wodurch er für Stroefer zu den Münchner Künstlern gehörte. Sein „Feuriger Gruß“, als Stilleben mit roten Blumen überbracht, verrät nichts von den wirtschaftlichen Nöten des Künstlers.[12]

Nach dem beliebten Genremaler *Gabriel Cornelius von Max* (1840-1915) ist von seinen „Affenbildern“ „Ein Gruß“ gewählt worden, der einen treuherzig blickenden Affen mit einem Veilchenstrauß zeigt (Abb. 3). Der 1840 in Prag geborene Künstler hatte zunächst an seinem Heimatort mit seinem Studium begonnen und war dann von 1863-1867 zusammen mit Hans Makart und Franz von Defregger Schüler von Carl Theodor von Piloty an der Münchner Akademie geworden. 1879 bis 1883 war G. v. Max dort Professor für Historienmalerei. In der Reihe „Münchner Kunst“ mehrfach vertreten, fiel er durch sein Interesse an Parapsychologie, Darwinismus und asiatischer Philosophie auf, die ihn zu allegorisch-mystischen Bildlösungen kommen ließ, jedoch nicht auf den Postkarten.[13]

Die hier gezeigte, 1917 in Ungarn gelaufene Postkarte, ist nach dem Originalgemälde als Rakel-, Raster- oder Kupfertiefdruck reproduziert worden. Das von Karl Klietsch 1890 erfundene Druckverfahren arbeitet mit Kupferwalzen, in welchen die druckenden Elemente vertieft liegen und beim Druckvorgang mit Farbe aufgefüllt werden. Nach flachem Eintauchen des Druckzylinders in einen

Farbbehälter wird die Farbe von dessen glatter Oberfläche durch eine Rakel, ein messerartiges Stahlband, entfernt und bleibt nur in den Vertiefungen erhalten, aus denen sie beim Druck übertragen wird. Um das Herausholen von Farbe aus größeren Druckflächen zu verhindern, wird die Druckform mit einem feinen, für die Augen kaum sichtbares Rasternetz versehen. Der Tiefdruckraster ist durch gleich große Elemente unterschiedlicher Farbdichte gekennzeichnet.

Im Kunstverlag Theo. Stroefer, Nürnberg, ist eine zweite fortlaufend numerierte Serie mit „R.M." (Russische Meister) bezeichnet worden. In Zusammenarbeit mit dem um 1900 in der russischen Hauptstadt gegründeten Verlag Richard, Sankt Petersburg sind dort und bei Stroefer in Nürnberg die Postkarten dieser Künstlerserie mit identischer Bildseite im Rastertiefdruck erschienen. Ursprünglich nicht als Verlagsaufträge entstanden, wurden Gemälde aus dem Russischen Museum Alexander III. und der Tretjakow-Galerie reproduziert, Stadtansichten und Landschaften Rußlands, Feiertagsbilder und ähnliches. Die Korrespondenzseite der Edition Richard trägt russischen und französischen Verlagstext, auf Stroefers Ausgabe analog in Deutsch, Französisch und Englisch.[14]

Dem südosteuropäischen Kulturraum nahe, sind verhältnismäßig viele Karten aus der Serie „Russische Meister" in Ungarn gelaufen. Der Maler und Graphiker *Fedor Vasiljevitsch Sytschkov* (F. Sitschkoff 1870-1958) bevorzugte für seine Motive russische Dörfer und Szenen russischen Lebens.[15] Zu ihnen gehört: *Zur Sommerzeit – En été – Summertime*; das Motiv zeigt junge Mädchen auf einer Wiese. (Abb. 4)

In der Zeit des Japonismus begnügte sich Theo. Stroefer nicht mit den Nachahmungen des fernöstlichen Stils, sondern ließ nach japanischen Originalholzschnitten drucken. Der Japaner Ando Hiroshige (1797-1858) aus Edo/Tokyo war schon in früher Jugend durch sein Zeichentalent und seine starke Beobachtungsgabe aufgefallen. Die Wanderung über die berühmteste und belebteste Heerstraße Japans, über den an Naturschönheiten reichen Tokaido, öffnete ihm die Augen für die Schönheit der heimischen Landschaft. Zahlreiche Holzschnittfolgen gaben den künstlerischen Ertrag seiner Reisen wieder. Seit 1856 erschien sein letztes größeres, nicht mehr ganz vollendetes Werk „Die 100 Ansichten von Edo". Diese als Rastertiefdruck verlegte Postkarte ist 1905 in Ungarn beschrieben worden.[16] (Abb. 5)

Im Stroefer-Katalog von 1911/12 ist der als Postkartenillustrator ausgewiesene Wiener Maler *Raphael Kirchner* (1875-1917) mit mehreren vertreten, darunter mit Weihnachts- und Neujahrspostkarten, jedoch nicht mit Oster- oder Pfingstkarten. An Sujets werden vor allem Frauengestalten und Genre genannt (Verlagskatalog S. 20f.). Aus der großen Vielfalt seiner in und nach Ungarn gelaufenen Postkarten mit eleganten Reitern und Reiterinnen, idealen Schönheiten, verführerischen Damen und spielenden Katzenkindern soll eine titellose Karte von Stroefer mit dem Brustbild einer Kameliendame hervorgehoben werden. (Abb. 6) Obwohl der Graphiker Kirchner als einer der gesuchtesten Bildpostkartenkillustratoren galt, ist er fast nur Sammlern bekannt geworden. Sein Vater, ein geschickter Kalligraph, hätte ihn gerne als Musiker gesehen, ein Traum, der sich durch die zarte Konstitution des Knaben nicht verwirklichen ließ. In späteren Jahren hat Raphael Kirchner oft Musikinstrumente gezeichnet, vielleicht in Erinnerung an sein abgebrochenes Musikstudium. Von 1890 bis 1894 studierte er an der Wiener Akademie Malerei, von 1894 bis 1897 an der Abteilung für Historienmalerei. Schon mit 22 Jahren erregte er durch seinen bereits feststehenden Stil mit einem Plakat in den Straßen Wiens Aufsehen. Gute Kritiken ebneten ihm den Weg zu weiteren Aufträgen bei renommierten Verlagen. In dieser Zeit arbeiteten berühmte Künstler in Wien und europaweit für Postkartenverlage, wie auch Koloman Moser und Joseph Hoffmann. Raphael Kirchner wandte sich ebenfalls mit großem Erfolg diesen neuen Aktivitäten zu. Neben seiner Tätigkeit als Porträtist wurde er ein überaus produktiver Postkartenillustrator. Deutsche und österreichische Verleger wie Back & Schmitt, Stroefer, Munk, Sockl, Arenz und Storch verhalfen ihm neben wirtschaftlicher Sicherheit zu großem Ansehen. Raphael Kirchners Thema ist die Frau und ihr Seelenleben. Das von ihm geschaffene süße, sorglose „Kirchner-girl“ von sublimierter Erotik, - man sprach auch von dem Maler der Pariser Halbwelt - begleitete ihn während seiner Pariser Jahre ebenso wie in der ihm in den USA noch zugemessenen kurzen Lebensspanne bis 1917.[17] Seit dem Ende des 19. Jahrhunderts wird Kirchner Zeuge einer ihn ansprechenden Entwicklung: Seine Arbeiten konnten durch die sich rasch verbreitende Farblithographie so perfekt reproduziert werden, daß man sie mit Freude betrachtet – im Ungarn von 1900 bis heute, so wie überall, wo man Raphael Kirchner zu schätzen weiß.

Stroefer hatte mit seinen Bild- und Künstlerpostkarten einen Standard erreicht, der ihn besondere Beachtung finden ließ. Durch seine weltweiten Verbindungen waren seine Produkte überall gesucht und intensiv benützt, wie es hier nur an diesen wenigen Beispielen der umfangreichen Ungarnkorrespondenzen sichtbar wird.

Anmerkungen

1. Notarieller Vertrag Bruckmann / Stroefer v. 18. 7. 1868, Kopie Archiv Klose.
2. vgl. The American Catalogue under the direction of F. Leypoldt. Author and Title entries of books in print and for sale (including reprints and importations), July 1.1876, compiled by Lynds E. Jones New York, Peter Smith, 1941, Seiten 115, 288, 295, 371, 396, 650.
3. Informationen Archiv Klose.
4. Rundschreiben v. 1. 2. 1871, Kopie Archiv Klose.
5. Rundschreiben v. 1. October 1876, Kopie Archiv Klose.
6. Rundschreiben v. New York, 2. April 1877, und München 20. April 1877. Kopien Archiv Klose.
7. Rundschreiben 1.Oktober 1876, Kopie Archiv Klose.

8. Theo Stroefer, Nürnberg, Hirschelgasse 26, Papieradressbuch von Deutschland, 8. Ausgabe, Berlin 1927.
9. Nürnberg, Stadtchronik von 1927. F 3 Nr. 41a. S. 374.
10. Thieme/Becker, Bd. XXV, S. 388.– Busse 57727.
11. Bruckmann, Bd. 5, S. 243. – Allgemeines Lexikon der Bildenden Künstler des XX. Jhs. unter Mitwirkung von Fachgelehrten des In- und Auslandes. Bearbeitet, redigiert und herausgegeben von Hans Vollmer, 1955. VEB. E. A. Seemann Vlg. Leipzig., Bd. II, S. 359.
12. Dresslers Kunsthandbuch, herausgegeben v. Willy Oskar Dressler, Maler, Architekt. 8. Jg. Verlag Ernst Wasmuth AG. Berlin, 1921, S. 273 und Gemeindearchiv Pullach. Tel. Auskunft v. 06. 10. 2003.
13. Bruckmann, Bd. 3, S. 125 ff.
14. Bartmann, Richard: Lexikon der Ansichtskarte, Rußland. Manuskript Erlangen, 1986, S. 84.
15. M. Tschapkin, Geschichte der Ansichtskarte – 100 Jahre. Ansichtskarten in Rußland, Moskau, 1993 (russischer Text).
16. Thieme/Becker, Bd. XVII, S. 129/130.
17. Antonio and Pia Dell'Aquila: Raphael Kirchner and his Postcards. Mario Adda Edit. Bari Italy 1996, S. 9 ff.

Abbildungen

Abb. 2: Schneeballschlacht. Antal Neogrády p., Stroefer-Serie 208/4. – Nicht gelaufen, vor 1905.

Abb. 1: Rückseite, Stroefer-Serie 303 (humoristische Affenszenen). – München, Budapest 1903.

Abb. 3:
Ein Gruß (Affe mit Veilchen). Gabriel Max p., Stroefer-Serie M.K. No. 20. Rs. umrandet, (RAST 1916)? – Budapest 1917.

Abb. 4:
Zur Sommerzeit. F. Sitschkoff p., Stroefer-Serie R.M. No. 51. – Ungarn, nach 1905.

Abb. 5: Tokaido. A. Hiroshige, Stroefer-Serie 400 (6 Dess.) No. 2. – Ungarn, 1905.

Abb. 6: Greek Girl. Raphael Kirchner p., Stroefer-Serie 71, No. 9. – Baden b. Wien, Rumänien 1901.

Katharina Siefert

Papiertheater – Die Bühne im Salon

Bestandskatalog der Papiertheatersammlung Seitler im Germanischen Nationalmuseum Nürnberg, Nürnberg 2003 (CD-ROM, ISBN Nr. 3-926982-93-4)

Mit dem Ankauf der umfangreichen Sammlung des österreichischen Ehepaares Anna Feja und Heino Seitler im Jahre 1997 erhielt die Spielzeugsammlung des Germanischen Nationalmuseums einen neuen Akzent. Seit Mai 2002 ist ein Teil dieses Bestandes in der neu eröffneten Spielzeugabteilung des GNM in einem eigenen Raum präsentiert.

Das Papiertheater ist in besonderer Weise geeignet, die Spielwelten von Erwachsenen und Jugendlichen des gebildeten Bürgertums im 19. Jahrhundert zu dokumentieren, und es bietet zugleich einen Eindruck von der Theaterbegeisterung der Zeit.

Die Sammlung Seitler besteht aus rund 10 000 Einzelstücken, hinter denen sich 37 spielbereite Bühnen, etwa 1500 unbeschnittene lithographische Bogen der bekanntesten europäischen Bilderbogenverlage, eine ebenso große Zahl an ausgeschnittenen und kaschierten Dekorationsbogen sowie eine Vielzahl von Figurensätzen und Textheften verbergen, die im 19. Jahrhundert von zahlreichen Verlagen in großen Stückzahlen produziert und vertrieben wurde.

Die von mir vorgenommene wissenschaftliche Bearbeitung und Auswertung dieser Bestände – unter der Projektleitung von Frau Dr. Heidi Müller vom GNM – ist einer Stiftung der 1997 in Baden-Baden verstorbenen Ilse Arnold zu danken. In ihrem Testament bedachte sie das Germanische Nationalmuseum mit beträchtlichen finanziellen Mitteln für die Bearbeitung von Sammlungsbeständen in Form wissenschaftlicher Bestandskataloge zu den Themen Bühne, Theater und Oper.

Dem Wunsch der Stifterin entsprechend wurden die Ergebnisse der drei Projekte der Öffentlichkeit bereits Ende 2002 mit einer Ausstellung unter dem Titel „Theaterdonner. Kostümentwürfe, Klarinetten und Kindertheater aus den Sammlungen des Germanischen Nationalmuseums“ und den entsprechenden Katalogen präsentiert (Katharina Siefert: Papiertheater – Die Bühne im Salon. Einblicke in den Sammlungsbestand des Germanischen Nationalmuseums, Nürnberg, Nürnberg 2002).

Alle Objekte wurden fotografiert und sind auf der CD in insgesamt 2535 Datensätzen aufzurufen. Die Datenbankprogrammierung und die Gestaltung der attraktiven Benutzeroberfläche mit verschiedenen Zugangsmöglichkeiten erfolgte durch die in Nürnberg und Bonn ansässige Firma CD-LAB. Grundlage hierfür waren die zuvor von der Bearbeiterin festgelegten Felder zur Erfassung des Bestandes mit den entsprechenden Recherchemöglichkeiten.

Als Einführung in die Papiertheatersammlung bieten sogenannte *Appetithäppchen* einen spielerischen Zugang in den Bestand. So kann beispielsweise die Figur des „Mephisto“ angeklickt werden, um als Ergebnis verschiedene Objekte wie Figurenbogen oder Textheften zu dem Stück „Dr. Faust“ darzustellen. Bei der Beschreibung der Texthefte wurden die von den Verlagen vorgeschlagenen Dekorationsbogen aufgelistet, so daß der Benutzer anschließend auch über den Index *Bogentitel* nach diesen Blättern suchen kann. Weitere Objekte finden sich zur „Zauberflöte“ zum „Rattenfänger von Hameln“ oder zum „Freischütz“, um nur einige Beispiele zu nennen.

Über einen Button mit einer Scholzbühne lassen sich alle spielbereiten, d.h. dreidimensional aufgebauten Bühnen aufrufen. Einen weiteren Einstieg bietet eine *Europakarte* mit Städtepunkten, die die Standorte der wichtigsten von nahezu 30 in der Sammlung vertretenen Verlagen angeben. Per Mausklick auf eine *Stadt* wird der Benutzer auf die dort ansässigen Verlage verwiesen, die wiederum aufgerufen werden können und als Ergebnisse die Objekte des entsprechenden Verlages mit Abbildung und einer Kurzinformation anzeigen. Durch einen weiteren Mausklick erscheint eine große Abbildung mit ausführlichen Objektinformationen.

Vor allem die *Expertensuche* ermöglicht eine gezielte Recherche nach Dekorations- und Figurenbogen sowie Textheften, spielbereiten Bühnen und weiterem Zubehör. Aufgenommen sind neben Verlagen, Stücken und Motiven auch die exakten, auf dem Bogen befindlichen Verlagsbezeichnungen, Bogentitel und Bogennummern. Mit Hilfe von *Indexlisten*, die solche Bezeichnungen alphabetisch bzw. numerisch sortiert beinhalten, wird die Suche nach einem speziellen Begriff erleichtert.

Die Verlagsbezeichnungen, die über die Jahre bei den einzelnen Herstellern variieren, können künftig dazu dienen, bei der häufig immer noch ausstehenden Erforschung der Firmengeschichte Hinweise zur Firmenchronologie bzw. zur Datierung der einzelnen Verlagsprodukte geben.

Weitere Indices geben u.a. Auskunft über die Autoren eines Stückes oder über den Entwerfer eines Bogens, so daß schließlich eine Vielzahl von Suchmöglichkeiten den Zugang zum Papiertheaterbestand bietet. Speziell für diese CD-ROM erstellte ich eine Verschlagwortung oder Klassifikation der Bühnendekorationen, die Papiertheaterforschen und interessierten Laien die Suche nach Motiven ermöglicht, deren genauer Titel nicht bekannt ist, z.B. wenn ein Bogen beschnitten wurde. Ausgewählt wurden drei Oberbegriffe, die wiederum in verschiedene Ebenen unterteilt sind, um ein Objekt zu bestimmen: *Figuren*, *Versetzstücke* und *Dekorationen* (mit zahlreichen Unterbegriffen zu *Landschaft, Architektur* und *Innenräume,* um Hintergründe und Kulissen zu klassifizieren).

Neben den eingangs genannten Beteiligten erhielt ich von vielen Mitgliedern des Forums Papiertheater zahlreiche weiterführende Hinweise zur Bearbeitung des Papiertheaterbestandes. Als herzliches Dankeschön überreiche ich deshalb stellvertretend dem Ersten Vorsitzenden des Forums Papiertheater, Herrn Christian Reuter, die erste CD aus der Produktion von 500 Stück. Die CD-ROM kann beim Verlag des Germanischen Nationalmuseums, im Internet über www.gnm.de / Verlag / Verlagsprogramm zu erreichen, erworben werden.

Dieter Lorenz

Gratispostkarten – ein Werbemedium wird Kulturgeschichte

Die weiterhin stetig ansteigende Flut der Bilder wirft vielfältige Fragen zu deren Dokumentation auf. Wie kann man heutiges Bildgut quantitativ und qualitativ fixieren, von dem zu erwarten ist, daß es früher oder später einmal kulturhistorisches Forschungsmaterial sein wird – Bildgut, das die heutige Lebenswelt spiegelt und prägt, das aber wegen seiner massenhaften und schnellebigen Verwendung nach kurzer Zeit vernichtet wird (z.B. schnell wechselnde Plakate, Fernsehspots, *websites* im Internet usw.)?

Zu diesem schnellebigen aktuellen Bildgut sind auch Gratispostkarten zu zählen. Kostenlos verteilte Postkarten gibt es seit Ende des 19. Jahrhunderts. Sie sind, wie viele Papier-Ephemera, Wegwerfartikel (heute sagt man *trash*). Sie haben in den vergangenen etwa zehn Jahren unter Bezeichnungen wie Gratiskarten, Freecards, Edgar-Karten usw. eine Renaissance erlebt. Da sie einerseits aus leicht handhabbarem Karton bestehen und zu einem traditionellen Sammelgebiet gehören, andererseits aber auch bezüglich Darstellungsformen, Ausdrucksmöglichkeiten, Botschaften und Motiven die oben genannten leicht vergänglichen Medien oft wiederholen, eignen sie sich relativ gut zur Dokumentation des so genannten Zeitgeistes, d.h. kulturhistorischer Phänomene, der Jahre um das Millennium 2000. Eine rechtzeitige Beschäftigung mit den bereits Historie gewordenen Anfängen und dem täglichen „Geschichte werden" dieses Teils der Alltagskultur scheint also dringend erforderlich.

Einen ersten Aufschwung erlebten Gratispostkarten in Deutschland, nachdem die Bundespost solche Karten verteilte. Kommerzielle Anbieter etablierten sich. Die Idee dieser Gratis-Werbepostkarten kam, zumindest in Europa, offenbar aus Dänemark. Dabei war es zunächst – und später immer wiederholt – die Absicht, mit künstlerisch frei gestalteten Karten die Benutzer zum Schreiben und auch zum Sammeln anzuregen, um sie in der Folge mit Werbebotschaften zu erreichen. Die Karten werden kostenlos mittels so genannter Displays in Kneipen, Cafés, Kultureinrichtungen usw. verteilt. Angesprochen wird mit ihnen vorzugsweise ein jüngeres, groß- und universitätsstädtisches so genanntes Szenepublikum.[1]

Marktführer wurden in Deutschland die Edgar Medien AG, die Dinamix GmbH mit ihren CityCards (beide gegründet 1992) und international die Boomerang-Karten. Andere Anbieter, um nur einige europäische zu nennen, sind Bad Dog Postcards (Litauen), Cart'Com, Carte à Pub (Frankreich), Chili Card (Dänemark, Schweden), Citrus Promotion (Italien, Schweden), MiniMoi (Finnland), Newbie Card (Dänemark), Pakkerds (Niederlande), Postalfree (Spanien, Portugal), Premiumcards (Niederlande), Promocard (Italien) oder Publipostal (Spanien). Es gibt viele kleinere Anbieter sowie zahlreiche Karten, die von den Werbung treibenden selbst herausgegeben werden. Einige Anbieter numerieren ihre Karten, was zum Sammeln anregt (z.B. Edgar, Freecart/Österreich, Go-Card/Dänemark). Viele Karten können sowohl als Papier als auch via Internet benutzt werden; es gibt auch ausschließlich digitale Karten.

Bildpostkarten weisen auch verarbeitungstechnisch durchaus alle Kriterien auf, die zu behandeln und zu erforschen der Arbeitskreis *Bild Druck Papier* sich zur Aufgabe gemacht hat (z.B. Falzungen, Stanzungen, Düfte, Prägungen, aufgeklebte Produktproben, Adventskalender, dreidimensionale Linienrasterbilder, Schiebe-, Drehbilder usw.). Die Entwerfer der Karten sind in den Werbeabteilungen bzw. Werbeagenturen der bestellenden Firmen zu suchen. Sie bedienen sich meist der Photographie, oft in Verbindung mit Text. Oft gibt es rein graphische, gelegentlich auch malerische oder rein typographische Motive. Auf vielen werbefreien Karten, auf denen jungen Künstlern Gelegenheit gegeben wird, sich auszudrücken und bekannt zu machen, sind die Autoren (Photographen, Graphiker usw.) verzeichnet.

Die Sammlung Christiane Lorenz umfaßt zur Zeit dieser Niederschrift einige tausend verschiedene Karten aus Belgien, Dänemark, Deutschland, England, Estland, Finnland, Frankreich, Irland, Island, Italien, Litauen, Niederlande, Österreich, Polen, Portugal, Schweiz, Spanien, Tschechien, Ungarn sowie einigen außereuropäischen Ländern wie die USA oder Japan. Sowohl die Anzahl der verschiedenen Karten als auch die Zahl der Länder, in denen sie verteilt werden, ist unübersehbar; allein die Hamburger Firma Edgar Cards hat bis Mitte 2004 rund 7000 verschiedene Karten herausgegeben.

Für die Sammlung wurden die Karten möglichst exakt auf der Schriftseite datiert. Es wurde eine systematische Ordnung eingeführt mit vier Hauptunterteilungen „Freizeit“, „Dienstleistungen“, „Politik und öffentliches Leben“ sowie „Marken“. Diese Hauptunterteilungen sind mehrfach untergliedert, „Marken“ beispielsweise in „Nahrungs- und Genußmittel“, „Getränke“, „Autos“ (alles ums Kraftfahrzeug), „Bekleidung und Körperpflege“, „Tabak“ und „Sonstige Marken“ (z.B. Kameras, Uhren, Fahrräder).

Anmerkungen

1. Die Edgar Medien AG gab im Jahr 2001 für ihre „klar abgegrenzte Zielgruppe junge Erwachsene“ an: Mit 56 % standen die Gratiskarten auf Platz 2 der beliebtesten Werbemedien, 54 % verschickten die Karten, 49 % verschenkten sie, 45 % gaben an, „darüber zu sprechen“ und 29% sagten, daß sie sie sammeln.

Literatur

Berg, Jürgen: Katalog Edgar auf der Karte. Wiesbaden, 1996.
www.edgar-medien.de; www.dinamix.de; www.freecardworld.com

Elisabetta Gulli Grigioni

Natale di carta*

Un'idea di museo per immaginette devozionali

Non so se esista in Italia un museo dedicato al Natale, un contenitore cioè deputato a custodire stabilmente quelle che, con termine caro a Luigi Santucci, è bello chiamare, non certo in senso riduttivo, *natalerie*. Certo tale istituzione dovrebbe ospitare oltre agli oggetti simbolici tipici del periodo (ornamenti polimaterici per decorare ambienti – domestici o pubblici – e alberi di Natale, statuine e vari elementi presepiali, prima di tutto) la sterminata cartoleria tardo-settecentesca e ottocentesca (letterine di Natale, biglietti augurali, presepi di carta, immaginette devozionali a stampa e manufatte) bisognosa, per poter raggiungere l'occhio e il cuore, e attraverso questi il cervello, dei visitatori, di una minuta e complessa tecnica espositiva e museologica.

Difficoltà di esposotione

Un museo ideale del Natale dovrebbe inoltre avere impostazione europea (con ampie sezioni extraeuropee) e documentare i molteplici reciproci legami riscontrabili nelle produzioni antiche delle varie nazioni: migrazione dei temi iconografici, sincretismi con altre contigue festività come Anno Nuovo o Epifania, contenuti di differenti confessioni religiose, tecniche di produzione a stampa e manufatte, testi letterari complementari in diverse lingue, distribuzione commerciale di esportazione. La notevole presenza di immaginette e di stampe con didascalia bilingue o plurilingue evidenzia già a livello elementare la vocazione europea di questa stampa. Gli studi sul *colportage* (commercio ambulante) inoltre, approfonditi negli ultimi decenni in Italia specialmente per quanto riguarda i *tesini*, „distributori" nel Settecento e nell'Ottocento degli editori Remondini di Bassano del Grappa, ma anche per meno noti operatori, rendono pienamente conto degli aspetti religiosi, culturali ed economici della divulgazione in Europa delle stampe: sacre e profane, di piccolo e di grande formato. Sono poi insostituibili strumenti per le datazioni e le classificazioni i cataloghi commerciali, autonomi o in appendice alle riviste e agli almanacchi religiosi. Né potrà mancare il sussidio di una buona biblioteca a impostazione europea, a partire da alcuni testi della studiosa tedesca Christa Pieske che proprio qualche anno fa sottolineava, nelle pagine del bollettino francese „Le Vieux Papier" l'importanza europea del collezionismo delle produzioni in carta.

Per le immaginette devozionali, in particolare, le difficoltà pratiche dell' esposizione sono notevoli, a causa, ricorderò ancora una volta, della fragilità e delle raffinate elaborazioni della carta. Complessa è, in primo luogo, la stabile collocazione privata organizzata, dal collezionista, finalizzata alla catalogazione degli esemplari sempre in crescita. Ogni collezionista mette in atto le soluzioni più opportune per la conservazione dei propri materiali che, non di rado, si troverà a esporre anche pubblicamente: in questi casi le personali soluzioni, (qualora il collezionista non sia l'unico allestitore) entreranno in contatto, e talvolta anche in conflitto, ed ecco il secondo luogo delle difficoltà, con quelle proposte da altri operatori.

In terzo luogo le complicazioni espositive si pongono, amplificate, agli organizzatori di mostre collettive a tema, nella gestione di materiali generosamente prestati dai collezionisti e spesso preziosi per rarità o esecuzione. In queste ultime occasioni una fondamentale difficoltà espositiva risiede nella scelta (condizionata anche dal luogo di allestimento spesso suggestivo ma per molte ragioni problematico: chiese, conventi, chiostri, scuole) tra una presentazione in quadri verticali – spettacolare e più comunicativa ma insidiosa per la collocazione dei singoli esemplari – e una presentazione in bacheche orizzontali, molto più tranquilla e rapida quanto a disposizione dei pezzi, a scapito, però, della visione di insieme. Nelle grandi mostre a sistemazione verticale la visione d'insieme produce infatti un impatto notevole: le piccole preziose cornici in carta traforata, le decorazioni, i colori vivaci delle cromolitografie o delle tempere, trasformano le immaginette in splendide tessere musive accostate le une alle altre a comporre un grande mosaico.

Ma le difficoltà maggiori nell'organizzare percorsi collezionistici o espositivi sono di carattere metodologico e provengono dalla necessità di cogliere, e di saper visualizzare ad altri, i molteplici rapporti che legano immaginette di provenienze e di epoche diverse ai quali si è più Sopra accennato, con una capacità che può risultare solo dall'approfondita conoscenza, precedentemente acquisita, di ogni singolo esemplare.

I simboli dell'augurio

In considerazione di ciò e in omaggio all'auspicabile già accennata prospettiva museale europea (un tempo espressa dal girovago *colporteur*, oggi rispecchiata dal carattere internazionale ed europolita dei mercatini antiquari e collezionistici) vorrei proporre per brevi considerazioni alcune immaginette augurali, legate alla presenza della tenerissima figura del Bambino Gesù, di produzione cecoslovacca, italiana e francese. Ricordo (e a essi rimando per una più ampia informazione) i precedenti numeri natalizi di CHARTA con contributi di chi scrive dedicati alle immaginette devozionali.

La prima immaginetta con augurio per l'anno nuovo, un tempo prevalente sul Natale ma già dal XV secolo legato all'immagine del Bambino Gesù, appartenente alla produzione praghese, reca la dicitura *Zu haben bei Gregor Balzer in Prag* (Baizer è indicato da Adolf Spamer come incisore ed editore; secondo il repertorio di Eva Charvátová autrice di un libro sui santini di Boemia e di Moravia stampato nella Repubblica di San Marino nel 1994, nato nel 1751 e morto nel 1824) e può essere stata prodotta tra la fine dei Settecento e i primi decenni dell'Ottocento. Spamer ne pubblica una con identica iconografia e identiche scritte, con il titolo *Neujahrsbild mit Memento mori (Immagine per il nuovo anno con Memento mori)*, alla tavola CLXXXIX di *Das kleine Andachtsbild vom XIV bis zum XX Jahrhundert* (München 1930), prodotta da Joseph Carmine in Augsburg, precisando che tale immagine, conosciuta anche in realizzazione a doppio foglio, nel tardo XVIII e all'inizio del XIX secolo fu molte volte incisa da diversi editori.

La prima delle scritte in carattere gotico, che sottostanno alle vignette disposte su tre registri, può essere tradotta *In ogni età tutti i ceti alla fine moriranno*; la seconda, *Questa utile meditazione mi spinge al disprezzo del mondo*; la terza, *E che io pensi a te attraverso i doni del'anno nuovo*. Le prime due scansioni iconografiche sono accomunate dunque dall'invito a una meditazione sulla morte parificatrice delle diseguaglianze sociali (i ceti vi sono minutamente personificati, dal re a quella che pare una lavandaia, in marcia inesorabile verso una bara sormontata da teschio) e al disprezzo, a imitazione dell'eremita, verso il mondo raffigurato come elemento circolare con paesaggio scrupolosamente descritto. La parte augurale è la terza, affidata all'immagine di Gesù Bambino crucigero, appoggiato sulla barretta della lettera H coperta da una nuvola che, con i tre chiodi della crocifissione, costituisce la parte centrale del grande trigramma cristologico IHS, iconografia molto diffusa, indice della matrice gesuitica della composizione. In essa appaiono inoltre le raffigurazioni dei sole nascente (il nuovo anno) e di due piante simboliche, una non facilmente identificabile, l'altra la palma di tradizione presepiale. La presenza dei simboli funebri abbinati all'augurio, che può suscitare oggi perplessità, rivela l'influenza di una spiritualità fortemente penitenziale, ma non bisogna dimenticare, per gli opportuni confronti, l'uso soprattutto seicentesco di piccoli gioielli a forma di bara o il valore scaramantico/propiziatorio del teschio, presente in poliamuleti ancora nel Novecento, o di altri elementi legati alla morte frequenti nel quotidiano dei secoli passati. Nella lettura di questa immaginetta, è necessario quindi tenere presente una familiarità con l'iconografia funeraria che certo consentiva una lettura partecipata molto diversa dall'attuale.

Collages polimaterici

La seconda immaginetta, anonima ma ugualmente attribuibile a produzione praghese e a un periodo collocabile tra fine Settecento e inizi Ottocento, presenta l'aggiunta di un secondo foglio sul quale è stampato il testo, di contenuto analogo a quello della precedente immaginetta con consigli che sembrano un programma per l'anno nuovo: fuggire il peccato, non rimandare il bene, meditare sulla croce, pensare al futuro e ricordare ogni momento che si deve morire.

L'immagine appare tuttavia molto bella e rasserenante, forse anche augurale per una coppia di giovani sposi, grazie al bambino che, appoggiato sul rustico cassettone dipinto a colori vivaci e trasformato in altarino con candele e vasi di fiori, sembra riconoscibile come Gesù Bambino per il sovrastante (invertito) trigramma cristologico. Si pensa subito, come referente, al diffuso modello oggettuale di Bambini Gesù sdraiati, dormienti o svegli, con la testina o con l'intero corpo in cera, vestiti preziosamente e protetti sotto campana di vetro, per tradizione effettivamente collocati sul cassettone che ammobiliava la camera da letto.

Si richiama a questo modello di Bambino Gesù, un gruppo di immaginette, appartenenti alla preziosa collezione di Filippo Briccoli di Ravenna che, con soggetto e morfologia analoghi, ne ha raccolto più di duecento esemplari e che si ringrazia per averne qui permesso alcune riproduzioni. Tale produzione manufatta, italiana, è caratterizzata da un'immagine del Bambino Gesù realizzata a collage polimaterico: testina o busto del Bambino ritagliati da incisioni (in genere le più antiche, della prima metà dell'Ottocento), da cromolitografie (seconda metà dell'Ottocento) oppure disegnati e dipinti a mano, e portinfante (spesso simulante piuttosto fasce ad andamento obliquo o orizzontale). Il collage è poi applicato su un supporto in carta, generalmente sottile, variamente sagomato, traforato mediante operazioni di intaglio/ritaglio eseguite in doppio e fittamente punzecchiato ad ago secondo motivi simbolici e ornamentali (si notino, in questo caso i grandi grappoli d'uva, la corona di spine, gli strumenti della Passione disegnati a inchiostro). Rimando, per una più ampia valutazione della tipologia, a quanto da me scritto nell'articolo *Nel mio cuore, o Bambin state fasciato* (CHARTA 55, pp. 22-25) limitandomi qui a sottolinearne, oltre alla ricchezza ornamentale, la rispondenza, quasi si trattasse di una forma mediana tra tridimensionalità dell'oggetto e piattezza della grafica, al modello di Bambino presentato dal santino praghese.

L'immaginetta ripiegata, infine, fornita ancora della bustina originale di carta lucida verde, risulta, dalla scritta posta sulla parte posteriore, edita a Parigi presso la casa Basset stabilita in Rue de Seine 33. A quell'indirizzo operava un Jules Basset nel periodo 1850-1860 e a tale epoca dovrebbe risalire quindi l'esemplare. La raffinata decorazione in pizzo di carta dorato e traforato a punzone applicata alla bustina, come mostra il titolo a caratteri dorati *Visite de l'Enfant Jésus* collocato al centro, risponde pienamente al messaggio e alla figura contenuti nel foglietto ripiegato e a sua volta decorato lungo il bordo da un elegante pizzo di carta traforata a punzone.

Se la tecnica di produzione mostra la perfezione raggiunta dalla stampa cromolitografica e dal traforo meccanico imitante gli antichi motivi del tulle e delle elaborate reticelle, l'immagine, che rappresenta il Bambino Gesù accanto al letto di un piccolo addormentato, con il cestino pieno di doni spirituali tra i quali spiccano biglietti con le scritte *Imitation, Sagesse, Travail*, immette l'immagi-netta nel vasto territorio delle ideologie del donare, che rappresenta il terreno ideale sul quale dovrebbe sorgere l'ipotetico museo del Natale nutrito, magari, proprio dalle donazioni dei collezionisti.

* Wiedergabe aus CHARTA Anno 12, no. 67 novembre/dicembre 2003, p. 48-51.

Weihnachtskarten

Überlegungen zu einem Museum des Kleinen Andachtsbildchens

Ich weiß nicht, ob es in Italien ein Museum gibt, das sich ausschließlich dem Weihnachtsfest widmet: Ein Sammelort, dessen Aufgabe es ist, das zu bewahren, was nach Luigi Santucci so schön und keinesfalls reduzierend *Natalerie* genannt wird. Eine solche Institution sollte freilich neben den charakteristischen jahreszeitlichen Objekten (allem voran Weihnachtsschmuck aus verschiedenen Materialen für den öffentlichen wie privaten Gebrauch sowie Christbäume, Krippenfiguren und Krippenzubehör) auch die Papierkunst des späten 18. und des 19. Jahrhunderts (Weihnachtswunschbriefe, Glückwunschkarten, Papierkrippen sowie gedruckte und handgefertigte Andachtsbildchen) beherbergen, die allerdings eines sorgfältigen und vielschichtigen Ausstellungs- und Sammelkonzeptes bedarf, um über die Augen und Herzen auch die Köpfe der Besucher zu erreichen.

Schwierigkeiten einer Ausstellung

Ein ideales Weihnachtsmuseum müßte außerdem europäisch ausgerichtet sein (auch mit großen außereuropäischen Abteilungen) und die vielen reziproken Verbindungen dokumentieren, die bei einer historischen Betrachtung der Produktionen in den einzelnen Ländern wiederzufinden sind: das Wandern der Bildmotive, der Synkretismus mit anderen wiederkehrenden Festen wie Neujahr oder Epiphanias, die Verbindung verschiedener Konfessionen, Druckverfahren oder Handwerkstechniken, einschlägige literarische Texte in unterschiedlichen Sprachen oder die Handelswege. Allein die bemerkenswerte Fülle an zwei- oder mehrsprachigen Andachtsbildchen und Bilderbogen beweist bereits die europäische Bestimmung dieser populären Graphik. Auch die Forschungen zur Kolportage, die in den vergangenen Jahrzehnten in Italien vor allem für die *Tesini*, den „Distributoren" des Verlags Remondini aus Bassano del Grappa, aber auch unbekannterer Hersteller, durchgeführt wurden, betonen die religiösen, kulturellen und wirtschaftlichen Aspekte bei der Verbreitung von Druckgraphik in Europa, – seien es sakrale oder profane, klein- oder großformatige Drucke. Unverzichtbar für Datierungen und Klassifizierungen sind ferner Handelskataloge bzw. Katalogbeilagen christlicher Zeitschriften und Almanache. Auch eine gute Bibliothek mit europäischer Ausrichtung dürfte nicht fehlen. Allem voran müßte man hier auf die Texte der deutschen Wissenschaftlerin Christa Pieske zurückgreifen können, die bereits vor einigen Jahren in der französischen Fachzeitschrift „Le Vieux Papier" die Bedeutung einer europäischen Betrachtung von Papiersammlungen herausgestellt hat.

Andachtsbildchen sind in einer Ausstellung besonders schwierig zu präsentieren – ich erinnere nur an die Fragilität und die feinen Verzierungen des Papiers. Schwierig ist es erstens, eine dauerhafte private Unterbringung zu finden, die von einem Sammler organisiert werden muß, damit die ständig wachsende Sammlung katalogisiert werden kann. Jeder Sammler entscheidet sich für diejenige Lagerungslösung, die sich seiner Meinung nach für die Konservierung seiner Materialien am besten eignet; nicht selten werden sie dann auch so öffentlich ausgestellt. Das bedeutet, daß individuelle Lösungen aufeinandertreffen (es sei denn, der Sammler ist der einzige Aussteller) und sich zuweilen mit denen anderer Aussteller widersprechen könnten, was eine zweite Schwierigkeit darstellt. Eine dritte Schwierigkeit betrifft die Organisatoren themengebundener Sammelausstellungen, nämlich in der Gestaltung und Präsentation der Objekte, die großzügigerweise vom Sammler ausgeliehen wurden, und die oft aufgrund ihrer Machart oder ihrer Seltenheit recht wertvoll sind. Besonders schwierig (vor allem bei stimmungsvollen, aber aus vielen Gründen problematischen Ausstellungsorten wie Kirchen, Klöster, Kreuzgängen, Schulen) ist hier die Wahl zwischen einer Präsentation in Bilderrahmen – ansprechender und kommunikativer, aber unbrauchbar, wenn Einzelobjekte unterzubringen sind – und einer in Tischvitrinen, viel einfacher und schneller beim Ausstellungsaufbau, dann aber unter Einbüßung eines einheitlichen Gesamtbildes. Doch gerade dieses Gesamtbild hinterläßt bei großen Ausstellungen, die mit Hängerahmen gestaltet worden sind, einen tiefen Eindruck: Die kleinen, wertvollen Umrandungen aus durchbrochenem Papier, die Verzierungen und die lebendigen Farben der Farblithographien oder Kolorierungen verwandeln die Bildchen in leuchtende Bestandteile eines großen Mosaiks.

Die größten Schwierigkeiten beim Erstellen des Konzeptes für eine solche Ausstellung sind jedoch methodischer Art und ergeben sich aus der Notwendigkeit, die vielen Beziehungen, die die Andachtsbildchen aus verschiedenen Regionen und Epochen miteinander verbinden, zu erkennen und für die Besucher erkennbar zu machen. Hierfür bedarf es profunder, bereits lange zuvor erworbener Kenntnisse zu jedem einzelnen Objekt.

Symbolik der Glückwunschbildchen

Unter Berücksichtigung dieser Schwierigkeiten und in Hinblick auf das bereits erwähnte Desiderat eines europäisch ausgerichteten Museum (früher durch den umherziehenden Kolporteur, heute durch die Internationalität und Europäisierung der Antiquitäten- und Sammlermärkte zum Ausdruck gebracht) möchte ich ein paar kurze Überlegungen zu einigen Andachtsbildchen mit weihnachtlichen Motiven vorstellen. Ihnen gemeinsam ist die Abbildung des Jesuskindes, sie wurden in der Tschechoslowakei, in Italien und in Frankreich hergestellt. An dieser Stelle erinnere ich an frühere Weihnachtsausgaben von CHARTA (und verweise für weitere Informationen auf sie), in denen Beiträge von Experten zu Andachtsbildchen erschienen sind.

Das erste Bildchen beinhaltet einen Glückwunsch für das Neue Jahr, einst verbreiteter als die Weihnachtswünsche und bereits seit dem 15. Jahrhundert verbunden mit dem Bild des Jesuskindes. Die Karte stammt aus Prag, trägt die Aufschrift *Zu haben bey Gregor Balzer in Prag* und wurde zwischen dem Ende des 18. und den ersten Jahrzehnten des 19. Jahrhunderts hergestellt (Balzer wird bei Adolf Spamer als Kupferstecher und Verleger genannt; nach dem Verzeichnis von Eva Charvátová, Autorin eines 1994 in San Marino erschienenen Buches über Böhmische und Mährische Heiligenbildchen, wurde er 1751 geboren und starb 1824). Bei Spamer wurde eine Abbildung mit gleicher Darstellung und Aufschrift veröffentlicht, sie trägt den Titel *Neujahrsbild mit Memento mori* (Tafel CLXXXIX in: *Adolf Spamer: Das kleine Andachtsbild vom XIV. bis zum XX. Jahrhundert.* München 1930) und wurde von Ioseph Carmine in Augsburg hergestellt. Spamer betont aber, daß dieses Bild, das auch als Faltblatt bekannt war, zwischen dem späten 18. und dem frühen 19. Jahrhundert oft und von vielen Verlegern gedruckt wurde.

Die erste Strophe der in Fraktur gedruckten Bildunterschriften lautet: *Jedes Alter alle Stände Neigen sich zu Letzten Ende*, die zweite: *Diese nützliche Betrachtung Treibt mich an zur Welt Verachtung*, die dritte: *Und das ich an dich gedenke Durch ein neues Jahrs Geschenke.* Die ersten beiden Bildabschnitte können entsprechend als Einladung zur Meditation über den Tod als Ausgleichsinstanz sozialer Ungleichheiten verstanden werden (die Personifizierungen der Stände werden minutiös dargestellt, vom König bis zu einer – vermutlich – Wäscherin, die alle unausweichlich in Richtung eines Sarges gehen, auf dem ein Totenkopf liegt), als auch, gleich einem Emeriten, zur Verachtung der Welt, die in einem Kreis detailgetreu als Landschaft dargestellt wird. Der dritte Abschnitt beinhaltet den Glückwunsch. Er ist dem Jesuskind überlassen, das sich an den Querbalken des von einer Wolke halbverdeckten Buchstaben H lehnt. Das H und die drei Nägel der Kreuzigung bilden den Mittelpunkt des Christusmonogramms IHS, das ein weit verbreitetes Zeichen ist und auf eine jesuitische Vorlage des Bildaufbaues hinweist. In diesem Teil enthalten sind außerdem Abbildungen der aufgehenden Sonne (des Neuen Jahres) und zweier symbolischer Pflanzen, die eine nur schwer zu erkennen *(Lorbeer?)*, die andere eine Palme aus der Tradition des Krippenbaues. Die Darstellung von Todessymbolen auf einer Glückwunschkarte mag uns heute verwundern, doch sie offenbart den Einfluß einer Spiritualität, die stark von der Bußerfahrung geprägt ist. Zudem darf man den Gebrauch kleiner Schmuckstücke in Form von Särgen, wie sie vor allem im 17. Jahrhundert üblich waren, nicht vergessen und die beschwörende/sühnende Bedeutung von Totenköpfen, wie sie noch bis ins 20. Jahrhundert auf Amuletten zu finden sind oder anderer zeitgenössischer Requisiten des Todes. Beim Betrachten dieses Bildchens ist es deshalb notwendig, sich die Alltäglichkeit von Todessymbolen in jener Zeit bewußt zu machen, die sich freilich sehr von unseren gegenwärtigen Sehgewohnheiten unterscheidet.

Kollagen aus unterschiedlichen Materialien

Das zweite Bildchen, anonym, doch ebenso einem Prager Hersteller und einer Datierung zwischen dem 18. und dem 19. Jahrhundert zuzuordnen, hat ein angehängtes zweites Blatt, auf dem der Text gedruckt ist. Der Inhalt des Textes entspricht dem eben vorgestellten und enthält Ratschläge, die guten Vorsätzen für das neue Jahr gleichen: Vor der Sünde fliehen, das Gute nicht zurückweisen, vor dem Kreuz meditieren, an die Zukunft denken und sich jeden Moment daran erinnern, daß man sterben muß. Das Bild ist insgesamt sehr schön und aufheiternd, vielleicht war es der Glückwunsch für ein junges Brautpaar. Darauf weist auch das Fatschenkind hin, das auf einer rustikalen, mit bunten Farben bemalten Kommode liegt, die mit Kerzen und Blumenvasen in eine Art Altar umgewandelt wurde. Es weist zwar durch die Überschrift *„eine frische War"* auf den erwarteten Kindersegen hin, doch aufgrund des darüber stehenden (seitenverkehrten) Christusmonogramms muß es sich um ein Jesuskind handeln. Es erinnert an eines jener bekannten liegenden, wachenden oder schlafenden Christuskindfiguren, deren Köpfchen oder gesamter Körper aus Wachs bestand, die kostbar gekleidet waren und unter einem Glassturz geschützt traditionsgemäß auf der Kommode im Schlafzimmer platziert wurden.

Diese Art Jesuskind verweist uns auf eine Serie von Andachtsbildchen, die zur wertvollen Sammlung von Filippo Briccoli aus Ravenna gehört. Filippo Briccoli hat mehr als 200 thematisch und der Form nach ähnliche Objekte gesammelt und uns dankenswerterweise gestattet, einige davon hier abzudrucken. Sie wurden in Italien handgefertigt und zeichnen sich durch eine Kollage verschiedener Materialien in der Abbildung des Jesuskindes aus: einem Kopf bzw. Oberkörper, der aus Kupferstichen (in der Regel sind das die ältesten und stammen aus der ersten Hälfte des 19. Jahrhunderts) oder Farblithographien (zweite Hälfte des 19. Jahrhunderts) ausgeschnitten ist oder gezeichnet und von Hand koloriert wurde, dargestellt ist das liegende, bekleidete Jesuskind von Blüten umgeben in einem Tragetuch (Wiege?). Die Kollage wurde dann auf eine Papierunterlage gebracht, die normalerweise dünn war, aber unterschiedliche Oberflächen haben konnte. Das Papier wurde zur Hälfte gefaltet, durch Stanzen bzw. Schneiden perforiert (Faltschnitt) und schließlich mit engen Nadelstichen durchstoßen, so daß bestimmte symbolische oder ornamentale Motive entstanden (man beachte hier die großen Weintrauben, die Dornenkrone und die Requisiten der Passion, die mit Tinte eingezeichnet sind). Für eine ausführlichere Betrachtung dieser Typologie verweise ich auf meinen Artikel *Nel mio cuore, o Bambin state fasciato* (CHARTA 55, S. 22-25) und beschränke mich hier darauf, neben dem ornamentalen Reichtum die Entsprechung zum oben vorgestellten Jesuskind des Prager Bildchens zu betonen. Es scheint, als biete die Kollage eine Art Mittelweg zwischen der Dreidimensionalität des Objekts und der Flachheit der Grafik.

Das andere gefaltete Bildchen schließlich, dessen passender Umschlag aus grünem Glanzpapier noch existiert, kommt, wie auf der Rückseite geschrieben steht, aus Paris aus dem Hause Basset in der Rue de Seine 33. Unter dieser Adresse arbeitete ein gewisser Jules Basset zwischen 1850 und 1860, und aus dieser Zeit stammt wohl auch das Andachtsbildchen. Auf dem Umschlag ist eine kostbare Verzierung aus perforierter Goldpapierspitze appliziert, in deren Mitte mit goldenen Buchstaben *Visite de l'Enfant Jésus* steht. Dieses entspricht genau der Aussage und der Abbildung des eingelegten Faltblättchens, das seinerseits auch mit elegant perforierter Stanzspitze umrandet ist. So wie Herstellungstechniken etwas über die Qualität von Farblithographien aussagen und die mechanischen Durchbohrungen Tüll und feine Filetarbeiten nachahmen, so steht das Bild, das das Jesuskind mit einem Korb voll spiritueller Geschenke, darunter Briefchen mit den Aufschriften *Imitation, Sagesse, Travail,* neben dem Bett eines schlafenden Jungen zeigt, für das weite Feld der Ideologie des Schenkens. Dieser Gedanke wiederum bietet eine ideale Grundlage für die Entstehung unseres hypothetischen Weihnachtsmuseums, zumal wenn es mit den Gaben privater Sammler ausgerichtet wird.

(Übersetzung: Daniela Saccà)

Abbildungen

Abb. 1:
Glückwunsch für das neue Jahr mit *Memento mori* und Jesuskind. Kupferstich, zeitgenössisch handkoloriert. Hergestellt von Gregor Balzer, Prag, Ende 18., Anfang 19. Jahrhundert, 9,2 x 14,5 cm. Sammlung E. Gulli.

Abb. 2:
Jesuskind in einem Tragetuch (Wiege?), Kollage aus verschiedenen Materialen und gestanztem bzw. geschnittenem und perforiertem Papier, Italien 19. Jahrhundert, 7,4 x 13,5 cm (max.). Sammlung F. Briccoli.

Abb. 3: Jesuskind mit Fatschenband gewickelt auf einer Kommode liegend. Kupferstich, zeitgenössisch handkoloriert, Doppelblatt mit deutschsprachigem Text, Prag (?), Ende 18., Anfang 19. Jahrhundert, 9,2 x 14,5 cm. Sammlung E. Gulli.

IHS

Abb. 4:
Fünf Bildchen mit Fatschenkindern, montiert auf Faltschnitten. Sammlung Briccoli. Foto Expert, Ravenna.

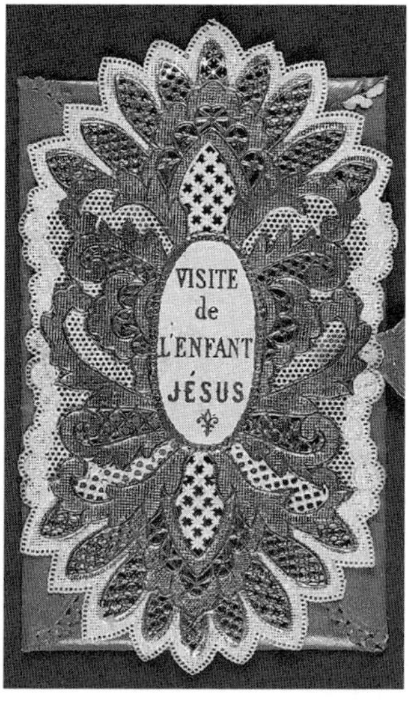

Abb. 5:
Jesuskind als Überbringer spiritueller Geschenke. Andachtsbildchen als gefaltete Farblithographie in einem Umschlag mit perforierten Applikationen. Paris, Basset, 1853-65, 16,5 x 12 cm (aufgefaltet). Sammlung E. Gulli.

Dominique Lerch

Inwiefern war die populäre Druckgraphik eine kulturelle Industrie?*

Einige Überlegungen

Im 19. Jahrhundert ist „Imagerie" ein Doppelbegriff, der sowohl Bilder für Sammlungen und Serien meint (mit Titel, Legende, Text und manchmal auch einer Melodie) als auch den Herstellungsort und die Produktionsmittel. Es gab zahlreiche Bilderfabriken, die selten vielseitig (unter ökonomischen, sozialen, literarischen, ethnologischen und kunstgeschichtlichen Gesichtspunkten) untersucht wurden: Herkunft der Zeichner und Kopisten, Bildgattungen und Handel. „Imagerie" in dieser Doppelbedeutung kann zum Verständnis der Mittel religiöser Erbauung dienen, Erkenntnisse zur Kindheit bringen, aber auch – versteckte – Identifikationsmöglichkeiten erklären. Dazu muß man die eine oder andere Monographie konsultieren. Wissenschaftliche Untersuchungen in Deutschland verweisen auf fünf Bilderbogenstädte, um die Masse der Blätter zu erforschen: Neuruppin, Weißenburg im Elsaß, Epinal in Lothringen, Bassano del Grappa im Trentino und Moskau.[1] Unser Vorhaben ist es zu verstehen, inwiefern die populäre Druckgraphik eine kulturelle Industrie war: Wobei wir auf alten Arbeiten aufbauen und Vertiefungen aus zwanzig Jahren Forschung beisteuern.

Die Künstler

Wentzel in Weißenburg hat mehr als 2.150 Blätter herausgegeben, von denen wir 1.400 – 70 % – selber sahen. Von diesen 1.400 Bogen trägt nur eine verschwindend geringe Zahl den Namen des Entwerfers (inv.: invenit). Insgesamt sind 51 Autoren bekannt.[2] Für 33 unter ihnen können wir mit den klassischen Hilfsmitteln eine Biographie erstellen. Von May in Frankfurt, der mehr als 2.500 Bogen edierte, kennen wir vergleichsweise 35 Künstler.[3]

Drei große Namen der Malerei erscheinen unter diesen Entwerfern: Rubens (1858: Kreuzabnahme), Van Dyck (1865: Judaskuß) und Snyders (1863: Bärenjagd). Diese beiläufige Präsenz dreier Bilder nach flämischen Meistern wirft ein Licht auf die ferne Verwandtschaft der sulpizianischen Kunst mit der Kunst des 17. Jahrhunderts. Eine kunsthistorische Arbeit darüber fehlt leider noch. Daneben kann man einen englischen Maler, Marcus Stone (1840-1921) zu den Mitarbeitern Wentzels rechnen, zumindest für einige Jugendwerke, wenn es sich nicht um seinen Vater, Frank Stone (1800-1859), handelt. Vor allem aber dominieren in folgender Auflistung Maler, die im Pariser Salon ausgestellt haben sowie Mitglieder der Münchner Malerschule:

Elsässer	Pariser	Deutsche
L. Bisch *	V. Adam	C. Bach (München)
J.J. Henner	J.L. Bézard (Salons)	A. Baumann (München)
Th. Lix	L. Boulanger (Salons)	E.A. Dietrich (Warschau)
	L. Charpentier (Salons)	Karl Engel (Frankfurt)
	Fcs. Compte Calix *	E. Förster (München)
	A. Devéria	J. Franck (München)
	E. Lejeune (Salons)	Ernst Fröhlich (Kempten)
	L. Leloir (Salons)	? Hübner
	A. Maugendre (Salons)	Franz Ittenbach (Düsseldorf)
		E. Jaeger (Hessen ?)
		A. oder R. Kretschmer
		H. Lichtenberger
		H. Roehm (München)

(Salons): der Künstler hat in einem oder mehreren Salons ausgestellt
* bei May festgestellter Künstler (nach Christa Pieske, Anm.)

Unter den Pariser Malern überwiegen diejenigen, die im Salon akzeptiert waren (sechs von neun). Beispielsweise Louis Bézard, 1791 in Toulouse geboren, Schüler von Guérin und Picot, der 1825 einen zweiten Rompreis erhielt und zwischen 1824 und 1861 in mehreren Salons ausstellte. Ebenso zwei Elsässer, Henner, Rompreisträger von 1858, war 1863, 1865 und 1866 im Salon vertreten und arbeitete für Simon, Fasoli und Ohlmann in Straßburg. Auch er und Lix haben – wie Bézard – im Atelier von Guérin gelernt. Endlich Lix, dessen „Hopfenernte im Elsaß“ 1857 im Salon hing. E. Muntz wußte nicht, daß sein Wunsch bereits erfüllt war, als er 1899 über die Volkskunst schrieb: „Das Eingreifen begabter Künstler sollte mit dem Wiederaufleben nationaler Erinnerung abwechseln. Die Reform könnte mit der Bilderwelt beginnen ...“. Die offizielle französische und deutsche Kunst belebte die Imagerie: Die Schöpfer bekannter Bilderbogen waren anerkannte Maler ihrer Zeit. Wie Wentzel den einen oder den anderen herangezogen hat, bleibt ein Geheimnis.

Betrachten wir die von Wentzel beschäftigten Künstler! Gewiß ist hier einmal mehr unsere Quelle beschränkt. Unter den Entwerfern von Bilderbogen sind vier an der Spitze: Lix mit 48 – fast ein Viertel aller nicht anonymen Blätter –, Devéria mit 37, Bisch mit 13 und Bartsch mit 11. Die beiden bedeutendsten haben auf unterschiedliche Art mitgearbeitet: Devéria 1866 und 1867, Lix 1856, 1857, 1858 und 1859. Während Lix häufig erscheint, war Devéria ein nur gelegentlicher Entwerfer. Seine Anwesenheit in den Depotlisten unter den vorschriftsmäßig zitierten Autoren bleibt ein Geheimnis: Achille Devéria starb 1859. Hatte der Konservator des Cabinet des Estampes altmodische Erben, denn seine Beteiligung bei Wentzel zeigt leichtfertige Themen (etwa Joseph und Potiphars Frau). Der Schüler Louis Lafittes hat übrigens auch für das Haus Bulla gearbeitet, ein Verlag des Sulpizianismus.[4]

Endlich gibt es Künstler, die mehrere Verleger beliefern und von einem zum andern wechseln. So beschäftigt May in Frankfurt sieben Entwerfer Wentzels. Der Elsässer L. Bisch läßt sich zwischen 1846 und 1849 in Frankfurt nieder, 1863 arbeitet er wieder für Wentzel.[5] May übernimmt übrigens englische Genrebilder in großer Zahl:

1848-1852: ?
1852-1854: ungefähr 30
1864-1878: ungefähr 120
1878-1882: ungefähr 50

Außerdem kopiert er „Le dîner interrompu“ von Antoine Ducrot, das Goupil nach 1845 in Paris und London vertreibt.[6]

Die populäre Druckgraphik hat also eine ähnliche Rolle wie die Devotionsimagerie des kleinen Andachtsbildes, die Guido Reni und Carlo Dolci (im deutschsprachigen Raum) oder auch Velasquez auf Sterbebildchen anbietet. So finden sich in den Gebetbüchern von Frauen einfacher Herkunft Kunstwerke, deren kultureller Einfluß noch unerforscht ist.[7]

Die Produktion

Die Techniken einer Massenreproduktion erlauben den Herstellern, Frankreich und Europa mit Bildern zu überschwemmen. Im Falle Wentzels ist eine doppelte Annäherung möglich: Studiert man das Dépot legal der Nationalbibliothek, kann man bestätigen, daß er 1 % aller im Zweiten Kaiserreich in Frankreich hinterlegten Bilder hergestellt hat (Pellerin 1,3 %). An der Spitze der Produktion steht die Masse der Pariser Erzeugnisse, aber sie enthält nicht nur volkstümliche Blätter. Vergleicht man nun Produktionsziffern und Produktionsmittel mit dem Vertrieb, kann man vernünftigerweise zwei Millionen allein von Wentzel verlegter Bilderbogen annehmen und eine Handelskarte zeichnen, die ganz Europa umfaßt. Diese beiden Annahmen bestätigen die Existenz einer kulturellen Industrie, deren Funktionieren wir untersuchen wollen.

Die Dynastien

Das Erbe, besonders das der Räumlichkeiten, erleichtert den Einstieg, steht doch das Suchen nach ihnen am Beginn einer Firmengründung. Die Ausbildung taucht dann in der zweiten oder dritten Generation auf und verflicht die Familie in das Unternehmen. Wentzel erhält 1831 sein Buchhändlerpatent, nachdem er in einer Stadt mit weniger als 6000 Einwohnern als Inhaber einer Leihbücherei akzeptiert worden war. Das ist der klassische Weg für einen ausgebildeten Buchbinder. Zwar gehört die Lithographie zum Umfeld der Buchbinderei oder ist ihr wenigstens nicht fremd, aber der Steindruck hat bei ihm zunächst nicht zur Ausbildung und Entwicklung neuer Techniken geführt. Erst 1835 erlangt er das brevet (Patent) eines Lithographen. Zuvor schon, 1833, wird ihm nach der Erbteilung beim Tod seines Vaters ein Hof in Weißenburg zugesprochen: Er verfügt über Räumlichkeiten im Stadtbezirk.

Ganz anders die ursprünglich elsässische Familie Oberthür, deren Geschäfte aufblühen, weil die Technik beherrscht wird und die gesuchten Räume durch Heirat oder Vertrag hinzukommen. Der Vater dieser Lithographenfamilie, François-Jacques (1793-1863) ist Kupferstecher und Miniaturmaler in Straßburg. Nach einem Aufenthalt in Freiburg im Breisgau, wo er die Kunstabteilung des Herderverlages leitet, richtet er ein Graphikatelier ein, das von Aufträgen aus Berlin und Karlsruhe profitiert. 1825 gründet er eine Steindruckerei, zunächst mit M. F. Boehm, einem Farbenfabrikanten, dann auf eigene Rechnung. 1828 ist Aloys Senefelder in Straßburg und schlägt ihm die gemeinschaftliche Herstellung populärer Druckgraphik vor. Etwa einen Monat lang unternimmt Senefelder in der Rue des Dentelles Versuche, indem er alle Säuren, Gummis, Öle und verschiedene andere Bestandteile vergleicht, um einen Ersatz für den lithographischen Stein zu finden. Vier Wochen später wird er nach Bayern gerufen und läßt nichts mehr von sich hören. Oberthür erhält sein Lithographenpatent genau in dieser Zeit (5. Juni 1828). Dieses erfinderische, traditionsreiche Milieu erlaubt eine Weitergabe an zwei Söhne, François-Emile und Gustave-Adolphe, die sich in Straßburg und in Bischweiler niederlassen, letzteres eine Handelsstadt im Unterelsaß von 8700 Einwohnern mit Textilindustrie.[8] Das Beispiel der Vergesellschaftung kommt vom Vater. 1839 gründet François-Jacques Oberthür eine Gesellschaft mit dem Maler Fréderic-Charles Emrich. Dieser wohnt in Straßburg, Grande Rue Nr. 17, wo er das Erdgeschoß mietet. François Oberthür, der in dem Unternehmen eine Ausbildung erhält, die er mit 400 Franken jährlicher Einkunft veranschlagt, läßt Emrich 2.000 Franken investieren. Seinerseits gibt er beschichtete und unbenutzte Lithosteine für 800 Franken, Pressen für 1.000 Franken, sowie Papier, Mobiliar und Gerätschaften für insgesamt 2.400 Franken dazu. Zusammen mit Emrichs Einsatz erwirbt man:

eine Lithopresse der Fabrik Bussez in Paris (800 F),
eine Galgenpresse aus Holz (200 F),
eine Parallelmaschine aus Stahl (300 F),
vier Lithosteine (400 F),
eine Holzpresse zum Glätten (50 F) und
Papiervorrat (350 F).

Am 16. Dezember 1843 wird die Teilhaberschaft wieder aufgelöst.[9]

1863 begründet ein Sohn, François-Emile, mit Frédéric Kayser eine offene Handelsgesellschaft. Der Tuchfabrikant beherbergt François-Emile und stellt einen Arbeitsraum in seinem Industriebetrieb zur Verfügung. Oberthür bringt zwei Handpressen „grand raisin" (für ein Bogenformat von 49 x 64 cm), eine Kupferstichpresse, das Mobiliar, zwei Diamanten, Gravierwerkzeuge und zwölf Lithosteine, insgesamt 1.157 Franken mit. Außerdem verpflichtet sich Kayser, den

Vorschuß zum Kauf einer ersten mechanischen Presse und einer Schneidemaschine mit Zubehör zu geben. Oberthür soll monatlich 1.500 F erhalten; der Gewinn wird nach Abzug aller Ausgaben geteilt.[10]

1857 sind zwei weitere Sozietäten in Bischweiler eingetragen: eine mit Henri Heusch, genannt Heusch Kempman, Bankier in Bischweiler, und François-Emile Oberthür. Diese offene Handelsgesellschaft sieht eine Einlage von 6.000 Franken für die Herstellung von Buchdruckerschwärze vor, mit einer monatlichen Bezahlung von 100 Franken für Oberthür und einer Gewinnaufteilung von 3/4 für ihn und 1/4 für den Bankier. Im März 1857 gegründet, wird sie im August 1867 aufgelöst.[11]

Die Lithographische Anstalt und die Fabrik für Druckerschwärze im Gemeinschaftsbesitz zweier Oberthürsöhne werden in der Schlußbilanz auf 45.000 Franken geschätzt, die in der Fabrik von Louis Heintzmann, Maurer in Bischweiler, angelegt sind.[12]

Die Brüder François-Emile und Gustave-Adolphe bleiben im Elsaß, François-Charles (1812-1893), der dritte Sohn, hatte bei seinem Weggang eine Lehre und Ausbildung erhalten. Mit 13 Jahren nahm ihn sein Vater von der Schule und gab ihn in die Lehre eines Schriftlithographen. Gleichzeitig ließ er ihn Zeichenunterricht in der Akademie der Brüder Guérin nehmen. Er lernte „lineares Zeichnen und Perspektive bei Friedrich, Bildhauerei und Kalligraphie bei Busch und Midolle". Mit 16 Jahren, 1834, lehrt er bereits lineares Zeichnen in der von Herrn Ratisbonne, einem Bankier in Straßburg gegründeten Schule, die bestimmt war, „die israelitische Jugend vom schnöden Handel abzuhalten". Sein Vater drängt ihn, in Paris zu arbeiten. In seinen Erinnerungen betont Charles Oberthür die schwierigen Anfänge: „entgegen meiner Vorstellungen fand man mich nicht geschickt genug, um in den ersten Häusern, Thierry Käppelin oder Cluis, eingestellt zu werden. So war ich glücklich, in einer zweitrangigen Firma, bei Herrn Desurmont, für 60 Franken im Monat anzufangen." Von elsässischen Lithographen, Freunden der Familie (Wissler, Baltzer, Reibel) beraten, macht er Fortschritte und erhält im Juni 1838 ein Stellenangebot für 1.500 Franken in der Bretagne: „Mein Vater wollte, daß ich zurückkäme und seinem Unternehmen neuen Aufschwung gäbe, aber ich konnte dem Verlangen, vor der Rückkehr nach Straßburg zu reisen und vor allem das Meer zu sehen, nicht widerstehen."

Zu dieser Zeit gab es in Rennes fünf Buchdruckereien, darunter jene der beiden Teilhaber Landais und Marteville mit sechs Arbeitern. Bis 1842 als Gehaltsempfänger, dann ohne jede Einlage als Gesellschafter mit dem Versprechen aufgenommen, ihm nach zehn Jahren das Unternehmen ganz abzutreten, führt Oberthür neue Techniken für Rouen und ganz Frankreich ein: der Steingravur, dem Mehrfarbendruck und der Hochätzung (Colas-Verfahren) „möchte der Unterzeichner das neue und wichtige Verfahren der Letternlithographie hinzufügen."[13]

Kinderarbeit

Qualifizierte Arbeitskräfte scheint man ziemlich gut behandelt haben, wenigstens nach offiziellen Zeugnissen (Unterpräfekt, Polizeikommissariat). Sie konnten anderswo ein besseres Unterkommen finden: Abwerbungen von Lithographen bezeugen es. Bleibt die Frage der Kinderarbeit.

1847 ist der Friedensrichter des Kantons Sultz u. Wald mit einem Prozeß Wentzels befaßt. Wentzel hat am 3. Mai 1844 Louis Bisch, den minderjährigen Sohn von Georges Bisch, Bäcker in Hatten, als Lehrling akzeptiert. Mit seiner Schwester Madeleine hat sich Georges, der Vater, verpflichtet, 600 Franken für eine dreijährige Lehrzeit zu zahlen. Im August 1846 verläßt der Sohn ohne Motiv seinen Meister. Wentzel, von seinem Buchhalter Jacques Wernert vertreten, verlangt 1.800 Franken: 600 F als Lehrgeld, 1200 F für den ihm durch den Weggang des Jungen verursachten Schaden.

Der Vater gibt als Grund des Ausbleibens eine Augenkrankheit an, die dem Lehrling jede Arbeit unmöglich mache. Nach Wentzels Bevollmächtigtem ist der Sohn Bisch so wenig von einer Augenkrankheit befallen, daß er gegenwärtig in einer Lithographischen Anstalt in Frankfurt a.M. arbeitet. Während einer ersten Anhörung am 6. Januar 1847 vertagt der Richter die medizinische Untersuchung auf den 3. Februar. Bei dieser zweiten Sitzung legt die Familie Bisch zwei Gutachten vor, eines, das für 1845 eine Ophtalmie attestiert, das andere vom Ortsapotheker dem Onkel Louis Bischs, das darauf hinweist, daß er vor einem Jahr seinem Neffen für die entzündeten Augen Seidschützwasser empfohlen hat. ... Schließlich wird der Lithograph Simon aus Straßburg beauftragt, von Bisch gezeichnete Steine zu begutachten und am 3. März gibt man Wentzel recht.[14] Die Angelegenheit ist klar: ein Konkurrent Wentzels, die Firma May in Frankfurt, die stilistisch und thematisch dem Weißenburger nahesteht, warb dem Nachbarn einen Lehrling ab.[15] Ich denke, sicher kein Einzelfall, denn es gibt weitere Beweise.

Während eines Besuchs im Unternehmen Müller in Weißenburg, dem späten Erben Wentzels, fanden wir zwei Bilderbogen von Dembour und Gangel aus Metz in den Kartons, die per Post und anonym nach Weißenburg gelangt waren. Sobald ein Bogen bei einem Konkurrent erschien, erfuhr man umgehend, was er verlegt hatte.[16]

Die Wentzelsche Hausordnung weist in drei Punkten (von fünfzehn) auf Möglichkeiten hin, einen Fremden über das Unternehmen zu unterrichten:

§ 8. Es ist verboten, fremde Personen ohne die Erlaubnis des Chefs durch die Anstalt zu führen.

§ 9. Es ist jedem Arbeiter und Angestellten verboten, jemanden, was immer er sei, ohne die Genehmigung des Chefs mitzunehmen. Jede Zuwiderhandlung wird gerichtlich verfolgt.

§ 10. Die Arbeiter müssen die Ateliers zusammen mit ihren Werkmeistern verlassen; es ist nicht erlaubt, sich dort in deren Abwesenheit aufzuhalten.

René Perrout berichtet, einer mündlichen örtlichen Tradition folgend, von drei Lithographen aus Weißenburg, die nach Epinal gingen: Mathis Grivel mit den Konstruktionsbogen und Guyot mit den lebensgroßen Soldatenbildern.[17] So wurden zwei wichtige Serien weitergegeben.

Das gleiche Hin und Her findet sich bei Dembour und Gangel in Metz wieder. Marion Duvigneau listet es im Kapitel „Metz/Epinal: ein Krieg ohne Gnade" auf: „Zunächst bezichtigte Pellerin Gangel der Nachahmung, aber der Beschuldigte wird im Januar 1854 freigesprochen. Am 22. August 1854 läßt er seinerseits bei seinen Pariser Wiederverkäufern (Glemarec, Gourmez, Witwe Bonnet und Boucquin) verschiedene, von Pellerin edierte Schattenbilder und kolorierte Bogen beschlagnahmen. Die zum Schaden Gangels abgekupferten Zeichnungen zeigten Szenen eines Feldlagers unter Ludwig XIII., Musketiere Ludwigs XIV., Kürassiere Ludwigs XV., französische Gardesoldaten Ludwigs XVI. und Prozessionen für die Jungfrau Maria, den Märtyrer Stephanus und zu Fronleichnam. Der Zeichner Jules Chaste (1826-1903), seit 1837 bei Dembour in der Lehre, hätte zwischen 1854 und 1857 bei Pellerin gearbeitet und sei 1858 nach einem Streit mit Pinot zu Gangel zurückgekehrt.

Auch der Holzschneider Jean-Baptiste Vançon verläßt Pellerin 1860, um bei Gangel und Didion zu arbeiten. Unter den Autoren war Gilbert-Adrien Linden sicher nicht der einzige, der zugleich für Metz und Epinal tätig war.[18]

Ausgebildete und kompetente Handwerker konnten andere, weit entfernte Unternehmen interessieren, gelegentlich sogar in Moskau. Mit folgendem Arbeitsvertrag aus dem Jahr 1849 steigt ein Lehrling zum leitenden Angestellten auf. Emile Simon, Lithograph in Straßburg, wird von Auguste Rappolt, einem in Moskau lebenden Steindrucker beauftragt, vor dem Notar einen Vertrag mit Joseph Koehler, Drucker und Lithograph, zu unterzeichnen. Diese auf fünf Jahre geschlossene Abmachung beschreibt die Arbeit, die vom Atelierleiter erwartet wird, „der Zeichnungen wie Porträts, Landschaften und ähnliche Sujets, in Bleistift, Tinte und Farbe (Chromolithographie) perfekt zu drucken weiß, sie ohne Hilfe anderer Künstler auf den Stein übertragen kann und der alle Farben, Tinten und Schattierungen selbst zuzubereiten vermag". Die festgesetzte Arbeitszeit von sieben Uhr bis Mittag und zwei Uhr bis sieben Uhr, also zehn Stunden pro Tag (mit Ausnahme von Sonn- und Feiertagen), 60 in der Woche, kann täglich zwei bis vier Stunde überstiegen werden und sich auf 80 Wochenstunden erhöhen. Diese Zeit wird ihm zusätzlich zu seinem nachfolgend festgelegten Gehalt vergütet, wobei acht Stunden als Tag zählen. Joseph Koehler kann das erste Jahr 300, das zweite 350 und danach 400 Silberrubel verdienen. 70 Rubel erhält er für die Reise. Er wird untergebracht und ernährt. Läßt er nach einem Jahr Frau und Kinder nachkommen, erhält er 70 Rubel anstelle von Unterkunft und Nahrung. Schließlich wird ihm ausdrücklich verboten, für andere Lithographen zu arbeiten, andernfalls muß er 10 Silberrubel pro Tag, beziehungsweise 1/30 seines Einkommens bezahlen.[19]

Diesem Moskauer Vertrag kann man einen zivilrechtlichen Eintrag in Weißenburg vom 7. April 1858 zur Seite stellen, in dem Frédéric Wentzel seinen Bruder Jean Guillaume vertritt, der als Lithograph nach Amerika ausgewandert ist.[20]

In einem ähnlichen Bereich bemerkte der Drucker Silbermann in Straßburg Unterschlagungen von Metallformen, mit deren Hilfe sich ein Konkurrent einrichten könnte. Friedrich Häusser, ein Chemiker aus dem preußischen Merseburg, der bei Silbermann beschäftigt war, wird dem Staatsanwalt übergeben. Bei einer Hausdurchsuchung findet man 35 Formen aus den Silbermannschen Ateliers, deren Gebrauch dem Unternehmen großen Schaden gebracht hätte.[21]

Ob es nach Frankfurt, Amerika oder Moskau geht, das lithographische Handwerk ist qualitätvoll und die Hoffnung sozialen Aufstiegs durch das Auswandern ist nicht vergebens, weder für Joseph Koehler, den künftigen Atelierchef in Moskau noch für Louis Bisch, der vom Lehrling zum Zeichner und Kommis in Frankfurt bei May aufsteigt.

Die Lithographie

Eine neue Technik kann neue Menschen anziehen und neues Glück neben zahlreichen Mißerfolgen bringen.

Die Chronologie der Lithographie ist hinreichend bekannt: 1796 von Aloys Senefelder entdeckt, wird sie von ihm in „Vollständiges Lehrbuch der Steindruckerei", München 1818, beschrieben. 1805 nutzt André die Lithographie für Musikeditionen in Paris. Napoleons Armee zieht durch München, wo Besuche im Atelier Senefelders von Militärs wie General Lejeune aus Straßburg oder vor Künstlern wie Benjamin Zix (Straßburg 1772 – Perugia 1811), der 1809 noch einmal kommt, bezeugt sind. Nach der Reise Edouard Koechlins 1813 und Engelmanns Aufenthalt im Juni 1814 in München eröffnen Godefroy Engelmann (gest. 1839), aus Mülhausen und Graf Lasteyrie zwei Ateliers in Paris, eines im Juni, das andere im April 1816.[22]

Betrachtet man die Pariser Lithographen und die Hinterlegung der Patente, reicht die Pionierzeit bis 1831.

Ein wichtiger Aufschwung setzt seit 1831 ein. Die Gründung der Kammer der Lithographischen Druckereien 1837 durch Engelmann und Lemercier markiert eine Phase der Vervollkommnung bis 1851. Von 1851 bis 1867 ist ein leichter Rückgang zu verzeichnen, dem ein deutlicher Abstieg zwischen 1867 und 1870 folgt.[23] Wentzel und Oberthür lassen sich perfekt in diese Chronologie einordnen.[24]

Dieses junge Gewerbe ist ein Trugbild; 40 % seiner Aspiranten von einer Handwerker- oder Kaufmannsherkunft sind zwischen 25 und 35 Jahre alt, ihre

Mobilität Provinz – Paris beträgt 10 %. Von 1420 Patentierten nutzen 22 ihre Druckerlaubnis über 30 Jahre, 177 bleiben länger als 20 Jahre, 282 weniger als fünf im Geschäft. Ein risikoreiches Unterfangen mit Bankrotterklärungen, trotz gelegentlicher Gewinne. Oberthür und Wentzel bewegen sich in einem Umfeld, in dem das Individuum und die Familie, sowie ihr Protestantismus eine entscheidende Rolle spielen.

Als Wentzel 1869 stirbt, hinterläßt er ein Erbe von 200-300 Tausend Franken, 200 bis 300mal so viel wie er selbst übernommen hat. Gewiß, das Unternehmen zählt ein Drittel und ist in einem 20 bis 30jährigen Niedergang begriffen. Ein zweites Geschäft, die Weißenburger Zündholzfabrik, ist 60.000 Franken wert. Verschiedene Ländereien (Ackerland, Weinberg, Hopfengärten, Wälder) belaufen sich mit 3,5 Hektar auf 18.000 Franken. Die Unternehmen in Epinal und in Metz sind drei beziehungsweise sechsmal mehr wert.[25] Oberthür, der mit nichts startete, hat nacheinander 285 Hektar Land erworben. Sein Unternehmen beschäftigt 1856 600 Arbeiter, die Druckerei deckt eine Fläche von acht Hektar.

Das industrielle Bild

Die populäre Druckgraphik erreichte mit der industriellen Massenherstellung eine Reproduktionskategorie, wie sie Walter Benjamin beschrieben hat.[26] Sie nähert sich anderen Bilderfluten – ein Blick auf die Firmen von Goupil oder Braun ist aufschlußreich – und überschreitet den Rahmen Europas. Der Begriff einer industriellen Bilderherstellung ist an die Massenproduktion gebunden.[27] Damit ist die Lithographie nicht mehr die einzige Technik, neue Erfindungen führen zu einer anderen Chronologie in der zweiten Hälfte des 19. Jahrhunderts. Nutzung und Entwicklung photographischer Prozesse erlauben der Firma Goupil in Asnières 1869 mit 300.000 Franken Kapitaleinlage einen industriellen Status. Für Goupil sind neben den drei Geschäften in Paris nicht nur die Filialen in der Provinz bzw. Paris wichtig, sondern im internationalen Raum: 1877 verfügt das Haus über sechs Niederlassungen in London, Berlin, Brüssel, Den Haag und New York. Verkaufsläden gibt es in der ganzen Welt: Alexandria, Dresden, Genf, Zürich, Athen, Barcelona, Kopenhagen, Florenz, Havanna, Melbourne, Sydney Warschau, Johannesburg. Vom europäischen Raum, der für Wentzel in Weißenburg maßgebend war, wechselt man zum Weltbereich.[28]

Der älteste Sohn Adolphe Goupils, Léon Goupil (1830-1855) erleidet das gleiche Schicksal wie sein Vorgänger Théodore Vibermort, der mit 25 Jahren an den Folgen einer Krankheit stirbt, „die durch hartnäckige Arbeit und lange, mühsame Reisen" verursacht war, während die Verkaufsziffer von 140.000 Franken im Jahr 1841 bis 1854 auf 569.000 Franken anstieg.[29] Ein Zusammenhang mit der Kunst drückt sich auf zweierlei Weise aus, deren Abfolge mit der Stellung der Farblithographie abgestimmt werden muß.

- Ein Mittel, Kunst zu verbreiten ist, Kunstwerke anzukaufen und zu kopieren.[30] Damit werden die Gewinne von Goupils „Galerie“ verständlich und der Platz des Händlers Théo van Gogh, denn Vincent hat in Goupils Niederlassungen von Den Haag, Brüssel und London gearbeitet.[31]
- Das Monopol, das den Louvre mit der Firma Braun verband, (mit der Anschuldigung, auch die deutsch gewordenen Elsässer zu beliefern).

Der Kolportagehandel

Die massenhafte Verbreitung populärer oder künstlerischer Bilder führt zur Beschäftigung mit den Bildlegenden und Übersetzungen, den Niederlassungen und Märkten, den Galerien und Buchhandlungen; aber man stützt sich auch noch im 19. Jahrhundert auf die Kolportage.[32] Sind zwar die Arbeiten über den Bilderhandel zahlreich, gründlich und zusammenfassend, so fehlt doch eine genaue Untersuchung der Bildlegenden, wenn man von Weißenburg absieht. Zeitweilige Märkte, welche die Vielfalt der Verkaufsmöglichkeiten im 18. und 19. Jahrhundert aufzeigen könnten, sind kaum untersucht.[33] Außerdem bleibt noch die langsame Seßhaftwerdung von Kolporteuren wie den Perlasca in Straßburg[34] oder den Fietta in Metz und Straßburg zu beschreiben.[35]

Die Zensur

Wer vom Bilderhandel redet, redet auch von Zensur. Sie wird vorbeugend ausgeübt durch die Erteilung von Patenten (Drucker, Lithographen, Buchhändler), die eine Auswahl vielleicht in moralischer, ganz bestimmt in politischer Hinsicht ermöglicht. Hausdurchsuchungen und gerichtliche Beschlagnahmen von Produktionsmitteln kommen selten vor,[36] aber prägen einen Berufsstand und setzen einer Selbstzensur vorteilhafte Grenzen. Gendarmeriekontrollen auf den Straßen,[37] die Erstellung eines Katalogs der Zensurkommission,[38] die für nur kurze Zeit gewährte Kolportageerlaubnis, die Zwangshinterlegung und einige Zensurierungen zeigen, daß vor, während und nach dem Handel die Kontrollen des Staates das Bild überwachen.

Die vorgetragenen acht Gesichtspunkte, die eine Diskussion und einen eingehenderen Vergleich nötig machen, führen zu zwei provisorischen Ergebnissen:

In einer historischen Perspektive der langen Dauer (18. bis 20. Jahrhundert) muß man die Imagerie als Massenmedium einer kulturellen Industrie verstehen. Es besteht also eine Verbindung zwischen der massiven Produktion von Herrscherbildern durch den Kupferstich im 18. Jahrhundert und den Herrscherbildern und Photographien,[39] die im 19. zwischen 1815 und 1837 und in den 1880er Jahren anzusetzen sind.[40]

Diese kulturelle Industrie ließ zunächst mehrere Märkte in Europa nebeneinander bestehen, wobei Holzstöcke oder Künstler wanderten.[41] Am Ende der Periode näherten sich die Bilder einem sulpizianischen Geschmack. Aber rasch entsteht ein Weltmarkt und man findet Goupil via Paris in Québec.[42] Dieses Vertriebsnetz entsteht zu einer Zeit, in der die Kolportage als Belieferer der ländlichen Welt verschwindet und sich die Verbindungen und Märkte neu strukturieren.

(Übersetzung: Sigrid Metken)

Anmerkungen

* **En quoi l'imagerie populaire a-t-elle été une industrie culturelle?** Quelques propositions.
Histoire des industries culturelles en France XIXe-XXe siècles. Actes du colloque en Sorbonne. Décembre 2001. Association pour le Développement de l'Histoire Éconimique, p. 321-339.

1. Vanja, Konrad: Kulturkontakte in Europa. Faszination Bild. Das neue Museum Europäischer Kulturen auf dem Weg nach Europa. In: Jahrbuch Preußischer Kulturbesitz, Band XXXVI, S. 124. – An letzter Stelle über die russische Imagerie: Ziel, Wulfhilde: Der russische Volksbilderbogen in Bild und Text. Ein kultur- und kunsthistorisches Intermedium. Frankfurt/M. (Peter Lang) 1999, 228 S. – W. Ziel kennt die französischen Arbeiten von Catherine Claudon-Adhémar.
2. Die Bilderproduzenten konnten eine unglaublich lange Zeit für die Herstellung beanspruchen, siehe den Briefwechsel von 1832 bis 1872 zwischen dem Stecher Mercuri und dem Verleger Goupil über die Fertigstellung der Kupferplatte mit der „Hinrichtung von Jane Gray" nach dem Gemälde von P. Delaroche, 1834. – Vgl. Bergeron, Annick: Le temps ciselé. Correspondances autour d'une œuvre gravée: éditeurs, artistes, critiques (1829-1859). In: États des lieux, Bordeaux 1994, pp 37-88. – In dieser Hinsicht gäbe es noch ein Feld zu beackern.
3. Pieske, Christa: Der Verlag E.G. May und seine Bildquellen. In: Volkskultur, Geschichte, Region. Festschrift für W. Brückner zum 60. Geburtstag. Würzburg 1990, S. 446-474, 23 Abb.
4. Wir wiederholen hier die nach der synthetischen Methode entwickelten Elemente unserer These aus dem 3. Abschnitt, S. 111: Imagerie et société. L'imagerie Wentzel de Wissembourg au XIXe siècle, Strasbourg, 1982, 334 p.
5. Pieske, s. Anm. 3. S. 449.
6. Ibid. Abbildungen Nr. 20 und 21.
7. Brückner, Wolfgang: Elfenreigen, Hochzeitstraum. Die Öldruckfabrikation 1840-1940, Köln 1974. Dazu unser Artikel: L'image dans l'imagerie pieuse en Alsace (1848-1914). Souvenirs d'ordination et souvenirs mortuaires. Dans: Usages de l'image aux XIXe siècle, Orsay, Créaphis 1992, pp. 39-49.
8. Einige Elemente in unserem Artikel: Une famille de lithographes: les Oberthur. Le Vieux Papier, Fasc. 341 Juillet 1996, pp. 289-304.
9. Archives du Bas-Rhin (ABR), U. 2230, n° 126.
10. ABR, 1792 W 18 n° 3499.
11. ABR, 1792 W 31 n° 123.

12. ABR, Enregistrement public de Bischwiller, [Sterbe-Register von Bischweiler], 1867, t. 115, fol 117 verso. Registeramt von Bischweiler. – Die verschiedenen Hinweise sind uns durch Jean Vogt gegeben worden, der einen umfangreichen Auszug aus diesen Archiven gemacht hat.
13. Die Bibliographie zu Oberthür setzt sich aus drei Komplexen zusammen: den einleitenden, zuverlässigen Arbeiten wie von Charpy, Jacques: „Charles Oberthür, imprimeur rennais, 1818-1893". Bulletin et mémoires de la Société archéologique d'Ille et Vilaine, t. 88, 1986, pp. 191-206. – Siehe auch: Le Portal (Christine): Un lithographe venu d'Alsace. Ar Men, septembre 1990, n 30, pp. 2-15. – Nicht zu vergessen: L'Album souvenir des fêtes du centenaire de l'Almanach PTT, Oberthur, 1854-1954, Rennes. 1954. – Ich danke M. Eric Morin für seine Hilfe. Ein Artikel aus seiner Feder: Bourgeoisie, science et technologie au XIXe siècle: l'exemple de la famille Oberthur. Bretagne des savants et des ingénieurs, 1825-1840, Rennes, 1994, p. 255-259, zeigt die Qualität der unternommenen Forschungen in dem Umfeld seiner These. – Weitere gründliche Arbeiten, die es erlauben, den Kontext festzustellen: Gury, Jacques: Les Oberthur, de la lithographie à l'écologie. Bretagne des livres, n 14, pp. 10-11. – Mehrere seiner Arbeiten müssen erwähnt werden, um die Kenntnis des lokalen Umfeldes oder der Persönlichkeit von Oberthür hinreichend zu vermitteln. Dieser war zum einen ein Lebemann, zum anderen aber auch geprägt durch religiöse Gebote und tatkräftige Hilfsbereitschaft. – Ders.: 1789-1889, révolution des livres, révolution de la lecture. Trésors des bibliothèques de Bretagne, Rennes, 1989, pp. 171-179. – Ders.: Lire à Rennes, de Louis XVI à Louis-Philippe. Mémoires de la Société d'histoire et d'archéologie de Bretagne, 1985, p. 395-405. – Ders.: Trois générations à table dans le pays de Rennes, 1846-1926. Mémoires de la société d'histoire et d'archéologie de Bretagne, 1996. – Eine kürzlich erschienene, mehr volkstümliche Arbeit mit einer knappen Bibliographie von drei Titeln zu Oberthür, aber mit ständiger Hilfe bei den technischen Erklärungen. – Jenin, Louis: L'imprimerie Oberthur à livre ouvert, Rennes 1842-1983. Rennes 2001, 196 p.
14. ABR, U. 1830, 3 février 1847.
15. Um auf die Pionierarbeit von Christa Pieske zurückzukommen: Trivialer Wandschmuck der zweiten Hälfte des XIX. Jahrhunderts. In: Anzeiger des Germanischen Nationalmuseums, S. 132-162, und Brückner, W. u. Pieske, Ch.: Die Bilderfabrik. Dokumentation zur Kunst- und Sozialgeschichte der industriellen Wandschmuckherstellung zwischen 1845 und 1873 am Beispiel eines Großunternehmens. Frankfurt/M. 1973. – Zuletzt noch: Pieske, Ch.: Der Verlag E. G. May und seine Bildquellen, vgl. Anm. 3.
16. In ihrem gemeinsamen Werk, Brückner, W. u. Pieske, Ch.: Die Bilderfabrik, S. 85, sind die Lithographien „Johannes der Täufer" und „Retter der Welt" veröffentlicht, die von Wentzel herausgegeben, durch May, Frankfurt/M., kopiert wurden. In dieser Firma hatte bis 1900 der für den Verkauf Verantwortliche die Aufgabe, sich um die Repräsentation der beliebten Sujets zu kümmern und das Aussehen der früheren Bilder durch Modernisierungen zu verändern.
17. Perrout, R.: Les images d'Epinal. Paris (s. d.), pp. 126, 133, 134.
18. Images de Metz, Archives départementales de la Moselle, 1999, pp.7-9. – Es ist anzumerken, daß Adrien Dembour in seiner Eigenschaft als Lithograph die Verbindung zwischen der Imagerie und der Schulbuch-Illustration bei Hachette schuf. – Vgl. Mollier, Jean-Yves: Louis Hachette, Paris 1999, pp. 204 et 425.
19. ABR 7 E 57/12/177 n° 21.482, 26 Septembre 1849.
20. ABR V 890, 7 avril 1858. Es handelt sich dort um eine einfache Gerichtsvorladung: Die amerikanischen und kanadischen Aktenstücke würden ein gründliches Studium

um so mehr verdienen, als die kürzlichen Arbeiten von Klaus Stopp die wichtige Verbreitung von Patenbriefen, einem deutschsprachigen Brauch, in den Vereinigten Staaten und damit auch die der Lithographie wie hier an einem kulturellen, exportierten Beispiel gezeigt haben.

21. ABR, 3 M 900.

22. Es ist nötig, sich hier auf eine alte Arbeit von Walter Graeff zu beziehen und sie durch die kürzlich erschienenen Arbeiten im LVP zu ergänzen. Graeff, Walter: Die Einführung der Lithographie in Frankreich, Heidelberg, 1906, 125 p.

23. Bouquin, Corinne: Recherches sur l'imprimerie lithographique à Paris au XIXe siècle. L'imprimeur Lemercier (1803-1901), Thèse Paris I, 1993, 578 p.

24. Gewiß wird die Lithographie den Holzschnitt nach und nach ersetzen. Über Epinal schrieb mir Henri George, das dort 4.000 Stück 1.000 Holzschnitte ersetzt haben. Aber man muß dahin verständigen, zugleich diese Holzstöcke zu erforschen, die als bewegliches Gut von einem Verlagshaus an das andere weiterverkauft wurden. Damit wird eine andere Erklärung für die Übereinstimmung von Blättern verschiedener Offizinen möglich, als etwa nur die vom Diebstahl von Motiven oder der Trivialisierung fremder Kunstwerke. So erinnert Marion Duvignoud (op. cit. p. 36f.) an die Entstehung eines Lagers von Holzstöcken bei Dembour: 1. durch den Rückkauf des Lagers von Nancy Lacour (1835-1836), der seinerseits die Holzstöcke von Diot (Beauvais) und von Desfeuilles (Nancy) erworben hatte, der wiederum die Brüder Deckherr aus Montbéliard kopierte, 2. durch den Rückkauf der Holzstöcke von Clerc de Belfort (1842) und von der Imagerie Deckherr aus Montbéliard (1854).

25. Allgemeine Ergebnisse der in den Jahren 1861-1865 ausgeführten Enquete. Statistiques de la France, Industrie, Nancy 1873.

26. Benjamin, Walter: Das Kunstwerk im Zeitalter seiner technischen Reproduzierbarkeit. Drei Studien zur Kunstsoziologie, Frankfurt/M. 1936, repr. 1999.

27. Claude Chambard beschreibt in seiner Einführung die Gründung des Musée Goupil, Conservatoire de l'image industrielle. État des lieux, I Musée Goupil, Bordeaux 1994 p.5.

28. Lafont-Couturier, Hélène: „Le mariage de l'art et de la raison commerciale". État des lieux, 2, Bordeaux 1999, p.43. (ibid, p. 13). – Der Wert des Fundus steigerte sich 1829 von 30.000 F, 1841 auf 220.000 F, 1846 bis sogar auf 600.000 F.

29. État des lieux, 1994, op. cit. p. 151.

30. Und noch den die bisweilen wichtigen Vorteile: Die von Landelle ausgeführten Repliquen erlaubten es Goupil, von jedem Verkauf etwa 3.000 F in den Jahren 1870 zu erwirtschaften. – Vgl.: Lafont-Couturier, H.: art. cit.; p. 61 note 39.

31. Ausgezeichnet auf den Punkt gebracht, (wobei man noch die Inventare der Archives départementales du Haut-Rhin hinzufügen könnte) durch: Renie, Pierre-Lin: Braun versus Goupil et quelques autres histoires. La photographie au musée du Louvre au XIXe siècle. État des lieux, Bordeaux 1999, pp. 97-150.

32. Aus einem weitem Feld zitieren wir drei Hinweise: Die Synthese von: Fontaine, Laurence: Histoire du colportage en Europe XVe-XIXe siècle. Paris, 1993, 336 p. – Die Arbeiten von Rudolf Schenda, die nach unserer Kenntnis viel zu wenig in Frankreich genutzt wurden, namentlich die Neuauflage von Volk ohne Buch. Schenda, Rudolf: Volk ohne Buch. Studien zur Sozialgeschichte der populären Lesestoffe 1770-1910, Frankfurt/M., 1988, 608 p. – Ein kürzlich stattgefundenes Kolloquium hat den Arbeiten von Jean-François Botrel einen gerechten Platz eingeräumt: Chartier, Roger, Hans-Jürgen Lüsebrink: Colportage et lecture populaire. Imprimés de large circulation en Europe XVIe-XIXe siècles. IMEC Editions, Paris 1996, 470 p.

33. Rembrandt, Rubens, petits soldats: ventes d'estampes ou d'imagerie en milieu urbain; l'exemple strasbourgeois XVIIe-XIXe s. In: Annuaire de la Société des Amis du Vieux Strasbourg, 1991, pp 111-118. – L'Indicateur de Strasbourg verkündet am 28. Dezember 1831 die dortige Ankunft des Bilderhändlers Fietta.
34. En hommage à André Desfeuilles. La vente d'estampes ou d'imagerie en milieu urbain. L'exemple alsacien au XIXe siècle. Dans: Le Vieux Papier, Fasc. 322 octobre 1991, pp 448-455.
35. Fietta, Elda:, Stampe per via. L'incisione dei secoli XVIIe-XIXe nel commercio ambulante dei Tesini, Bassano del Grappa, 1972 pp 91-92. – Ein wichtiges Werk für die Bildproduktion. In Metz ist der Bilderhandel der Familie Fietta von 1816 bis 1877 nachgewiesen. (Recherche de Jocelyne Barthel, 27 août 1996).
36. Lerch, D.: Bilderbogen und Gesellschaft. Das Geschlecht der Brossmann, Lithographen in Weißenburg i.E. und Sultz unterm Wald. Eine Ergänzung zum Werk Adolf Spamers. In: Zeitschrift für die Geschichte des Oberrheins, 1991, S. 355-375.
37. Lerch, D.: Entre l'habitude, le fait divers, le trait de mentalité, la régulation et le délit: le constat de gendarmerie ou de police en Alsace au XIXe siècle (1815-1870). In: Mélanges Rapp, Revue d'Alsace, 1997.
38. Schenda, Rudolf: Ein französischer Bilderbogenkatalog aus dem Jahr 1860. In: Schweizerisches Archiv für Volkskunde, 1966, S. 49-61.
39. Das Dossier „Image et histoire", aus der Zeitschrift: Vingtième siècle, octobre-novembre 2001, ist in dieser Hinsicht beispielhaft.
40. Roussel, Michel: La publicité par l'image populaire: l'exemple de l'imagerie Pellerin à la fin du XIXe siècle, Mémoire de maîtrise, Nancy 1985, 187 p. – Hier wird die Grenze aufgezeigt, die des Übergangs von der eigentlichen Imagerie bis zu ihrer Nutzung durch die Werbung.
41. Man sollte zu diesem Gegenstand die dogmatischen Zeilen immer wieder lesen, die Duchartre und Saulnier dieser Imagerie gewidmet haben: Duchartre, Pierre Louis et Saulnier, René: L'imagerie populaire, Paris 1925 pp. 13 et 14. – „Es ist klar, daß nur die von den Holzstöcken gedruckten Bilderbogen von den Volkskundlern als volkskundlich relevant angesehen wurden. Aber obwohl sich eine Industrie mit Maschinen und Tausenden von Arbeitern im Laufe des 19. Jahrhunderts entwickelte, blieben die Motive und auch die Funktionen der ehemaligen Bilderbogen bestehen. Nach unserer Meinung ist es so, daß die Imagerie des Zweiten Empire mit den Pellerin, Wentzel, Dembour & Gangel nicht gut genug erkannt wurde. Diese Firmen haben die alte Imagerie ausgeweitet auf Grund ihres eigenen Erfolges, in dem sie eine wahre Industrie schufen. Durch das Anstellen von Zeichnern und Graveuren nach der „Art von Paris" beschäftigten bisweilen mehr als 100 Arbeiter und Handwerker". [Ergänzung des Textes von Duchertre/Saulnier durch Dominique Lerch, 2004]
42. Lerch, D.: Un cas de dépendance culturelle: l'imagerie au Québec. Le Vieux Papier, Fasc. 277, juillet 1980, pp. 69-79.

Anmerkungen aus einer erweiterten Fassung des Aufsatzes:

4. Victor Adam (1801-1866) arbeitete mit 65 Verlegern oder Druckern zusammen, er schuf wohl 3.400 bis 8.000 Platten. Nach seinem Tode hinterließ er ein Haus, das auf 9.000.-F geschätzt wurde mit einem Mobiliar von etwa 400.-F.
   Bonhomme, Jean Claude: Victor Adam, un artiste du XIXe siècle. Le Vieux Papier, T. XXXIV 1995, Fasc. 338, pp. 145-149.
15. Zu vermerken ist der hartnäckige dreimonatige Streik bei Oberthür von 1865. Vgl.: Jénin, Louis: L'imprimerie Oberthür a livre ouvert. Cesson-Sévigni 2001, p. 53. – Erinnern wir uns immerhin auch an die Kinderarbeit.

Bei Wentzel gab es 1861 folgende altersmäßige Verteilung der Arbeiter:

	14-16jährige	17jährige und älter	Zusammen
Männlich	26	46	72
Weiblich	2	11	13
Total	28	57	85

Diese Zahlen wechseln entsprechend der saisonbedingten und konjunkturellen Lage (ABR D 414, 2052, 1861). Bei May variieren sie folgendermaßen: 1869: 200 Arbeiter; 1876: 100; 1895: 176. – Nach Brückner, W., Pieske, Ch.: 1973, s. op. cit. Anm. 15, S. 22, kamen 60 Frauen und junge Mädchen auf 165 Arbeiter. Nach Pieske, Ch.: 1990, art. cit. Anm. 3, p.474, 60 Frauen auf 100 Beschäftigte.

Abbildungen

Abb. 1: Les vérités du jour ou le grand diable d'argent (9 geldgierige Typen). Kolorierter Holzschnitt, 41 x 64 cm. Elf Strophen des Liedes „Les vérités du jour" nach der Weise „Quand on ne dort pas pendant la nuit". Fabrique de Pellerin, Imprimeur-Librairie à Epinal. 1977 in Dijon für D M 75 erworben. MEK (SMBPK) Berlin 9341.

Abb. 2: Vie de l'homme (12 Bilder des Lebenslaufes). Kolorierter Holzschnitt, 40 x 29,5 cm, Fabrique de Pellerin, Imprimeur-éditeur à Epinal. 1992 in Paris erworben. MEK (SMBPK) Berlin 9347a

ANHANG

Tagungsprogramm

23. Tagung des Arbeitskreises Bild Druck Papier
29. Mai – 01. Juni 2003 in Budapest

Donnerstag, 29. Mai

Anreise

Ab 14.00 Uhr:	Treffen im Hotel Pátria. Begrüßung durch Frau Prof. Dr. Christa Pieske.
15.30 Uhr:	Abfahrt zur großen Stadtrundfahrt mit Besichtigung des ungarischen Parlaments.
19.30 Uhr:	Abendessen in Hotel Pátria

Freitag, 30. Mai

09.00 Uhr:	Begrüßung durch Herrn Dr. Lóránd Bereczky, Direktor der Nationalgalerie, Frau Dr. Márta Schneider, stellv. Staatssekretärin des Ministeriums für Nationales Kulturelles Erbe, Herrn Dr. Ferenc Körmendy, Vorsitzender des Kulturausschusses der Hauptstadt Budapest, Frau Prof. Dr. Christa Pieske und Herrn Prof. Dr. Konrad Vanja, Direktor des Museums Europäischer Kulturen, Berlin.
9.30 – 18.30:	**Referate:**

***Katalin Sinkó**, Budapest:*
Die sogenannte ungarische Ornamentik und ihr historisches Umfeld.

***László Szabó**, Budapest:*
Anschauungsbilder in Schulen und die Malerei.

***Nicolaas Boerma**, Landsmeer:*
Mit dem Schiff nach Schlaraffenland.

***Erzsébet Király**, Budapest:*
Der Dantekult auf ungarischen Bilddokumenten

***Gábor Tüskés** und **Éva Knapp**, Budapest:*
Die Ikonographie des Königs Hl. Stephan I.

***Konrad Vanja**, Berlin:*
Dietrich Monten und sein Werk „Finis Poloniae 1831“.

***Christa Pieske**, Lübeck:*
Die druckgraphischen Reproduktionen zu „Finis Poloniae".

***Theodor Kohlmann**, Welver-Dinker:*
Die Kunstverlage „Könyves Kálmán" in Budapest und „Pallas" in Berlin. (*verlesen durch Herrn Dr. Wegner*).

***Sigrid Nagy**, Berlin:*
Geschichte der ungarischen Krippenbewegung. Papierkrippen.

***Eva Klose**, Utting:*
Künstler- und Bildpostkarten für Ungarn im Kunstverlag Theo. Stroefer, Nürnberg.

***Katharina Siefert**, Karlsruhe:*
Papiertheater – Die Bühne im Salon.

***Detlef Lorenz**, Berlin:*
Gratispostkarten – ein Werbemedium wird Kulturgeschichte.

13.00 – 15.00: Mittagspause mit Tauschbörse.

19.00 Uhr: Abendessen im Restaurant Márványmennyasszony in der Christinenstadt (XII. Bezirk).

Sonnabend, 31. Mai

08.30 Uhr: Abfahrt nach Kecskemét.

10.00 Uhr. Begrüßung und Führung durch die Innenstadt durch Herrn Generaldirektor der Museen des Komitats Bács-Kiskun, Prof. Dr. János Bárth, Kecskemét.

10.40 – 15.30: Besichtigungen des Spielzeugmuseums (Szorakaténusz Játékmúzeum), des Museums der ungarischen Fotografie (Magyar Fotográfiai Múzeum) und des Museums der Ungarischen Volkskunstgewerbe (Magyar Népi Iparmüvészeti Múzeum), und des Museums der ungarischen Naiven Maler (Magyar Naiv Művészek Múzeuma). Führungen durch Prof. Dr. Gábor Barna, Prof. Dr. János Bárth, Dr. Tamás Hofer, Dr. Ágnes Kalmáry und Dr. Éva Moskovszki.

16.00 Uhr: Abfahrt nach Cegléd, Besichtigung der Altstadt. Führung durch die Große Reformierte Kirche (Református Nagytemplom) durch Pfarrer Zoltán Lizik und Herrn Nagy.

17.30 Uhr: Abendessen im Restaurant Arany Oroszlány in Cegléd.

19.00 Uhr: Rückfahrt. Ankunft in Budapest ca. 21.30

Sonntag, den 1. Juni

10.00 – 14.00:	Fakultative Besichtigung der Museen: Ethnographisches Museum (Néprajzi Múzeum). Führung durch Dr. Erzsébet Györgyi.
oder	
	Museum der Schönen Künste (Szépművészeti Múzeum), Gemälde- und Graphiksammlung, Führung durch Dr. Zsuzsanna Boross und Dr. Lóránd Zentai.
oder	
	Kunstgewerbemuseum (Iparművészeti Múzeum). Begrüßung durch Direktorin Dr. Eszter Tiszaváriné. Führung durch Dr. Eszter Tiszaváriné, Dr. Éva Csenkey und Dr. Mária Zlinszky-Sternegg.
14.00 Uhr:	Ende der Tagung.

Teilnehmer der Exkursion beim Denkmal von Lajos Kossuth vor der Großen Reformierten Kirche in Cegléd

Teilnehmer an der 23. Tagung des Arbeitskreises Bild Druck Papier 29. Mai – 01. Juni 2003 in Budapest / Ungarn

Dr. Willers **Amtrup**	Bremen
Prof.Dr. Gábor **Barna**	Szeged / H
Dr. Daniel **Bárth**	Budapest / H
Dr. János **Bárth**	Kecskemét / H
Hinrich **Behning**	Weinstadt
Wiebke **Behning**	Weinstadt
Geert **Bekkering**	Enschede / NL
Betsy **Bekkering**	Enschede / NL
Dr. Lóránd **Bereczky**	Budapest / H
Beate **Bickel** M.A.	Kassel
Gudrun **Birkholz**	Berlin
Dr. R. Nico H. **Boerma**	Landmeer / NL
Reidun **Buggeland**	Lillehammer / N
Dr. Tord **Buggeland**	Lillehammer / N
Prof. Dr. P.J. **Buijnsters**	Nijmegen / NL
Dr. Leontine **Buijnsters-Smets**	Nijmegen / NL
Dr. Margret **Burscheidt**	Esslingen
Dorothea **Dering**	München
Dietger **Dröse**	Hanau
Hans **Falkenberg**	Schwabach
Renate **Falkenberg**	Schwabach
Dr. Kirsten **Fast**	Esslingen
Dr. Zoltán **Fejös**	Budapest / H
Dr. Irmgard **Feldhaus**	Neuss
Ralph-Thorsten **Freihoff**	Heiden
Ute **Freihoff**	Heiden
Katrin **Frey-Schmidt** M.A.	Erlangen
Dr. Waltraut **Fritzsch**	Dresden
Dr. Judit **Geskó**	Budapest / H
Dr. Nina **Gockerell**	München
Dott.ssa Maria **Goldoni**	Modena / I
Renate **Gollmitz**	Berlin
Christl **Großer**	Taunusstein
Joachim **Großer**	Taunusstein
Dr. Franz **Grumbach**	Neu Isenburg
Gisela **Grumbach**	Neu Isenburg
Andreas **Grundmann**	Münster
Dott. Mario **Guderzo**	Bassano del Grappa / I
Inge **Gürtzig**	Berlin
Dr. Jutta **Haack**	Hamburg
Albrecht **Haigis**	München
Dr. Dorothea **Hentschel**	Berlin
Dr. Tamás **Hofer**	Budapest / H
Rainer **Hofmann** M.A.	Tüchersfeld

Angelika **Iwitzki**	Berlin
Gaby **John**	Hamburg
Harald **Kamm**	Bamberg
Dr. e.h. Roger **Kaysel**	Birmenstorf / CH
Dr. e.h. Sonja **Kaysel**	Birmenstorf / CH
Michaela **Kett** M.A.	Berlin
Dr. Erzsébet **Király**	Budapest / H
Dagobert **Klein**	Ditzingen
Ingrid **Klein**	Ditzingen
Eva **Klose**	Utting
Dr. Eva **Knapp**	Budapest / H
Dr. Barbara **Krafft**	München
Marianne **Krauß**	Erlangen
Dr. Werner **Krauß**	Erlangen
Barbara **Kruhöffer**	Rehburg-Loccum
Dr. Gerald **Kruhöffer**	Rehburg-Loccum
Ernst **Kunz**	Reinach / CH
Ina **Kunz**	Reinach / CH
J. Peter **Lemcke**	Chemnitz
Helga **Lemcke-Knoll**	Hamburg
Constanze **Lindner Haigis** M.A.	München
Isabelle **Linthorst-Tobler**	Stäfa / CH
Christiane **Lorenz**	Berlin
Detlef **Lorenz**	Berlin
Dr. Dieter **Lorenz**	Hohenpeißenberg
Ilse **Lorenz**	Hohenpeißenberg
Hans-Günter **Löwe**	Hamburg
Elfriede **Machalz**	Berlin
Horst **Machalz**	Berlin
Johannes **Martin**	Hamburg
Dieter **Mensenkamp**	Detmold
Dr. Sigrid **Metken**	Gröbenzell
Dr. Heinz-Peter **Mielke**	Kempen
Dott. Alberto **Milano**	Milano / I
Susanne **Milano**	Milano / I
Beatrix **Mühlberg-Scholtz**	Mainz
Sigrid **Nagy**	Berlin
Yvan **Nagy**	Berlin
Norbert **Neumann**	Hamburg
Dieter **Nievergelt**	Winterthur / CH
Judita **Orschler** M.A.	Würzburg
Prof. Dr. Christa **Pieske**	Lübeck
Elisabeth **Ralf**	Stockholm / S
Dott. Flavio **Reffo**	Bassano del Grappa / I
Undine **Reineking**	Detmold
Gisela **Reschke**	Hamburg
Udo-Volkmar **Reschke**	Hamburg
Christian **Reuter**	Essen
Inge **Reuter**	Essen
Annerose **Scheidegger**	Basel / CH

Eberhard **Schmidt**	Erlangen
Reinhard **Scholtz**	Mainz
Dr. Gerd **Schorer**	Herrenberg
Dr. Gertraud **Schorer**	Herrenberg
Margit **Schötschel**	Biesenthal
Hans **Schröder**	Berlin
Inge **Schwarzwälder**	Bremen
Prof. Dr. Herbert **Schwarzwälder**	Bremen
Elke **Schwichtenberg**	Berlin
Dr. Katharina **Siefert**	Karlsruhe
Dr. Katalin **Sinkó**	Budapest / H
Dr. Katrin **Sohl**	Taucha
Dr. Klaus **Sohl**	Taucha
Dr. Zoltán **Szilárdfy**	Budapest / H
Dr. Sabine **Thümmler**	Kassel
Prof. Dr. Gábor **Tüskés**	Budapest / H
Prof. Dr. Konrad **Vanja**	Berlin
Annemarie **Verweyen**	Mönchengladbach
Gisela **Wegner**	Lübeck
Dr. Peter-Christian **Wegner**	Lübeck
Mathilde **Werner**	Neuß
Dr. Gábor **Wilhelm**	Budapest / H
Dr. Heidrun **Wozel**	Dresden
Dr. Irene **Ziehe**	Berlin
Rüdiger **Ziehe**	Berlin
Dr. Maria **Zlinszky-Sternegg**	Budapest/ H
Prof. Dr. János **Zlinszky**	Budapest / H

Exkursionsberichte

Fahrt nach Kecskemét und Cegléd

Die Exkursion im Rahmen der 23. Tagung des Arbeitskreises Bild Druck Papier in Budapest führte in die 85 km südöstlich der ungarischen Hauptstadt gelegene Stadt Kecskemét. Beeindruckend ist das weiträumige Zentrum der Stadt, die einst einer der größten Marktplätze Ungarns war, mit ihren Sakralbauten (katholische und reformierte Christen und Juden lebten hier einmal gleichberechtigt und friedvoll nebeneinander) und ihren Profanbauten aus der Gründer- und Jugendstilzeit. Die Teilnehmer der Tagung wurden vom Generaldirektor der Museen des Komitats Bács-Kiskun, Prof. Dr. János Bárth, in die Geschichte der Stadt und ihrer Bauten und kurz in die reiche Museumslandschaft von Stadt und Region eingeführt.

Vier Museen wurden – teilweise unter sachkundiger – Führung besichtigt: Im Museum der Ungarischen Volkskunstgewerbe (Magyar Népi Iparmüvészeti Múzeum) konnte vor allem die ornamentale Bildwelt der ungarischen Textilien sowie der aus anderen Materialien hergestellten Gegenstände betrachtet werden, deren lebendige Tradition auch heute noch von engagierten Kunsthandwerkern weiter ausgestaltet wird.

Das Museum der ungarischen Photographie (Magyar Fotográfiai Múzeum) befindet sich in einer ehemaligen Synagoge und zeigt kleine Sonderausstellungen. In diesem Fall war es eine Ausstellung von Originalphotos (vintage prints), die der belgische surrealistische Maler René Magritte aufgenommen hatte. Auch in diesen absurd-witzigen Photos manifestiert Magritte seine Auffassung, daß Bilder „als materielle Zeichen der Freiheit des Gedankens konzipiert sind".

Im Spielzeugmuseum (Szorakaténusz Játékmúzeum), in dem Frau Dr. Éva Moskovszki kompetent Rede und Antwort auf die eingehenden Fragen der Tagungsteilnehmer stand, fanden vor allem solche Spielzeuge Beachtung, die im weitesten Sinn zu den Themen Bild, Druck und Papier gehörten, wie z.B. Legespiele, Brettspiele, Spielzeug aus Pappmaché oder Bilderbücher. Eines der interessantesten Stücke des Museums ist z.B. ein großformatiges Puzzlespiel, für das man einen Kupferstich nach François Boucher (herausgegeben durch R. Gaillard um 1780) verwendet hatte. Der niederländische Puzzleforscher und -sammler Geert Bekkering identifizierte es als historisierende Nachahmung um 1910, die, auf Sperrholz geklebt, sehr geschickt in figürliche Puzzle zersägt worden war. Im benachbarten Museum der ungarischen Naiven Malerei (Magyar Naiv Művészek Múzeuma) überraschten die sehr verschiedenartigen, aber immer aussagekräftigen Exponate der alten oder jüngeren Künstler. Besondere Faszination übte das Gemälde „Blaudruck" von Marinka Dallos aus.

Die Exkursion schloß mit einem Besuch der Großen Reformierten Kirche der Stadt Cegléd. Umrahmt von einem Orgelkonzert berichtete der Pfarrer der Kirche den Tagungsteilnehmern über den Bau und die Geschichte dieser beeindruckenden, größten reformierten Kirche in Ungarn, deren weiße Strenge und kalvinistische Bildlosigkeit einen originellen Kontrapunkt zu einer Tagung setzte, deren zentrales Thema Bilder in jeder Form sind.

Vor der Rückfahrt nach Budapest kamen die Tagungsteilnehmer zu einem Abendessen in einem Restaurant in Cegléd zusammen, bei dem noch einmal der Gedankenaustausch über das Gesehene und Gehörte möglich war.

Detlef Lorenz, Berlin

Der obige Bericht von D. Lorenz erschien in der Übersetzung von Pierre Julien in: Le Vieux Papier, Fasc. 370, Octobre 2003, p. 362-363: Session 2003 du Cercle „Bild Druck Papier". Es folgt der Hinweis auf die Tagungsbände: Les Actes des réunions du Cercle d'Ètudes „Image Impression Papier" peuvent être commandés à l'adresse: Museum Europäischer Kulturen, Im Winkel 6-8, D 14195 Berlin, Tel. 0049-30 83901-287.

Museen in Budapest

Das Ethnographische Museum war am Sonntag, den 1. Juni, gar nicht so leicht zu erreichen, da auf dem Platz zwischen dem Museum und dem Parlament Start und Ziel des Budapester Stadtmarathons eingerichtet worden war. Es fand sich dennoch eine große Gruppe von Interessenten ein, die von Frau Dr. Erzsébet Györgyi mit viel Engagement durch die dreizehn Räume der ständigen Ausstellung mit dem Titel „Die traditionelle Kultur des ungarischen Volkes" geführt wurde. Der Besucher bekommt auf äußerst anschauliche Weise (unterstützt durch Großfotos, was vor allem der die Landessprache nicht kundige Ausländer sehr zu schätzen weiß) anhand von Objekten aus der Zeit zwischen dem 18. Jahrhundert und dem Ersten Weltkrieg Leben, Arbeiten und Feiern im ungarischen Dorf und Markt vor Augen geführt. Die ethnischen, religiösen, regionalen und gesellschaftlichen Verschiedenheiten im historischen Ungarn werden am Beginn des Rundganges durch Trachten der einzelnen Regionen verdeutlicht. Neben der Sprache ist die Kleidung der deutlichste Indikator für die Eigenständigkeit der Siebenbürger Sachsen, der Slowaken und Ruthenen, Serben, Kroaten, Slowenen, Huzulen, Bosnier, Bulgaren und der Donauschwaben, die bis heute in Ungarn leben. Die Trachten sagen dort nicht nur – wie überall – etwas über den Sozialstand, das Alter, eventuell den Beruf und die Religionszugehörigkeit des Trägers aus, sondern weisen ihn einer ethnischen Gruppe zu. Ebenso detailreich ist die Darstellung der in Ungarn vertretenen Religionen anhand von Gemälden und Graphiken, Kleinskulpturen, Andachtsgeräten usw. aus dem katholischen, lutherischen, kalvinistischen, orthodoxen sowie dem jüdischen Bereich.

Breiten Raum nimmt die Darstellung der bäuerlichen Arbeit ein, die anhand von Geräten, Kleidung und Bildquellen veranschaulicht wird. Eng mit dem bäuerlichen Leben und Arbeiten verbunden sind das dörfliche Handwerk und die Heimindustrie. Bauhandwerker, Schmiede und Töpfer sowie die textilverarbeitenden Berufe werden auch im Hinblick auf die Absatzmärkte für die Produkte beleuchtet; verzierte Gegenstände weisen auf das Schmuckbedürfnis der Menschen.

Die letzten drei Räume sind dem individuellen Lebenslauf und den Kalenderfesten gewidmet und zeigen Spielzeug, Brautausstattung, Hochzeitszeremoniell (in einer nachempfundenen reformierten Kirche) sowie die Themen Tod und Begräbnis. Die Requisiten der weltlichen und kirchlichen Feste bilden den Abschluß des äußerst anschaulichen Rundganges, der ganz in der älteren Tradition volkskundlicher Museen gestaltet ist und mit ausgewählten Objekten Einblicke in das Leben und Arbeiten im ungarischen Dorf ermöglicht.

Nina Gockerell, München

Am Sonntagvormittag, womit die Tagung offiziell abschloß, konnten sich die Teilnehmer an die Führungen der Budapester Museen anschließen, die dafür zur Wahl standen. Darunter war auch Museum für Kunstgewerbe (Iparművészeti Múzeum).

Die Einweihung dieses Baues, der von Ödön Lechner (1845-1914) und seinem Partner Gyula Pártos stammt, fand am 25. Oktober 1896 statt und war die letzte in einer ganzen Reihe von Feierlichkeiten anläßlich des Milleniums der Landnahme magyarischer Stämme im Karpatenbecken und damit des Beginns der Geschichte des ungarischen Staates. Der Bau zählt zu den Besonderheiten im Budapester Stadtbild. Lechner strebte einen Nationalstil an. Das bedeutet den Bruch mit dem Historismus. An dessen Stelle tritt eine Verschmelzung ungarischer Volkskunstornamentik mit Elementen islamischer und indischer Architektur sowie der Formensprache des deutsch-österreichischen Jugendstils. Dabei vergewisserte Lechner sich der Mitarbeit des bedeutendsten Keramikers Vilmos Zsolnay (1828-1900), dessen Kacheln, sowohl außen wie im Innern, den Eindruck des Bauwerkes wesentlich mitbestimmen. Im schneeweißen „maurischen“ Innern, durch das liebenswürdig und kundig Frau Dr. Maria Zlinszky-Sternegg führte, ist das Treppenhaus, von einer Kuppel aus farbigem Glas überspannt, geradezu überwältigend.

Es ist müßig aufzuzählen, was dieses Museum alles zu bieten hat. Es soll daher nur noch erwähnt werden, daß der Saal mit der Ausstellung über die Geschichte der Porzellanfabrik Zsolnay und die stilistische Entwicklung ihrer Produktion eine vorzügliche Ergänzung zum Bauwerk bot.

Der Berichterstatter und seine Frau sind am Nachmittag noch zum jüdischen Friedhof hinausgefahren, um besonders mit dem Schmidl-Mausoleum ein weiteres Zeugnis Zsolnayscher Perfektion anzusehen und sich ganz allgemein von der Atmosphäre dieses Friedhofes gefangen nehmen zu lassen.

pcw

Museen und Ausstellungen

Museen

Vom ATP in Paris zum Musée des Civilisations de l'Europe et de la Méditerranée in Marseille.

Das 1969 im Bois du Bologne in Paris errichtete Musée Nationale des Arts et Traditions Populaires, seinerzeit als das modernste volkskundliche Museum gepriesen, wird es bald nicht mehr an dieser Stelle geben. Sein Standort war nach großen anfänglichen Erfolgen auf Dauer nicht anziehend genug: Mangelnder Publikumserfolg und die unveränderte Präsentation in den schwarz gehaltenen Räumen begeisterte nicht mehr jeden.

Schon lange plante man daher eine Veränderung, in deren Konsequenz sich nun ein Nationalmuseum von der Hauptstadt in die „Provinz" begibt. Damit sind aber die Weichen für ein neues, erweitertes Projekt an einem sehr attraktiven Ort gestellt: Das Fort Saint Jean an der Hafeneinfahrt von Marseille soll nach dem preisgekrönten Entwurf des Provenzalen Rudy Ricciotto 2008 seine Pforten als Musée des Civilisations de l'Europe et de la Méditerranée öffnen. Damit wird es mit seinen geplanten lebendigen Funktionszusammenhängen ein Ort der kulturellen Begegnung Europas insbesondere auch mit denen der mediterranen Kulturen.

Mit der Renovierung der alten Festung wird ein 13.000 m^2 umfassender Neubau aus Beton – nicht etwa aus Stahl und Glas – verbunden, der das ambitionierte Projekt aufnehmen wird. Vom 26.-30. April 2004 wird auf einem Kolloquium über Inhalte und Präsentationen diskutiert werden. Für den nun auf Europa und das Mittelmeer gerichteten Blick gaben nicht zuletzt die auf Europa ausgerichteten Initiativen in Berlin mit dem Museum Europäischer Kulturen der Staatlichen Museen zu Berlin und dem Deutschen Historischen Museum, in Bonn mit dem Haus der Geschichte der Bundesrepublik Deutschland, in Brüssel mit dem Musée de l'Europe und schließlich in Turin mit dem Projekt eines „Museo dell'identità europea" mit ihren Initiativen den Anstoß. Diese Museen verbindet seitdem das gemeinsame Netzwerk „Réseau de Musée de L'Europe" als Ort der Kommunikation und des Austausches zukünftiger Projekte.[1]

Die nächste Konferenz der SIEF (Société Internationale d'Ethnologie et de Folklore) wird daher nicht mehr wie 1972 in Paris, sondern nunmehr 2004 in Marseille stattfinden.

Christa Pieske / Konrad Vanja

Anmerkungen

1. Europa e musei: Identità e rappresentazioni. Atti del Convegno. Torino, 5-6 aprile 2001. Mit Beiträgen von Denis Chevallier, Michel Colardelle, Laurent Gerverau, Jacques Le Goff, Daniele Jalla, Hans Ottomeyer, Ugo Perone, Benoît Remichc, Hermann Schäfer, Konrad Vanja u.a.Torino: Celid 2003

Ausstellungen

Zwischen Schwarz und Weiß

Scherenschnittkunst in Berlin von der Aufklärung bis zur Moderne – getuscht, gerissen, geschnitten, gestanzt, gedruckt. – Ausstellung 28.04.-04.07.04. Begleitheft m. 24 S. u. 19 Abb.

Fernab von der Berliner Kunst- und Ausstellungsszene im idyllischen und wohlgepflegten, den Einrichtungsstil des späten 19. Jahrhunderts konservierenden Schloß Britz (in Berlin nennt man ein ehemaliges Gutshaus gern schon mal Schloß) im Süden des Bezirks Neukölln fanden und finden immer wieder Ausstellungen statt, die in ihrem Qualitätsanspruch und ihrer Themenstellung den Interessen des Arbeitskreises Bild Druck Papier teilweise genau oder doch zumindest als Randgebiete treffen. Als Beispiele aus der Vergangenheit seien genannt: „Berliner Eisen", „Haarkunst des Biedermeier", „Böhmische Krippen", „Wiener Ballkultur", „Die Sprache der Fächer" oder „Veduten des Hirschberger Tals".

Die jüngste Ausstellung fand mit einem Beiprogramm, das vom Scherenschnitt-Workshop für Kinder über Vorträge bis zu Vorführung von Filmen reichte, vom 28. April bis 4. Juli 2004 statt. In dem winzigen zur Verfügung stehenden und wie immer erstaunlich geschickt genutzten Raum wurde Scherenschnittkunst aus Berlin gezeigt. Private Leihgeber sowie auch namhafte öffentliche Sammlungen trugen zur hohen Qualität der Schau bei. Neben Begleitblättern (nach Informationen des Scherenschnittmuseums Schloß Lichtenwalde), die knapp und übersichtlich über die Technik, Fachbegriffe und die Geschichte des Silhouettierens Auskunft geben, wurde ein Begleitheft angeboten, das über einige der wichtigsten in Berlin tätigen Scherenschnittkünstler aus zwei Jahrhunderten Auskunft gibt.

Das französische Verb *silhouetter* geht auf den Spott über den französischen Finanzminister Etienne de Silhouette zurück, der durch seine Sparmaßnahmen in der *Louis-quinze*-Zeit Namensgeber dieser *art pauvre* wurde. Die schon zuvor in verschiedenen Ländern Europas beliebten Papierschnitte wurden durch das Silhouettieren bald in allen Gesellschaftsschichten populär.

Arbeiten von rund 20 mit Namen bekannten Scherenschneidern, die in Berlin gelebt haben, wurden gezeigt, elf davon werden in dem Begleitheft in Kurzbiographien vorgestellt. Allen voran gestellt sind Karl Varnhagen von Ense, der mit geschickter spitzer Schere sowohl Kinder als auch Erwachsene im berühmten Salon seiner Frau Rahel zu unterhalten wußte, und seine Schwester Rosa Maria Assing (3 Abb.). Sie überragte mit unglaublicher Phantasie und filigranen Märchenlandschaften ihren Bruder an Können und Geschmack bei weitem, wobei sie ihre Kunst durch Punktieren und Prägen der Papierrückseiten auch technisch erweiterte. Ebenfalls aus dem 19. Jahrhundert stammen Arbeiten von Karl Hermann Fröhlich aus Stralsund (2 Abb.) und Paul Konewka aus Greifswald (2

Abb., von denen eine leider unter mangelhafter Digitalisierung leidet). Bereits ins 20. Jahrhundert leiten die Schnitte von Johanna Beckmann über (1 Abb.). Sie arbeitete hauptberuflich lange Jahre als Silhouetten-Malerin in der Königlichen Porzellan-Manufaktur in Berlin und war in der Zeit vor dem Ersten Weltkrieg eine der beliebtesten Künstlerinnen ihres Metiers. Otto Wiedemann (2 Abb.), Schüler der Tiermaler Paul Meyerheim und Heinrich von Zügel, verstand es, als Scherenschneider auch komplizierte Bewegungsmotive von Tieren als, wie er sagte, „zweidimensionale Plastik" darzustellen. Die Arbeiten von Käthe Wolff (1 Abb.) bestechen durch reichhaltiges Rahmenwerk, das sie ihren feinen Figuren beigibt. Wilhelm Repsold (1 Abb.) war Bildhauer und Zeichner. Seine Silhouetten befassen sich mit der aktuellen Arbeitswelt und mit Sport. Es ist faszinierend, wie es ihm gelingt, sportliche Bewegungsdynamik und Kraft in kleine Scherenschnittkunstwerke umzusetzen.

Wie schon Repsold gehört der katholische Priester und Scherenschnittkünstler Melchior Grossek (2 Abb.) zu den Spätexpressionisten. Seine zyklischen Bilder „Ein Totentanz des Weltkrieges" von 1923 sind eine düstere Anklage gegen die Sinnlosigkeit von Krieg. Der Eindruck von lastender Düsternis und Bedrohung verstärkt er durch die Verwendung von diffusen, gedeckt farbigen Hintergrundpapieren, die spätere Visionen des Surrealismus vorwegzunehmen scheinen. Einen heiter-märchenhaften bzw. witzigen Kontrapunkt dazu bilden abschließend Lotte Reiniger (1 Abb.) und Ernst Moritz Engert (5 Abb.), der stets Verbindung zur Berliner Bohème hatte und ab 1921 in Berlin lebte.

Detlef Lorenz

Tarot – Bilderwelten

Deutsches Spielkartenmuseum Leinfelden-Echterdingen, 11.04.2003-11.01.2004.

Aus der Presseinformation des Museums: Die Geschichte des Tarot reicht bis ins 15. Jahrhundert nach Italien und Südfrankreich zurück. Die 78 Tarot-Karten werden seither in unterschiedlicher Weise genutzt. Gerade heute wird das Tarot weltweit von Millionen Menschen verwendet, um einen besseren Zugang zum eigenen Inneren zu erlangen, Die Bildersprache des Tarot ist längst den okkulten Zirkeln mysteriöser Esoteriker entwachsen und als Symbolsprache ganz praktischer psychologischer Deutbarkeit – ganz ähnlich der Traumdeutung – anerkannt. Tarot ist heute ein Stück Alltagskultur.

Gezeigt werden alte und neue Tarocke (bzw. Tarots) in ihrer vielfältigen künstlerischen Umsetzung – von den Anfängen des Tarock als höfischem Gesellschaftsspiel des oberitalienischen Adels bis hin zu den heute meist verkauften Tarot-Karten von A. E. Waite. Themen-Tafeln und Übersichten der Tarot-Struktur erläutern den Variantenreichtum der Darstellungsmöglichkeiten bei dennoch gleich bleibenden Grundstrukturen.

Christbaumschmuck – traditionell – multikulturell – sensationell

Ausstellung im Heimatmuseum Reutlingen (15.12.2000-04.02.2001), im Museum im Gotischen Haus Bad Homburg (15.11.2003-11.01.2004) und im StadtMuseum Bonn (08.12.2004 bis Anfang 2005). Konzeption und Katalog von Eva Stille, Ausstellungsgestaltung Anne-Doris Fluck.

Zu den Ausstellungen Eva Stilles in Bad Homburg von 2000 bis 2005 ist ein 51 Seiten starkes Begleitheft mit informativen Texten und zahlreichen farbigen Abbildungen zu haben. Copyright bei der Stadtverwaltung Reutlingen, ISBN 3-933820-25-1.

Die Ausstellung, die ohne den üblichen Baum auskommt, zeigt die vielseitigen Exponate in modern aufbereiteter Dekorierung. Auch der kommerzielle Hintergrund wird verdeutlicht, die wenig ertragreiche Heimarbeit und der lukrativere Vertrieb, der Christbaumschmuck als Exportartikel auch nach den USA verschiffte. – Diese anziehende Auswahl aus den vielen von Eva Stille seit Jahrzehnten gesammelten und bearbeiteten Exponaten beeindruckt das kleine und große Publikum. Mitglieder des Arbeitskreises werden sich außerdem mit Freuden an das „Weihnachtszimmer“ in der Ausstellung „Das ABC des Luxuspapiers“, 1983 im Museum für Volkskunde in Berlin, erinnern, das Eva Stille kenntnisreich und bewunderungswürdig dekorativ aufgebaut hatte. Ihr Artikel zum Thema im „ABC des Luxuspapiers“, Berlin 1983 und 84, S. 101-103, gab den ersten größeren Überblick.

Santi di Casa, Santi di questa terra

Mostra e libro sulle stampe di devozione popolare. 03.04.-11.04.2004, Convento Francescano, Veglie. (Vgl. Rezensionen, S. 217).

Diese Ausstellung wurde durch den Verein „Circolo amici della Fotografia“ vom 3.-11. April 2004 im Kreuzgang des Klosters gezeigt. Die ihr zugrunde liegende Sammlung, vor allem an religiöser Populargraphik, war von dem Arzt Cosimo Fai aus Veglie (Apulien) zusammengetragen worden, der seit längerer Zeit die Wandbilddrucke in seiner Region photographiert, gesammelt und katalogisiert hatte. Immer wieder stieß er dabei auf Fridolin Leiber, den Hausmaler des Kunst- und Popularverlages E. G. May in Frankfurt/M.

Cosimo Fai suchte die Verbindung mit Deutschland und wurde fündig. So kam er seinem Ziel näher, aus dieser Sammlung eine Ausstellung mit begleitendem Katalog zu machen. Die entscheidende Hilfe erwuchs durch die Vermittlung des Arbeitskreises Bild Druck Papier: Alberto Milano, der sich schon seit längerem mit den italienischen Chromolithographien beschäftigt hatte, setzte sich voll für die Idee ein, daraus eine anziehende Ausstellung zu machen. Aus der intensiven Zusammenarbeit von Nord- und Süditalien wird auch die Kenntnis der deutschen sowie der italienischen Chromolithographien noch manche Bereicherung erfahren.

Kontaktadresse: cosifai@libero.it (Korrespondenz in Italienisch oder Französisch!).

Zauber der Schachteln. Familienerinnerungen in Schachteln aufbewahrt

Ausstellung des Kunstgewerbemuseums Budapest vom 20.04.-15.08.2004.

Das neunteilige, von der Kustodin Dr. Hilda Horváth geschriebene und gestaltete Faltblatt in geschmackvollem Layout mit farbigen Abbildungen, dazu zweisprachig in Ungarisch und Deutsch, führt in ein sehr besonderes, mit Gefühlen behaftetes Terrain: Es sind die kleinen Kostbarkeiten an Behältnissen und Verpackungen, die nach Erfüllung ihrer Zweckbestimmung neu gefüllt wurden mit den Gegenständen des Andenkens und der Zuneigung. Nicht nur ein gütiger Zufall, sondern vor allem die Achtung vor dem überkommenen Besitz hat ein Aufbewahren dieser Sammlung über Generationen hinweg ermöglicht. Die hundert Schächtelchen, Pralinen-, Parfüm- und Seifenverpackungen, Ostereier oder Briefkassetten stammen aus sehr gutem Hause, wo raffiniert gestaltete Bonbonnieren nicht nur beim Verzehr der Süßigkeiten bewundert wurden. Es sind die Marken erster Häuser, die für Qualität in jeder Hinsicht bürgten. Namen wie Gerbeaud (Konfekt), Rigaud (Parfüm), Farina (Eau de Cologne) klingen auf. Die ehemalige Kustodin des Museums, Dr. Maria Zlinszky-Sternegg, hat ihre kostbare Sammlung, die ausschließlich aus der Familie stammt, dem Kunstgewerbemuseum Budapest übereignet und damit diesem Sektor der gehobeneren Gebrauchsgraphik einen besonders wertvollen Zuwachs zukommen lassen.

CP

Advent, Advent, Advent

November 2002 bis Februar 2003, Oberösterreichisches Landesmuseum, Linz.

Adventskalender

Das Land war geteilt – 1949 bis 1989
Stadt- und Kreisbibliothek „Anna Seegers“ Meiningen, 01.12.03-31.01.04

Druckgraphik von und nach Angelika Kaufmann (1741-1807)

aus dem Bezirk der Gemeinde Schwarzenberg.
Gemeindemuseum Schwarzenberg/Voralberg, ab 05.05.03.

Il mare nelle immaginette devozionali

Natura, simboli e protezioni. Chiostro della Concattedrale di Sant'Antonio, Piombino. 02-31. Agosto 2003. Santini provenienti dalle collezioni.

Il Costume Popolare Pugliese

– modi di vestire, bozzetti di vita, giochi di memorie al tempo dei Borbone. Lecce, Castello di CarloV. 16.06.-21.10.2001. Mit Katalog.

Krippen aus dem Erzgebirge und den Sudeten
Schwäbisches Volkskundemuseum Oberschönenfeld 29.11.03 – 01.02.04.

Luxuspapier zur Weihnachtszeit 1860-1930
Baumbachhaus Kranichfeld/Thüringen, 30.11.03-15.02.04.

Maria – Licht im Mittelalter
Meisterwerke der Gotik, Schätze aus Kirchen, Museen und Privatbesitz.
Bergbaumuseum Leogang (Salzburg/Österreich) 18.06.-31.10.2003.

Mariazell és Magyarország [Mariazell und Ungarn]
Egy zarándokhely emlékezete. [Erinnerungen an einen Wallfahrtsort]
A Budapesti Történeti Múzeum Kiscelli Múzeuma. Budapest, 28.05.-12.09.2004. Mit Führer (36 S., m. 50 farb. Abb.).

Masken, Spiele und Soldaten, Glückwunschkarten und Oblaten
Luxuspapier 1860-1930
Thüringer Freilichtmuseum Hohenfelden, 28.09.2003-15.02.2004

Schiffe aus Papier – Kartonmodellbau heute
Deutsches Schiffahrtsmuseum Bremerhaven, Herbst 2004

Soldatenehr' als Möbelzier
Uniformierte und bemalte Möbeln und andere Objekte der Volkskunst.
20 Jahre Rößler-Museum, Untertürkheim, 18.05.-20.07.2003. Ausstellung und Katalog.

Theatrum vitae et mortis
Graphik, Zeichnung und Buchmalerei in Schlesien 1550-1650.
09.02.-18.03.1996 Historisches Museum (Rathaus Breslau) / Muzeum Hiistoryczne Wrocław, mit Katalog.

Weihnachten in dunklen Zeiten
Das Weihnachtsfest in der politischen Propaganda.
Diözesanmuseum Obermünster, Regensburg, 18.1.2003-11.01.2004.

Arbeitskreise und Vereinigungen, Hinweise und Berichte

Im gesamten angelsächsischen Raum bestehen seit längerem zahlreiche Bibliographische Gesellschaften, die über ein bedeutendes Potential an veröffentlichten Bibliographien verfügen.

Bibliographical Society of America

Gegr. 1904 in St. Louis.
14. 10. 2004 St. Louis Mercantile Library, Bibliography (Prints).
Zeitschrift: Studies in Bibliography, ab 1948. Internationale Forschung über Frühdrucke, Schreibmeisterbücher, Drucker, Verleger etc.

Russell Hood Collection

related to Typography and Graphic Design 1569-1970. – Special Collection, University of Delaware, Library. Newark, DEL. 19717-5267

Center of Ephemera Studies

Department of Typography & Graphic Communication. Director Prof. emer. Michael Twyman, Reading. - Durch diese bisher weltweit einzig dastehende Einrichtung werden die Ephemera, ein lange belächeltes Sammelsurium, als ein Feld der Kulturgeschichte anerkannt und damit in einen akademischen Rang erhoben. Bedeutende Sammlungen und umfangreiche Nachlässe erlauben ein intensives Studium auch entlegenster Wissensgebiete.
The University of Reading, 2 Earley Gate
Whiteknights PO Box 239
Reading RG6 6AU UK

National Maritime Museum, Greenwich

Printed Ephemera Collection: Die Exponate betreffen die Royal Navy, die Handelsmarine und die Passagierschiffahrt. Neben den über 12.500 Einzelblättern (Notentitel, Speisekarten, Einladungen, Programme) gibt es ebenso viele Broschüren, Pamphlete, Plakate usw., die auch Themen wie Sklavenhandel, Untergang der Titanic oder Auswanderungswellen aus Europa betreffen.

Tagungsbericht: Sechstes internationales Schattentheaterfestival

vom 13.-18. Oktober 2003 in Schwäbisch Gmünd

Dieses weltweit beachtete und gut besuchte Treffen der berühmtesten und kreativsten Ensembles zeugte höchst eindrucksvoll von der wachsenden Bedeutung und der fast explosiv sich entwickelnden Technik dieser Kunstgattung. Die vielgestaltigen Eindrücke lassen sich leider im Rahmen von „Schwarz auf Weiß" nicht annähernd beschreiben. Deshalb beschränke ich mich auf einige Beobachtungen aus der Sicht des Scherenschneiders.

Viele der gezeigten Vorstellungen weisen in Richtung „Multimedia", d.h. unter Zuhilfenahme aller erdenklichen Effckte suchen sie eine Vertiefung der Wirkung. Das bedeutet einerseits eine unglaubliche Erweiterung der klassischen Ausdrucksmöglichkeiten, andererseits birgt es die Gefahr, äußerlichen Verführungen zu erliegen.

Ein typisches Beispiel sahen wir in der Inszenierung des idealsten Stoffs für dieses Metier: Michael Endes „Ophelia und ihr Schattentheater". Das ist die entzückende Erzählung von einer arbeitslos gewordenen Theatersouffleuse, die „ihre Freunde" (die Schatten des Theaters) zu sich nach Hause mitnimmt und, auch dort vertrieben, eine Tournee mit ihnen unternimmt, die im Himmel endet.

Die Bühnenfassung beginnt sehr spannend mit geschickten Schattenspielen – ein Scheinwerfer von links, einer von rechts, lassen die Darstellerin wie von Geistern bedrängt erscheinen. Großartig! Im Verlauf des Stücks geht dann aber leider den Effekt-Erfindern die Puste aus – verlegene Lichtreflexe können nicht adäquat die Verwandlung der Schatten in Lichtfiguren darstellen, das bleibt enttäuschend.

Da sind wir dann glücklich (als Scherenschneider), wenn die Mutter der Silhouettenfilme zu Worte kommt – Lotte Reiniger.

Dies geschieht am imposantesten mit einem ihrer ganz frühen, kurzen Filme: Aschenbrödel. Da sind alle Elemente (Figuren wie Rahmen) in überzeugende Einheit gebracht, humorvoll, expressiv, Kinder wie Erwachsene gleichermaßen ansprechend.

Zwischen solchen grundsätzlich verschiedenen Darbietungen gab es jede Menge geglückte und fragwürdige, vor allem auch gemischte Versuche.

Eine solche überzeugende Mischung brachte ein Ensemble aus Stuttgart mit dem guten alten Märchen vom Fischer und seiner Frau (Plattdeutsch im Schwabenland!).

Mit sparsamsten Requisiten (zwei Liegestühle, ein Paddel und ein paar Tücher) spielten und erzählten ein Mann und eine Frau die bekannten Eheprobleme von den immer größer werdenden Ansprüchen – durchaus zeitgemäß nachvollziehbar, oft zum Schmunzeln. Auf einem „Bildschirm" zeigten sie dabei die Schlüsselszenen des Märchens in ganz einfachen, beweglichen Schattenrissen. So entstand fast bruchlos eine zweite Ebene als Kunstgriff. Der Vorteil: einfachste Bildmittel verdichten die Geschichte. Der Butt war schlicht ein dunkelgrüner Farbfleck, durch den Scheinwerfer belebt. Die Liegestühle verwandelten sich stufenweise vom Pisspott zum Kaiserpalast und auf dem improvisierten „Fernseher" erschienen der Papst und sogar Gott ... bis alles, überzeugend wuchtig wieder zusammenbrach.

Nach dieser herrlich gelungenen Theaterfassung des Märchens wurden die Kinder, die der Aufführung begeistert beigewohnt hatten, eingeladen, selbst eine Schere in die Hand zu nehmen und aus Papier eine Figur zu schneiden, wie sie sie eben gesehen hatten.

Ungefähr 26 Kinder (eine Schulklasse und zwei Familien) begaben sich in einen Nebenraum, wo hufeisenförmig Tische und Stühle bereitstanden, Scheren und Papier – und ein Overheadprojektor! Ich sprach die Kinder an und demonstrierte mit erhobenen Händen, wie meine Schere ins Papier hineinschnitt – am Bein anfangend, über Bauch, die Arme, Hals, Kinn, Mund, Nase, Haare, den Rücken hinunter zum Boden – die Figur „herausholte".

Ich war noch nicht ganz fertig, da schnippelten sie schon alle. Ursula Kirchner, die ihre langjährigen Erfahrungen, Kinder für das Scherenschneiden zu interessieren, hier mit einbrachte, war auch sofort umringt von eifrigen Spontankünstlern. Zwei oder drei waren etwas schüchtern, zu denen ging ich und machte ihnen Mut. Andere verblüfften uns mit schon richtigen, erkennbaren Typen – ein Angler mit Fisch am Haken und einen Papst. Wer nicht so viel Formgefühl hatte, schnitt wenigsten einen Butt als runde Scheibe.

Zwei Fotografen hielten die angeregte Atmosphäre dieser knappen Stunde mit ihren Schnappschüssen fest. Der Höhepunkt war dann die Projektion der hergestellten Silhouetten auf einem riesigen Bildschirm. Da strahlten die kleinen Künstler, wie man ihre Schnitte bewegen und sprechen lassen konnte! Sie durften am Ende ihre Arbeiten mitnehmen.

Meine optimistische Überzeugung ist dabei, daß Kinder die Schönheit und Ausdrucksfähigkeit so eines Scherenschnitts erleben konnten und vielleicht irgendwann wieder zur Schere greifen.

Deshalb möchte ich alle mit dem Schattentheater befaßten herzlich einladen, diese offenbar leicht zu praktizierende Kombination von Bilderlebnis und praktischem Scherenschneiden einmal auszuprobieren. Scheren (für Rechts- und Linkshänder, spitze und gerundete, bekommt man schon um 2 € in einschlägigen Geschäften zu kaufen).

Wer als Scherenschneider in dieses „Doppelmetier" einsteigen möchte, dem verspreche ich viel Freude bei der Begegnung mit aufgeweckten Kindern! Nützlich dazu ist ein solcher Overheadprojektor (kann man ausleihen). Er „ersetzt" ein Schattentheater, man kann schnell demonstrieren, wie sich Figuren (oder Hände) bewegen, und das wirkt ansteckend. Viel Anleitung braucht es nicht, Vormachen ist gut! Sie werden erstaunt sein, wie schnell Kinder (vorzugsweise zwischen 5 und 12 Jahren) einsteigen! Wenn Sie endlich die ausgeschnittenen Figuren mit dem Apparat vergrößert auf die Wand zaubern, ist des Staunens kein Ende.

Zum Schluß möchte ich mich noch bedanken – bei dem unermüdlichen Spiritus rector des Festivals, Herrn Rainer Reusch, für die vorbehaltlose Unterstützung des „Workshops", der erst nachträglich in das Programm eingeschoben werden konnte – sowie bei meinen verdienstvollen Beraterinnen Frau Ursula Kirchner für die Scherenschnitte und Frau Traute Stawitzki für das Schattentheater.

Hartmut Klug

Tagungsbericht Volkskunde als Bildwissenschaft

Wissenschaftliche Arbeitstagung 15. bis 18. Februar 2004 in München am Institut für Volkskunde/Europäische Ethnologie.

Konkreter Anlaß dieser Tagung war das 40jährige Bestehen des Münchner Instituts für Volkskunde/Europäische Ethnologie an der Ludwig-Maximilians-Universität (LMU). Mit einem Festakt, wobei das Bayerische Nationalmuseum in der Prinzregentenstraße den entsprechend attraktiven als auch thematisch passenden Rahmen bot, wurden die zahlreichen Teilnehmer in die Thematik der Tagung eingeführt: Praxisbezogen durch die angebotenen Führungen im Museum, herzlich begrüßt von der Hauptkonservatorin der Volkskundeabteilung des Museums *Nina Gockerell*, offiziell empfangen von *Konrad Vanja*, dem zweiten Vorsitzenden der Deutschen Gesellschaft für Volkskunde, bekanntermaßen Bildforscher und Direktor des Museums Europäischer Kulturen in Berlin, und schließlich theoriegeladen durch den Eröffnungsvortrag von Institutsleiter *Helge Gerndt*.

In zwei idealtypischen Schaubildern machte Gerndt seinen Programmentwurf zur „Kulturwissenschaftlichen Bildforschung" manifest. In einem ersten Schritt ging es Gerndt um die generelle Einordnung des spezifisch volkskundlichen Arbeitsansatzes in der Bildforschung: Während sich die Kunstwissenschaften, aber auch die Theaterwissenschaften vor allem mit „der visuellen Dimension" des Bildes beschäftigen, sind es neben den letzteren die Sprach- und Literaturwissenschaften, für die „die mentale Dimension" des Bildes im Mittelpunkt steht. Die „gesellschaftliche Dimension" von Bildern (das Bild als „Trägermedium") hingegen ist für die Alltagskulturwissenschaften von Bedeutung, denn hier werden in erster Linie Gebrauchsbilder sowie deren Produktion, Vermittlung und Rezeption hinterfragt.

Zweitens veranschaulichte Gerndt sowohl den empirischen als auch den theoretischen Einstieg zum Thema Bild. Den Zugang zur visuellen Kultur im allgemeinen sieht er möglich über die Empirie und zwar über die Frage nach den drei ethnologischen Dimensionen Raum (Bilderwelt) – Zeit (Bilderüberlieferung) – Gesellschaft (Bilderpraxis). Der direkte Zugang zur Bildlichkeit bzw. zum Bild an sich soll über ein theoretisches Konzept mittels inhaltlicher Aspekte (Bildwissen) – formaler Aspekte (Bildbegriff) und methodischer Aspekte (Bildbetrachtung) erfolgen. Die Verknüpfung von Theorie und Praxis liegt für Gerndt in der individuellen Bildwahrnehmung, also den psychologischen Aspekten.

Das Arbeitsfeld für die nächsten drei Tage war durch fünf Themenfelder mit jeweils vier Vorträgen abgesteckt. Den Auftakt *„Kulturtheoretische und methodologische Aspekte"* leitete *Wolfgang Brückner* ein, indem er die Geschichte des „europäischen Antagonismus Wort oder Bild" erläuterte und mit dem Schlu - satz „Wir hören mit den Augen" das „Bild" provozierend in der Gewichtung über das „Wort" stellte.

Der Mitbegründer der modernen Ikonographie und Ikonologie Aby Warburg stand im Zentrum des Vortrags von *Gottfried Korff*. Anhand der Studie zum Schlangenritual der Pueblo-Indianer und der ethnographisch geprägten Fotosammlung von Warburg zeigte Korff „die Breite des methodischen Repertoires von Warburgs bildanthropologischen Fragestellungen" auf und erklärte diese für paradigmatisch für die volkskundliche Bildforschung.

Während *Lioba Keller-Descher* über den Einfluss bildlicher Objekte auf den Forschungsprozeß ihrer Dissertation über Trachtengraphik in Württemberg zwischen 1750 und 1850 sprach, beleuchtete *Burkhart Lauterbach* die nur scheinbare Objektivität der Photographie und prüfte die Fähigkeit von analytischen Konzepten, mit diesem Phänomen umzugehen.

Das zweite, medienorientierte Themenfeld *„Bildwahrnehmung im modernen Alltag"* eröffnete *Albrecht Lehmann* mit dem Stichwort der Ikonologie des „Landschaftlichen Auges". Lehmann legte dar, wie sich stereotype, von außen gelenkte Vorstellungen von Landschaften in Klischeebildern persönlich abgefaßter Naturschilderungen widerspiegeln. Während *Bärbel Kerkhoff-Hader* ihre Forschungen im Bereich Bild und Werbung ausführte, beschäftigte sich *Irene Götz* in ihrem Beitrag mit dem aus der Literaturwissenschaft stammenden Begriff der „Visiotype", also durch Massenmedien erzeugte Bildstereotype, die eine Art Anti-Bild produzieren (Asylantenflut – Eindämmung dieser Flut) und die wiederum die „Konstruktion und Vermittlung nationaler Identitäten und Gesellschaftsbilder" lenken.

Mit dem doppeldeutigen Titel „Bilderfolgen. Wahrnehmungswandel im Wirkungsfeld Neuer Medien" wies *Christoph Köck* auf die Veränderung der Wahrnehmung durch den Einfluß elektronisch erzeugter Bilder vor allem der jüngeren Generation hin und machte anhand einiger Beispiele die Folgen für diese an der Bildoberfläche „navigierenden" Generation deutlich.

In den dritten Teil *„Kulturhistorische Bildforschung und kulturelles Bildgedächtnis"* führte *Ruth-E. Mohrmann* mit niederländischen Drucken zum Thema „Konfliktrituale im Bild der frühen Neuzeit" ein. Neben Textquellen möchte sie diese Bildquellen in ihrer ikonographischen Ausprägung nach dem Realitätsgehalt befragen. Spannend ist der Zufallsfund, den *Silke Götsch* gemacht hat. Sie entdeckte einige Tage- und Geschichtenbücher, die ein schleswig-holsteinischer Bauer in den Jahren um 1830 herum geschrieben hat und analysierte die von dem Bauern eigenhändig dazu angefertigten Illustrationen.

Martin Scharfe hingegen entwickelte seine Gedanken zu den kryptischen Bedeutungen von sogenannten Bildbagatellen (Vignetten und kleineren Textillustrationen). Wie moderne Traditionsbildung durch Umwertung historischer Bilder entstehen kann, demonstrierte *Daniel Drascek* an verschiedenen Beispielen.

Der vierte Themenbereich umfaßte den *„Umgang mit Bildern in Wissenschaft und Praxis"*. Über die Vorstellungen von Körperbildern sprach *Walter Leimgruber* in scinem Vortrag „Bild-Körper-Kultur". Er analysierte den Versuch der Klassifizierung des menschlichen Körpers mit Hilfe der Photographie in der zweiten Hälfte des 19. Jahrhunderts wie auch den gegenwärtigen Körperkult in Form einer „Optimierung des Körpers" durch Gentechnik und plastische Chirurgie.

Ganz anders *Friedemann Schmoll*: Ausgehend davon, daß die (geographische) Karte als „Mittel der Visualisierung volkskundlichen Wissens und als Methode der Kulturanalyse" dient, stellte er den „Atlas der deutschen Volkskunde" in den Kontext wissenschaftlicher Visualisierungskonzepte, nicht zuletzt mit der Absicht, dieses großangelegte Projekt zu rehabilitieren. Mit KZ-Bildern als „Ikonen des Erinnerns" setzten sich sowohl *Guido Fackler* als auch *Michaela Haibl* auseinander. Fackler explizierte dabei die Ambivalenz von Photographien aus dem KZ Mauthausen zwischen ikonisierter Erinnerung und ihrem eigentlichen Wert als historisches Dokument. Haibl erörterte die künstlerische Bedeutung von „illegal" angefertigten Zeichnungen aus dem KZ Dachau. Im letzten Vortragsgebiet ging es um *„Ästhetische Praxis und visuelle Kultur"*.

Beeinflußt von der angelsächsischen social anthropology verdeutlichte *Franziska Schürch* ihre durchaus kontroversen Thesen zu einer „Volkskunde der Kunst" im Sinne einer erweiterten Sachforschung. *Ueli Gyr* demonstrierte per power point unter dem „Totschlagbegriff" (Scharfe) Kitsch Szenen aus der sogenannten „Volks"-musik und dem Film „E.T."

Ulrich Hägeles Ansatz ging von den Medienwissenschaften und der Frage nach einem bildmedialen Forschungsansatz innerhalb der volkskundlichen Bildforschung aus. Schließlich referierte *Cornelia Renggli* aus ihrer Dissertation zum Thema „Bilder von Behinderung und Normalität". Nicht vergessen sei hier der Festvortrag vom Nestor der volkskundlichen Bildforschung *Nils-Arvid Bringéus* über Bildtransformationen in der populären Malerei und Druckgraphik.

Im Anschluß an die Tagungsreferate führte der Kunsthistoriker *Thomas Raff* durch die Bildausstattung des Hauptgebäudes der LMU und *Stephan Bachter* bot mit der von ihm organisierten Kultfilmnacht den Teilnehmern einen adäquaten Ausklang. Es war also eine rundherum intensive wie auch impulsgebende Arbeitstagung, die bestens durchorganisiert war – vermißt hat man nur die „Grande Dame" der Bildforschung, Christa Pieske aus Lübeck.

Zwei Dinge sind abschließend festzuhalten: Zum einen findet die bisher geleistete volkskundliche Bildforschung innerhalb der universitären Forschung zunehmend Resonanz; zum anderen wurde hier der Rahmen für die spezifischen Aufgaben einer gesellschaftsrelevanten Bildforschung im Verhältnis zur interdisziplinären Bildwissenschaft abgesteckt.

Constanze Lindner Haigis

Arbeitskreis Bild Druck Papier in Budapest

Der Arbeitskreis Bild Druck Papier traf sich vom 29.05. bis 01.06.2003 zu seiner Jahrestagung, die auf Einladung der Ungarischen Nationalgalerie in Budapest stattfand und wiederum von über hundertdreißig Teilnehmern besucht wurde. Die Vorträge, die unter anderem Einblicke in historische ungarische Bilddokumente vermittelten, werden in einem Tagungsband nachzulesen sein (zuletzt erschien im Verlag Waxmann als Band 7 der Tagungsband Esslingen 2002 des Arbeitskreises; die Bände 5 und 6 der Tagungen in Berlin 2000 und Bassano del Grappa 2001 sind ebenfalls publiziert). Die diesjährige Exkursion führte die Teilnehmer der Tagung in mehrere Museen der Stadt Kecskemét und in die große Reformierte Kirche nach Cegléd. Sonderführungen machten am letzten Tag mit Beständen des Budapester Ethnographischen Museums, des Museums der Schönen Künste oder wahlweise mit dem Kunstgewerbemuseum bekannt.

R.G. [Renate Gollmitz]

Substitution et actualisation des Mythes

XVème Congrès de la Société de Mythologie Française. (03.-05. Septembre 1992). Centre d'Ethnologie des Alpes Méridionales. Omage Editions Turin 2000. 404 S. m. Abb.

Deutsche Gesellschaft für Volkskunde

dgv Informationen. Mitteilungen der Deutschen Gesellschaft für Volkskunde, Folge 113, Heft 1, März 2004, S. 17: Ankündigung der Tagung des Arbeitskreises Bild Druck Papier in Ittingen vom 20.-23. Mai 2004 mit dem Verlauf und den Vortragstiteln.

16. Preetzer Papiertheatertreffen

12.-14. September 2003.

Typo Tage 2003

27.-29. Juni 2003. Gesellschaft zur Förderung der Druckkunst Leipzig e.V., Museum für Druckkunst, Leipzig, Nonnenstraße 38, 04229 Leipzig.

Pellegrini verso Loreto

Convegno: Pellegrini e Pellegrinaggi a Loreto nei secoli XV-XVIII, 08.-10.11.2001, Loreto.

Aktivitäten der Arbeitskreismitglieder

Cäcilia Kohlmann: Veranstaltungen der Pallas Verlags GmbH in Welver-Dinkel, Hellweg 4.

86. Ausstellung „Der Holzschnitt im 20. Jahrhundert", Teil 1, „Farbholzschnitte in der Nachfolge japanischer Holzschnitte", 07.12.2003 bis 08.02.2004 (Ausstellungsliste)
40. Dinkeraner Buch- und Kunstsalon am 13.12.2003 „Bibeln und biblische Bilder", zum Jahr der Bibel (Faltblatt)
87. Ausstellung „Daniel Anton Quiring: Bilder zur Musik" vom 22.02. bis 21.03.2004 mit einer Musik-Kunst-Performance.
41. Dinkeraner Buch- und Kunstsalon am 13.03.2004 „Illustrierte Bücher aus der Büchergilde Gutenberg" (Faltblatt)

Barbara Krafft: „Unerhörtes – Niegesehenes vom „Kasperlgrafen".

Vortrag mit vielen lichten Bildern und schwarzem Spuk umrankt mit Kompositionen von Franz Graf v. Pocci am 15.02.2004 im Münchner Marionettentheater.

Dies.: Unbekanntes zum „Kasperlgrafen“ (Franz Graf von Pocci 1807-1876).
Vortrag vor der Historischen Kinderbuch-Gesellschaft in der Internationalen Jugendbibliothek (IJB), am 24.04.2004 in der Blutenburg bei München.

Roger Kaysel: Kindermuseum, „Post“
22. Ausgabe 2003, Entwicklung, weitere Unternehmungen.

Sigrid Nagy: „Die Rose als Sinnbild der Liebe“.
Vortrag über Rosen im Luxuspapier im Rosenmuseum Steinfurth am 18.04.2004.

Gertraud Schorer: „Das Mistelmotiv auf Postkarten.
Ein Kapitel aus der Kulturgeschichte der Mistel“ Vortrag auf dem 3. Mistelsymposium „Die Mistel in der Tumortherapie“ vom 20.-22.11.2003 im Rahmen der Karl und Veronica Carstens-Stiftung, Europäisches Bildungszentrum Bad Otzenhausen.

Dies.: „Der Mistelkult bei den Kelten. Realität – Phantasie – Auswirkungen“
Vortrag im Kulturverein Möhrendorf (Erlangen) am 26. 03. 05.

Fragen und Antworten:

Was, bitte, sind Spielbälle?
Die Firma Carl August Nestler in Wiesa im Erzgebirge nannte sich „Spielbälle Fabrik“. Sowohl auf einer alten Ansichtskarte von 1908 als auch noch 1990 stand diese Bezeichnung groß an der Hauswand des Fabrikgebäudes.

Meine Vermutung ist, daß es sich bei diesen Bällen um die kleinen Staniol-Bällchen im bunten Netz und an einer Gummischnur handeln könnte, die man früher vor allem auf Jahrmärkten kaufen konnte. Frau Dr. Faber vom Spielzeugmuseum Nürnberg bestätigte diese Annahme, allerdings ohne Beleg. Sie kannte auch noch die Bezeichnung „Salonball“ für diese Bälle. Irritierend ist aber der Begriff Fabrik für einen Artikel, der doch wohl eher nach einer Heimarbeit aussieht.
Wer könnte mir mit Belegen zum Stichwort „Spielbälle“ helfen?
Wichtig sind für mich weiter alle Unterlagen über die Firma Nestler, Papierverarbeitung, in Wiesa. Denn inzwischen gehört Nestler zu den führenden Herstellern von Schultüten. Aus diesem Grunde interessieren mich die Spielbälle im Rahmen meiner Arbeiten zum Thema „Schulanfang“.

Über alle Hinweise freut sich Hans-Günter Löwe aus Hamburg.
Hans-Günter Löwe, Gneisenaustraße 40, 20253 Hamburg
Tel.: 040/422 95 58, Fax: 040/42 911 713
E-Mail: lehrer.loewe@erster-schultag.de
Homepage: www.erster-schultag.de

Wer kennt die deutschen Firmen „Bonaker“ sowie „Žako“ (Schako oder Jacquot?), die um 1900 in Moskau bedruckte Blech-Ikonen herstellten?
Hinweise bitte an
Dr. Marianne Stößl,
D 85764 Oberschleißheim, Museum Altes Schloß,
Tel. 089 3155272

Rezensionen

Zeitschriften

The Ephemerist. Journal of the Ephemera Society

No. 124, Spring 2004, 20 p., ca. 50 ill.

Wie jedes der viermal jährlich erscheinenden Hefte weist auch dieses einige überraschende Aufsätze auf, deren Kenntnis den Arbeitskreis-Mitgliedern nicht vorenthalten werden soll. Das beginnt mit den Plakaten oder Anschlägen nach vermißten Haustieren, von der Kuh über Katzen bis zur gesuchten Krähe oder Pet Rat, alles individuell gestaltet. Sie sind dem Buch von Ian Phillips: Lost: lost and found pet posters around the world. New York o.J. (ISBN 1-56898-337-9) entnommen. Wenn auch manche laienhaften graphischen Lösungen nicht einer gewissen Komik entbehren, – sie und die Einstellung des heutigen Menschen zu seinem Tier sind höchst aufschlußreich (p. 14f.).

Michael Twyman (Em. Prof., Department of Typography & Graphic Communications at Reading University, UK) ist der Direktor des University's Centre for Ephemera Studies. Aus diesem Gebiet hat er im vorliegenden Heft das große Spektrum der Fleißbildchen und Belobigungen aufgezeigt. Es handelt sich vor allem um französische Exemplare aus der Mitte des 19. Jahrhunderts, die in Schulen und Pensionaten verteilt wurden. Auch Szenen der Preisverleihungen sind hier festgehalten (p. 2-6 m. 13 Abb.). – Für Lesezeichen-Sammler nicht unwichtig: Der bekannte spanische Musikhistoriker Beryl Kenyon de Pascal hat auch auf diesem Gebiet sein reiches Wissen ausgebreitet und chronologisch zahlreiche Beispiele aus vielerlei Materialien vorgeführt. The Bookmark: a bibliophile's accessory (p. 8-13 m. 23 Abb.).

Gleichzeitig erschien das 150 Seiten starke „Handbook 2004-2006" mit dem Mitgliederverzeichnis (Anschriften, Sammel- und Forschungsgebiete, 96 S.), Händler-Anschriften (22 S.) und Register der Sammelgebiete. Das nützliche Handbuch ist zu beziehen durch

The Ephemera Society
PO Box 112
Northwood, Middlesex 11A6 2WT
Info@ephemera-society.uk

CP

Zur Geschichte des Kartonmodellbaus

Heft 1 bis 3, Hamburg 2001 bis 2003.

Der von Dieter Nievergelt und anderen Modellbaubogen-Sammlern ins Leben gerufene „Arbeitskreis Geschichte des Kartonmodellbaus" gibt jährlich ein umfangreiches, opulent mit vielen, z. gr. T. farbigen Abbildungen ausgestattetes Heft bei dem Verlag Scheuer & Strüver GmbH, Hamburg, heraus. Es besticht durch seine großzügige Aufmachung, das gute Papier und einen leserfreundlichen Satzspiegel. Die Nummer 1 (2001) mit 64 Seiten bringt achtzehn Artikel und Berichte der Sammler und Wissenschaftler, deren knappe, aber sehr informative Einzelheiten zur Geschichte der Bogen und zu Museumssammlungen sehr zu begrüßen sind. Die Biographien der bedeutenden Konstrukteure, die dem Laien häufig unbekannt geblieben sind, überraschen mit der Darstellung der individuellen Leistungen auch auf den technischen Gebieten. Besonders dankbar werden die Sammler die Ausführungen und Daten zu den Verlagen begrüßen. So wird die 13 Seiten umfassende Liste der Wilhelmshavener Modellbaubogen mit Numerierung, Titel und genauer Beschreibung eine einwandfreie Zuordnung ihrer Sammlungsstücke erlauben.

Die Nummer 2 (2002) enthält nunmehr 80 Seiten mit wenigen schwarzweißen und über 100 farbigen Abbildungen und bleibt dem bewährten Aufbau treu. Hier sind auf 15 Seiten die J. F. Schreiber-Bogen nach Themen geordnet, wie sie von 1881 an herausgegeben wurden. Geschöpft wurde aus den Museums- und Archivquellen des württembergischen Raumes sowie aus privaten Sammlungen. Damit ist ein Gerüst vorgegeben, das individuell komplettiert werden und später zu einer vollständigen Liste führen kann. Dieses Heft ist erweitert um Fragen und Antworten von den Mitgliedern des Arbeitskreises. Damit ist ein Forum geschaffen, das mit seiner Aktualität dem gesamten Projekt zugute kommt.

Das 3. Heft, fast durchweg mit farbigen Aufnahmen, bringt an umfangreicheren Darstellungen den Rückblick auf „70 Jahre Kartonmodellbau“ von Richard Petersen, dessen eindrückliche Darstellung auch besonders die jüngeren Modellbauer fesseln muß. Es ist schon eine bemerkenswerte Eigenart der Beschäftigung mit dem Kartonmodellbau, daß hier die Konstrukteure und Zeichner bekannt sind, die ihr Wissen und Können in den Modellen wiedergegeben haben. Wie vergeblich werden Fragen nach den Entwerfern oder Gestaltern bei den Bilderbogen gestellt! Von S. 31 bis 52 ist die polnische Produktion der Warschauer Maly Modelarz 1957-1980 ausführlichst behandelt worden, einschließlich der Abbildungen von datierten und numerierten Modellschachteln. Nach der Liste sind jährlich 12 Modelle auf den Markt gekommen, die aus den technischen Gebieten, vor allem der Kriegswaffen kommen. Historische Motive stehen sehr vereinzelt zwischen dem Leichten schwedischen Kreuzer "Tre Kronor“ oder dem Bomber Avro-694 „Lincoln“. Immer wieder tauchen die vertrauten Namen wie J.F. Schreiber oder Oehmigke & Riemschneider auf. Jedes Heft enthält den Reprint eines historischen Modellbaubogens. Die Artikel haben eine englische Zusammenfassung, die Bildunterschriften sind zweisprachig. – Über den Kreis der Modellbaubogen-Sammler hinaus wünschen alle mit Bild, Druck und Papier Befaßten dem Unternehmen einen guten Fortgang auf dem einmal beschrittenen, vorbildlichen Weg.

CP

Der Schlern. Monatszeitschrift für Südtiroler Landeskunde
77. Jg. August/September 2003, Heft 8/9. 128 S. mit zahlreichen Abb.

Die seit 1920 erscheinende Zeitschrift (Unterbrechung 1938 bis 1946) widmet sich der Südtiroler Landeskunde in sehr beachtlichen Darstellungen von der Frühgeschichte an bis zur gegenwärtigen Kunst. Das vorliegende Heft enthält unter seinen 15 Beiträgen einige, die von allgemeinerem kulturgeschichtlichen Interesse sind. Dazu gehört Sigurd Paul Scheichl mit der Untersuchung zum Andreas-Hofer-Lied, gedichtet 1833 von dem in Sachsen geborenen Juristen, Schriftsteller und späteren Dramaturgen Julius Mosen (1803-1867) und von Ludwig Knebelsberger 1844 vertont (S. 115-122). Es ist ein Teil der politischen Stimmung, die in Deutschland und im antiabsolutistisch gesonnenen Europa durch den polnischen Aufstand von 1831 entstanden war. Das Gesamtwerk Mosens, in sechs Bänden veröffentlicht, umfaßt u.a. auch historische Versdramen (Heinrich der Finkler oder Cola Rienzi) sowie sein Ahasver-Epos von 1838. Nur wenige Literaturhistoriker haben sich seines literarischen Œeuvres angenommen, er gehört heute zu den „Minderdichtern", wie sie bei Gustav Noll und B. Thum im „Arsenal. Poesie deutscher Minderdichter", 1973 versammelt sind.

Mit der Darstellung von drei Votivbildern aus dem Antholzer Tal weist Georg Kierdorf-Traut auf die Strukturen dieser gemalten Tafeln hin, auf denen die Details der jeweiligen Unglücke den Anlaß verdeutlichen (S. 71-75).

Roland Halbritter führt mit seinem Aufsatz über reisende Touristinnen in den Alpen zu der Zeit um 1911 und geht kurz auf die Geschichte des damaligen Phänomens ein (S. 94-108). Gefundene Tagebücher erhellen neben Reiseführern die persönlichen und allgemeinen Situationen, unterstützt durch die zeitgenössischen Postkarten.

Der Historiker Wolfgang Wüst steuert einen sehr beachtlichen Beitrag über „Die Hochstiftische Herrschaft in der Frühmoderne" bei (S. 34-64). Die Verhältnisse in Brixen-Trient und in Augsburg-Eichstätt-Konstanz werden verglichen und auf ihre geschichtliche Wurzel hin untersucht. Die sehr kenntnisreiche Abhandlung wird durch Bildmaterial unterstützt.

Jedes Heft der beeindruckenden und empfehlenswerten Zeitschrift bringt eine Literaturrundschau mit Rezensionen sowie weitere Mitteilungen.

CP

CHARTA Antiquariato – Collezionismo – Mercato
Anno 12, novembre/dicembre 2003 p. 84-87

Die seit 1973 bestehende und in Verona herausgegebene Zeitschrift erfreut alle zwei Monate ihre Leser mit exquisiten, reich bebilderten Artikeln auf kulturgeschichtlichem Gebiet, auch speziell zu den Interessen des Arbeitskreises Bild Druck Papier. Dieses Heft bringt noch von Roberto Middione die berühmten Buchillustrationen von Gustave Doré zu Orlando furioso. Zwei Artikel befassen sich mit den Vorzügen des Internets und geben Beispiele für die schnelle Abrufbarkeit von Informationen. Da wird auf das Archiv von Florenz hingewiesen, dessen 60 km Karteikarten in nunmehr 45 Minuten abgefragt werden können. Fünf Bildschirmseiten (nur mit Lupe entzifferbar!) sollen den Einstieg verdeutlichen. Auch Verlag und Antiquariat Maremagnum in empfiehlt sich in dieser Hinsicht mit den vielseitigen Vorschlägen.

CP

Roland Habritter: Papiercanevas – vom universellen Bastelmaterial zum populären Wandschmuck

In: Der Schlern. Heft: 11/12. 77/2003, S. 80-101 mit 37 z.T. farb. Abb.

Wolfgang Brückner hatte schon in Esslingen auf die Arbeit seines Schülers Roland Halbritter zum Papierkanevas hingewiesen. Nun liegt der umfangreiche, in alle Richtungen auslotende, vielseitige und gut bebilderte Aufsatz in der letzten Nummer des „Schlern“ im Jahr 2003 vor. Mit der gewohnten Gründlichkeit wird die bisher weniger beachtete Rolle des Papierkanevas als Bastelmaterial vorgeführt und die Verbindung zum pseudokunstgewerblichen Laienschaffen aufgezeigt. Die ausführlichen Zitate aus den Familienzeitschriften von der Mitte des 19. Jahrhunderts an weisen die selbstverständliche Beschäftigung der Frauen und Töchter mit diesem Material aus. Eine Eigenart des Papierkanevas, Fremdmaterialien verschiedenster Provenienz an sich zu ziehen, rief geradezu indu strielle Nebenzweige hervor wie z.B. den Anbau von Edelweiß auch in Erfurt. Neben den üblichen verschiedenen Stickgarnen wurden auch Naturprodukte wie Moose und Farne dekorativ verwendet. Der Verf. stellt die Vielseitigkeit im profanen Gebrauch sowie die im häuslichen Umfeld fast sakrale Bedeutung der Haussegen und Erinnerungsbilder vor. Kein Aspekt bleibt unberücksichtigt, und die Zuordnungen zum Hausfleiß, zur Heimarbeit oder zur Klosterarbeit werden kenntnisreich dargeboten.

CP

PapierTheater. Forum Papiertheater

Hanauer Papiertheater Schloß Philippsruhe e. V., Verlag Schauerte-Lüke, Solingen Dez. 2003, 27 S.

Das vorangegangene Heft wurde im Tagungsband Esslingen durch P. Pontremoli, auf S. 219f. besprochen. Das vorliegende Weihnachtsheft bringt nicht nur durch eine besonders eindrucksvolle Gestaltung, sondern stellt auch die nunmehr 10. Ausgabe im Großformat vor. Das ist eine wahrhaft beachtliche Leistung, die in Inhalt und Aussehen ihre Basis einer ehrenamtlichen Arbeit verdankt. Nur durch begeisterte, einsatzwillige Gestalter kommt so etwas zustande. Das beginnt auf den Umchlagseiten mit der vorzüglichen Wiedergabe der Krippe von 1826 aus der St. Jakobskapelle in Waldstetten und setzt sich mit der Illustrierung des kenntnisreichen Aufsatzes von Volker Schulin fort. Hier ist mit dem in Privatbesitz befindlichen Krippenbogen des Augsburger Briefmalers Albrecht Schmidt (um 1700) ein imposantes Schaustück vorgestellt. – Ein Querschnitt durch das 16. Preetzer Papiertheatertreffen läßt dessen Vielfalt deutlich werden und das auch optisch, da die Zweisprachigkeit den doppelten Raum für Abbildungen bietet. Wir wünschen der Publikation weiterhin Blühen und Gedeihen!

CP

Le Vieux Papier
Tome XXXVII, Fasc. 371, Janvier 2004.

Dieses Heft bringt wie immer eine Fülle an Themen, die alle ihre Interessenten finden. Es soll hier nur der gründliche und z.T. farbig bebilderte Artikel von J. M. Mimoso über *L'âge d'or des étiquettes d'hôtel: la période Richter*, erwähnt werden, der die Spitzenleistungen um 1900 mit ihrer modernen Gestaltung deutlich macht. Graphiker und Druckereien sind erwähnt, wobei die Lithograpische Anstalt des aus der Schweiz stammenden Richter & Co., gegründet 1842 in Neapel, sich als richtunggebend erwies. Der früh entwickelte italienische Tourismus hat hier ein reiches Betätigungsfeld gefunden.

CP

Bücher, Aufsätze

Domokos, Mátyás, Környei, Anikó (Hg.): A régi Magyarország képeslapokon. [Das alte Ungarn auf Postkarten]. Budapest: Osiris Kiadó, 2003, 352 S., m. 809 farb. Abb. (ISBN: 963 389 562 6). Vorwort von Noémi Saly, Fotos von Géza Néninger und Péter Schertlin. 9.800,- Ft (ca. 40,00 €).

Das großformatige Buch wurde von dem ungarischen Buchverlag „Osiris Kiadó" in exzellentem Farbendruck auf Kunstdruckpapier verlegt. „Osiris" wurde erst 1994 gegründet und ist inzwischen die renommierteste und bedeutendste Verlagsanstalt in Ungarn geworden, die hauptsächlich wissenschaftliche und philosophische Werke für die Universitäten herausgibt.

Reproduziert wurden ungefähr in Originalgröße mehr als 800 alte Postkarten, die Ansichten aus dem ganzen historischen Ungarn von vor dem Ersten Weltkrieg wiedergeben, bevor das Land durch den sog. „Frieden von Versailles" zerstückelt wurde. Gefällig angeordnet, wurden zusätzlich hier und da die beschriebenen Rückseiten einiger Karten in kleinerem Format dazugesetzt. Die Gliederung erfolgte nach den Landesteilen: Budapest (93 Stück), Transdanubien (Dunántúl, 164), Kleine Tiefebene (Kisalföld, 61), Oberland (Felvidék, 228), Siebenbürgen (Erdély, 96), Große Tiefebene (Alföld, 104), Banat (Bánát, 33) und Küstenland (Tengermellék, 30).

Zu jeder Abbildung gibt es ein Zitat (manchmal auch zwei) aus den Werken von bekannten ungarischen Dichtern und Schriftstellern. Die Auswahl aus Gedichten, Romanen, Autobiographien, erfolgte durch Mátyás Domokos, der es verstand, Textstellen mit einem engen Bezug zu der jeweiligen Darstellung auf der Postkarte zu finden. Es gibt auch Auszüge aus Volksliedern und Balladen.

Die Abbildungen sind innerhalb jedes einzelnen Kapitels dezent am Rand fortlaufend numeriert. Im Anhang sind alle Abbildungen der jeweiligen Gliederung fortlaufend aufgelistet. Aufgeführt wurden sämtliche, auf die Karten gedruckten Angaben, einschließlich der mehrsprachigen Bildlegende, die Verlags- bzw. Druckangaben, die Verlagsnummer und ferner, soweit vorhanden, auch das Datum des Poststempels, verschiedentlich sogar, in welchem Jahr die jeweilige Karte gesammelt wurde (z.B. 1906-ben gyüjtött = *1906 gesammelt.*)

Der zweiseitigen Einleitung von Noémi Saly sind einige Angaben zur Geschichte der Postkarte zu entnehmen. Demnach setzte sich am erfolgreichsten Emmanuel Herrmann, Volkswirtschaftsprofessor an der Militärakademie in Wiener Neustadt für die institutionelle Einführung der Bildpostkarte ein. In einer Wiener Zeitung argumentierte er 1869 mit einfachen und klaren Worten: Da die Menschen in ihren Briefen zumeist keine Geheimnisse, sondern lediglich kurze Mitteilungen, Grüße oder gute Wünschen schreiben, sei es deshalb überflüssig, so viel Papier und Umschlag zu verschwenden. Diesem Vorschlag folgend, gab die Postdirektion der Monarchie bereits im Oktober jenes Jahres 1869 die ersten Postkarten heraus, zunächst mit der Aufschrift Correspondenz-Karte, später dann als Brief-Karte, die statt mit 5 nur mit 2 Kreutzern freigemacht werden mußten. Am Erscheinungstage wurden bereits zehntausend Corresponenz-Karten und innerhalb von sechs Wochen eine Million Stück davon verkauft.

Die Abbildungen auf den Karten waren zunächst noch winzig, um Platz für Mitteilungen zu lassen. Auf der anderen Seite der Karte durften sich nur die Adressen des Empfängers und des Absenders befinden. Erst nach einigen Jahrzehnten kam die heute noch gültige Form der Postkarte zustande: auf der einen Seite das Bild, auf den anderen die Texte.

Welche Abbildung die erste illustrierte, gedruckte Postkarte zeigte, ob es dabei um die Ansicht des Klosters Melk, um die Ansicht von Moskau oder Istanbul, das Bild eines Zuges, eines Dampfschiffes handelte oder aber um Reklamebilder, darüber gibt es unterschiedliche Meinungen. In beinahe jedem Ort der Monarchie, der etwas auf sich gab, führten die Papierwarenläden und Geschäfte um das Jahr 1900 bereits Ansichtskarten der betreffenden Orte. Während die Namen der herausgebenden Verlage durch entsprechenden Aufdruck heute noch bekannt sind, ist von den Photographen selten etwas zu erfahren. Noémi Saly erwähnt in ihrem Vorwort, daß mancher begeisterter Ansichtskartensammler sein ganzes Leben lang um die Vollständigkeit seiner Kartensammlung aus den Verlagen Divald oder Ganz bemüht war.

Während bei 129 der im Buch abgebildeten Karten trotz der zumeist aufgedruckten Verlagsnummern der Verlagsname selbst nicht angegeben ist, also unbekannt blieb, läßt sich der überwiegende Teil ca. 400 Verlagen bzw. Herausgebern zuordnen. Eine Reihe der Verlage firmierte allerdings lediglich mit einer Buchstabenfolge, bzw. ohne Ortsangabe.

Von den 290 ermittelten Verlagsorten hatten 41 Verlage ihren Sitz in Budapest.

Unter anderen: Magyar Fénynyomdai RT (7 Karten), Magyar Sokszorosító Müipar RT (17, davon 6 für verschiedene andere Herausgeber, z.B. Wollák József in Balatonlelle), Taussig Arthúr (13), Vasúti Levelezőlapárúsítás (12, davon wurden 8 verschiedene Karten bei Divald és Monostory gedruckt) und Weisz Lipót, der auch mit dem Kürzel W.L. firmierte (13).

Der unter Sammlern so begehrte Verlag Antal Ganz ist in dieser Kartenzusammenstellung nur mit einem einzigen Exemplar vertreten, während der 1880 in Eperjes gegründete Kunstverlag Divald Károly, mit Dependancen in Leipzig, Wien und Budapest, mit 18 Karten und ab etwa 1912 unter der Verlagsbezeichnung Divald és Monostory mit weiteren 15 Karten vertreten ist, und somit eine herausragende Rolle gespielt haben dürfte, zumal Divald és Monostory hier nachweisbar auch für zahlreiche andere herausgebende Verlage (hier 20) die Ansichtskarten druckte.

Der Verlag Alfred Wiesner, der von L. Wiesner 1883 in Malacka gegründet wurde, ist mit 14 Postkarten vertreten.
Die nichtungarischen Teile der K.u.K. Monarchie sind durch wenige Orte, in der Regel mit ein oder zwei Karten pro Verlag, vertreten:

Linz: Verlag Weeser Krell (1), Prag: Lederer & Popper (2), Wien: Walter Haertel (1), M. Munk (1), Photobrom (6), Joseph Popper (1), Schwidernoch Károly Müintézete (2) und Teschen: Ede Feitzingers Kunstverlag (gegr. 1875) (8).

Schließlich sind aus Deutschland anzugeben: Dresden: Römmler & Jonas (gegr. 1877) (2), Schmidt Edgar (3), Stengel & Co. (gegr. 1884) (14), Leipzig: Glass & Tuscher (gegr. 1906) (1), Dr. Trenkler & Co. (gegr. 1894) (12), der auf einigen Karten mit „Dr. Trenkler és Társa, Budapest" firmiert. München: Purger & Co. (1), Ottmar Zieher (gegr. 1881) (3), Nürnberg: R.& K. [Rottner & Keller] (gegr. 1901) (1), Wolfrum & Hauptmann, die beide für ungarische Herausgeber druckten. Stuttgart: Martin Rommel & Co. (1).

Der Schutzumschlag des Buches gibt eine allegorische Darstellung der ungarischen Post nach einer alten Postkarte wieder.

Sigrid und Yvan S. Nagy

Göncz József – Bognár Béla: Szép Erdélyünk történelmi képeslapokon 1905-1940. [Unser schönes Siebenbürgen auf geschichtlichen Postkarten 1905-1940]. Verlag EDUTECH, Sopron 2004, 144 S. mit 281 farbigen Abb. ISBN 963 86398 2 2. Ft 5.900 (ca. 24,- €)

Dieses überaus geschmackvoll gestaltete Buch soll – laut Vorwort – der erste Band einer Reihe über ehemals ungarische Landesteile werden, die durch den Vertrag von Versailles (04.06.1920) vom Mutterland abgetrennt wurden. Die Autoren beabsichtigen ähnliche Bände auch über Nordungarn (heute Slowakei), Südungarn (heute als Vojwodina, Teil von Jugoslawien) und über das Burgenland (heute Österreich) herauszugeben.

Der Aufbau des Bandes folgt der alphabetischen Reihenfolge der Komitate, wie sie in der Gebietsreform von 1877 entstanden sind. Demnach sind hier nicht nur Orte zu finden, die heute auf dem Gebiet von Rumänien liegen, sondern auch solche, die jetzt Teil von Ungarn, der Ukraine oder Serbien sind. Ungarn wurde damals in 69 Komitate eingeteilt, wovon hier 22 berücksichtigt wurden. Innerhalb eines jeden Komitats folgt man der Einteilung in Kreise (Járás).

Im Gegensatz zu der oben besprochenen Publikation (Ungarn auf alten Postkarten), gibt es hier weder literarische noch dokumentarische Erklärungen zu den Bildern. Die Autoren wollten die Bilder selbst sprechen lassen. Der einzige Zusatz sind die statistischen Angaben über die ethnische und konfessionelle Zusammensetzung eines jeden Komitates und jeden Ortes nach der Volkszählung von 1910 (Irrtum, die Volkszählung fand 1911 statt, YSN). Diese Angaben können für den interessierten Leser überaus wichtig sein.

Dies ist natürlich nur eine Momentaufnahme, da diese Zusammensetzung sich bald infolge Krieg, neuer Grenzziehung und Vertreibung wesentlich geändert hat. Als eine andere Quelle diente den Verfassern der Verwaltungsatlas von Ungarn aus dem Jahre 1914. Der betreffende Teil wurde mit den Verwaltungsgrenzen auf dem Inneneinband sowohl vorne wie auch hinten abgebildet.

Die Reihe der Postkartenreproduktionen in Originalgröße für jedes Komitat beginnt mit einer Postkarte, die die jeweilige Landkarte oder das Wappen dieses Gebietes zeigt. Die folgenden Karten zeigen dann, wie üblich, Straßenzüge, Markplätze, Landschaften oder markante Gebäude eines Ortes.

Einige der abgebildeten Karten wurden 1940 anläßlich der Rückkehr des nördlichen Teiles von Siebenbürgen herausgegeben (2. Wiener Schiedsspruch). Bei diesen steht eine politische Aussage (Freude über Rückkehr, etc.) im Vordergrund. Diese politisch motivierten Abbildungen zeigen oft den Einmarsch der ungarischen Armee in diese Orte.

Alle Postkarten wurden nur mit der Vorderseite abgebildet, wodurch leider weder der Poststempel (Laufdatum), noch in der Regel eine Verlagsbezeichnung ersichtlich ist.

Yvan S. Nagy

Wolfgang Brückner: Massenbilderforschung

Eine Bibliographie bis 1991/1995, unter Mitarbeit von Michaela Neukum, Ulrike Klotz, Judith Orschler und Julia Hecht. Veröffentlichungen zur Volkskunde und Kulturgeschichte. Hg. Heidrun Alzheimer-Haller und Klaus Reder, 96. Würzburg 2003, 440 S.

Der lang erwartete Folgeband zur Massenbildforschung, 1979 erschienen im „Internationalen Archiv für Sozialgeschichte der Literatur", ließ immer wieder nach der notwendigen Fortsetzung fragen. Nun liegt der überschaubare, gründlichst erarbeitete Band von 440 Seiten vor. Zur Systematik hat Wolfgang Brückner einige erklärende Worte mitgegeben, die die zehn großen Hauptpunkte mit ihren Unterpunkten aufschließen. Diese bilden, bei der nicht immer eindeutig erfaßbaren und schwierigen Zuordnung der Materie, fast einen Sachkatalog, der ein schnelles Abfragen ermöglicht. Die Hauptpunkte:

1. Allgemein
2. Einblattholzschnitte 16.-18. Jahrhundert
3. Flugblätter
4. Bildungs-, Genre- und Reproduktionsgraphik
5. Bilderbogen 18./19. Jahrhundert
6. Spezialgattungen und Luxuspapiere
7. Themen und Motive
8. Ästhetische Wertungen
9. Ausstellungen
10. Reproduktionen und Faksimilia

sind im Umfang sehr unterschiedlich. Sie dokumentieren zugleich die Entwicklung der Forschung, die an den Erscheinungsdaten der Arbeiten ablesbar wird. Vor 50 Jahren hätte z.B. noch niemand die Reproduktionsgraphik als ein volkskundlich beachtenswertes Phänomen betrachtet, wurden die religiösen Stanzspitzbildchen nur mit leichtem Abscheu wahrgenommen. Aber bei anderen Sparten ist schon seit einiger Zeit die Zunahme an Forschungen vorprogrammiert: Bilderhandel und Zensur finden intensivere Beachtung und werden 2006 der Gegenstand der nächsten Bildkommissions-Tagung der SIEF in Trento (Trentino) sein. Die in der Bibliographie praktizierte Aufnahme von fremdsprachigen Titeln wird sich in Zukunft verstärken, nicht zuletzt aufgrund einer von England ausgehenden und jetzt weltweiten „Ephemera-Bewegung". Für die europäischen Forscher in Deutschland, Frankreich, Italien, den Niederlanden, Rußland, Skandinavien und der Schweiz sowie für die nordamerikanischen Bearbeiter werden die Bilder und ihre Hintergründe weiterhin ein gewichtiges Thema sein. Diese alle brauchen dringend die „Bibliographie der Massenbilderforschung", um ihr Umfeld auszuloten. Damit ist die „Bibliographie" eines des nützlichsten und unentbehrlichen Handbücher. Dem Verfasser und seinen Mitarbeiterinnen kann gar nicht genug gedankt werden!

CP

Daniel Bordet: Les Cent plus belles images de Pierrot

Préf. De Pierre Cointreau, Paris. Ed. Dabecom, Paris 2003, 96 p., plus de 100 ill. coul. 18.- €. Zusammenfassung der Rezension von Pierre Julien, in: Le Vieux Papier, Fasc. 371, Janvier 2004, p. 36f.

Dieses hübsche Buch ergibt fast eine Übersicht über die französische Imagerie. Aus der Unzahl der Darstellungen von Pierrot, Periette und Colombine sind nur 100 nach reiflicher Überlegung ausgewählt, davon machen 40% die Plakate aus, während die Chromolithographien nur spärlich vertreten sind. Es sind nicht nur die interessantesten Beispiele, die dargeboten werden, sondern sie sind verbunden mit klugen und weitreichenden Texten. Diese Kombination macht das Buch so anziehend. Pierre Julien empfiehlt folgende Annäherungen an das Buch: 1., es zu durchblättern und sich an Schönheit, Besonderheit und Einfallsreichtum zu erbauen, 2., den Weg der Bilder und Texte Stück für Stück zu verfolgen und 3., es für Forschungen zu nutzen. Hierzu sind zusätzlich die Seiten, „Le Pierrot de A à Z" sowie der Index sehr willkommen. Der Zusammenhang mit der Firma Cointreau zeigt sich auch in der Beschreibung des Musée Cointreau in der Nähe von Angers, das „verflixt noch mal, dazu verführt, seine Reichtümer zu bewundern!" „Pierrot" gehört nun zu den großen Themen der französischen Populargraphik. Man wünscht der Sammlung ein langes Leben!

CP

Gulli Grigioni, Elisabetta: Cordiscopie. Osservazione di oggetti cuoriformi prodotti dal secolo XVII alle prima metà del XX

In: Il cuore. Arte, scienza e tecnologia. Milano 2002, p.143-276.

Der von Tito Longo herausgegebene Begleitband zu einer Ausstellung, die eine überwältigende Fülle von natur- und geisteswissenschaftlichen, medizinischen und religiösen Aspekten berücksichtigt, ist mit seinen 324 S. und den vielen Abbildungen, davon über 50 in Farbe, ein höchst beeindruckendes Opus geworden. Unter den 12 Artikeln fällt der Artikel der Verf. besonders ins Gewicht. Er führt von den ägyptischen und antiken Darstellungen in die christliche Welt, in der die verschiedensten Bezüge ihre ihnen gemäße Form angenommen haben. Es geht durch alle Materialien und Funktionen, vom Andachtsbildchen über Wachsfiguren bis zu Freundschaftsbildchen oder kostbaren Schmuckstücken. Jedes Exponat ist sorgfältig beschrieben und eingeordnet. Die mehrere Seiten umfassenden Bibliographie zu diesem Artikel enthält allein 29 Titel von der Verf., die damit ihre unermüdliche Arbeit über das Herzsymbol dokumentiert.

CP

Gulli Grigioni, Elisabetta : Cordigli francescani. Valenze spirituali, protettive, decorative

In: Il Santo. Rivista francescana di storia dottrina arte. Padova XLIII, 2003, fasc. 2-3, p. 857-874, 6 Tav.

Die Verf. hat sich seit 1979 mit dem Gurt (Kordel) der Franziskaner eingehend befaßt und als Grundlage die bildlichen Wiedergaben in den verschiedenen Materialien zusammengestellt. Die Bruderschaft der Cordigeri pflegte den Kult in besonderer Weise mit der Verknüpfung des Herz-Jesu-Kultes. Bei den Andachtsbildchen des Hl. Antonius von Padua, Franz von Assisi sowie S. Domenico di Guzman erscheinen die mit einfachen und Doppelknoten versehenen Kordeln auch als Bildumrandung. Mit gewohnter Akribie wird den Eigenschaften der Kordel als geistige Verbindung, als Schutz und als Schmuck nachgegangen. Dieses Kordelmotiv ist im 17. und 18. Jahrhundert in ganz Europa zu finden.

CP

Szilárdfy, Zoltán: A magánáhitat szentképei a szerző gyüjteményéből I. 17.-18. század

[Kleine Andachtsbilder des Barock aus der Sammlung des Verfassers I. 17.-18. Jahrhundert.] (= Devotio Hungarorum 2) Szeged (JATE Néprajzi Tanszék [Lehrstuhl für Volkskunde] H-6722 Szeged, Egyetem u. 2) 1995, 86 S. mit 15 Abb. und Bildkatalog mit 637 Abb., davon 8 Farbtafeln. Zweisprachig, ungarisch und deutsch.

Dr. phil. Zoltán Szilárdfy (geb. 1937, röm.-kath. Priester) ist Kunsthistoriker und unterrichtet seit sieben Jahren an der Hochschule für Bildende Künste in Budapest. Sein Spezialgebiet ist die christliche Ikonographie.

Die Geschichte der kleinen Andachtsbilder des Barocks hatte Szilárdfy bereits 1984 in einer Veröffentlichung mit 94 Kunstdrucktafeln – davon 16 in Farbe – vorgestellt: Barokk szentképek Magyarországon. [Kleine Andachtsbilder des Barocks in Ungarn.] Budapest 1984. Weitere Veröffentlichungen zu einschlägigen Themen sowie auch zum ungarischen Wallfahrtswesen, folgten, z.B.: A Magyaroszági kegyképek és-szobrok tipológiája és jelentése. [Typologie und Bedeutung von Gnadenbildern und Statuen in Ungarn], eine lexikalische Zusammenfassung, die den Anhang in: Bálint Sándor – Barna Gábor: Búcsújáró magyarok. A magyarországi búcsújárás története és néprajza. [Wallfahrende Ungarn. Geschichte und Volkskunde der Wallfahrt in Ungarn.] Budapest (Szent István Társulat) 1994, bildete und auch als Separatdruck erschienen ist.

Mit vorliegendem Katalog wird ein Teil der Privatsammlung des Verfassers erfaßt und mit zweisprachigen Texten veröffentlicht (Übersetzung aus dem Ungarischen ins Deutsche: Anikó Harmath). Durch das Literaturverzeichnis, ein Orts-, ein Personen- und ein ikonographisches Register, ist das Werk vielseitig benutzbar. Sämtliche Andachtsbilder sind abgebildet und in einem Katalog nach folgender Einteilung erfaßt: Pergamentbilder (Farbtafeln), handgemalte Andachtsbilder, Schnitt- und Spitzenbilder, Kollagen, Seidendrucke und Kupferstiche. Ferner Andachtsbildchen zu allegorischen und heilsgeschichtlichen Themen, Jesus und Maria, Heiligen- und Gnadenbild-Darstellungen, Gebetszettel.

Die Einführung, die mit Beispielen aus ungarischen Museen etc. illustriert wurde, darunter mehrere Stücke aus der Sammlung der Erzabtei Pannonhalma, gibt einen Einblick in die ungarische Entwicklung des kleinen Andachtsbildes für den betreffenden Zeitraum. Verflechtungen mit den Kupferstich-Werkstätten Augsburg – Wien – Prag, deren Bilder auch in Ungarn in vieler Hände waren, werden aufgezeigt. Berichtet wird u.a. von den handgemalten Bildchen der Klarissinnen in Buda und von dem Erzbischof von Esztergom, Georg Szelepcsényi (1595-1685), der als erster aus reiner Liebhaberei sich mit der Kupferstecherei beschäftigte.

Hervorgehoben wird eine Habsburgische Andachtsbilder-Kollektion von 12 Pergamentminiaturen aus dem 18. Jahrhundert von kulturhistorischer Bedeutung, die sich in der Sammlung der Erzabtei Pannonhalma befindet. Diese Bilder wurden einer emeritierten ungarischen Hofdame von Kaiserin Maria Theresia und deren Töchtern und Schwiegertöchtern mit eigenhändigen Widmungen versehen geschenkt. Angenommen wird, daß diese Bilder von den Gebern auch selbst gemalt wurden. Diese wertvollen Bildchen wurden im August 1991, aus Anlaß des Papstbesuches in Ungarn, der Öffentlichkeit in einer Ausstellung von kleinen Andachtsbildern in der Erzabtei Pannonhalma, vorübergehend zugänglich gemacht.

Vorgesehen sind weitere Veröffentlichungen aus der Sammlung des Verfassers, die den Zeitraum bis ins 20. Jahrhundert umfassen sollen. Die Kenntnis dieses ungarischen Materials ist für jeden wichtig, der sich mit religiöser Kleingraphik befaßt. Das Buch kann über den Lehrstuhl in Szeged bezogen werden.

Sigrid Nagy (BBV 2/96)

Szilárdfy, Zoltán: A magánáhitat szentképei a szerző gyüjteményéből II. 19.-20. század

[Kleine Andachtsbilder aus der Sammlung des Verfassers II. 19.-20. Jahrhundert]. (= Devotio Hungarorum 4) Szeged (JATE Néprajzi Tanszék [Lehrstuhl für Volkskunde] Hg. Gábor Barna). 1997, 93 S. mit 5 Abb. und Bildkatalog mit 816 Abb., davon 32 farbig. Zweisprachig, ungarisch und deutsch.

Mit dieser Veröffentlichung liegt ein weiterer Teil aus der Privatsammlung kleiner Andachtsbilder des Verfassers vor, umfassend den Zeitraum 19. bis 20. Jahrhundert (Biedermeier, Historismus, Eklektik und Jugendstil). Er ist ebenso gegliedert wie der erste Band (s. o.). Alle Texte sind zweisprachig (deutsch und ungarisch, Übersetzung von Anikó Harmath) und durch ein beigefügtes Literaturverzeichnis, ein Orts-, Personen- und ein ikonographisches Register vielseitig nutzbar.

Der Katalog, in dem sämtliche Andachtsbildchen in exzellentem Druck auf Kunstdruckpapier abgebildet sind, wurde vom Verfasser ausschließlich nach ikonographischen Gesichtspunkten erfaßt, wie: Jesus Christus in der Heilsgeschichte, Darstellung der Hl. Dreifaltigkeit, der Muttergottes, der Engel und der Heiligen (u.a. ungarische), Gnadenbilder von Wallfahrtsorten (u.a. ungarische), allegorische Darstellungen, Memento mori und Gedenkbildchen zur Taufe, Firmung, Erstkommunion, Bußsakrament, Priesterweihe und Tod.

Unter den Sterbebildchen befinden sich die einiger bekannter Persönlichkeiten, so das von Sebastian Kneipp (1821-1897), das der Kaiserin Elisabeth von Österreich (1837-1898) und eines, das 1922 in Ungarn zum Gedenken an König Karl IV. von Ungarn (Kaiser von Österreich) mit ungarischem Text herausgegeben wurde. Ferner gedachte die ungarische Nation 1828 mit einem Stahlstichbildchen des 300. Todestages von Albrecht Dürer, dessen Vater aus Ungarn nach Nürnberg auswanderte.

Trotz der ikonographischen Auswahl kommt die Internationalität der Andachtsbildchen, wie sie durch Wallfahrt und Handel bedingt dann im Ungarn der k.u.k. Monarchie auch zu erwarten ist und ferner durch die drucktechnischen Gegebenheiten, wie sie die Entwicklung der Luxuspapierfabrikation jener Zeit mit sich brachte, gut zur Geltung.

Zur Ergänzung des Bildkataloges muß bemerkt werden, daß zwar auf den Reproduktionen der Bilder die Verlagssignete und weitgehend auch die Verlagsnummern, soweit angegeben, erkennbar sind, diese jedoch nicht immer im Katalog mit aufgenommen wurden. Einige Beispiele: A. & M. B. stehen für Albrecht & Meister, Berlin, (Kat. Nr. 131), M. H. für Max Hirmer, München (Kat. Nr. 208 und 352) und L a A M für Literarisch-artistische Anstalt München, (Kat. Nr. 698).

Bei den drucktechnischen Angaben muß dahingehend korrigiert werden, daß es sich bei Kat. Nr. 639 um sog. Regenbogenpapier handelt und die Bildchen Kat. Nr. 34, 83 u. 648 nicht aus Pergament bestehen, sondern gewachste Nadelstichbildchen aus Papier sind.

In der Einführung läßt der Verfasser den Leser an der Entstehung seiner Sammlung teilnehmen. Bereits als kleiner Knabe beschäftigte er sich am liebsten mit den Andachtsbildchen, die in den Gebetbüchern seiner Großmutter und anderer Familienangehöriger lagen, die er später erbte. Das führte dazu, daß er schon während seiner Kindheit zu den verschiedensten Gelegenheiten Andachtsbildchen geschenkt bekam. Ebenfalls als Geschenk erhielt er eines Tages die Heiligenbilder-Sammlung des Künstlers und Restaurators Franz Stornó (1821-1907) durch dessen Enkel.

Der Verfasser geht in seinen Ausführungen auf zahlreiche, vor allem auf Ungarn bezogene Tatsachen ein, darunter auf die Andachtsbildchenproduktion des Esztergomer Domherrn István Majer (1813-1893) und eines nach den Angaben des im Jahre 2003 seliggesprochenen Augenarztes Fürst Dr. László Batthányi-Strattmann (1870-1931) entstandenen Bildchens. Es ist jedoch nicht, wie hier angeführt, in Beuron herausgegeben, sondern wurde im Beuroner Stil im Benediktinerinnenkloster St. Gabriel in Bertholdstein gezeichnet und mit dem Imprimatur von Esztergom vom 4.8.1927 in Budapest bei der Druckerei Pallas gedruckt.

Die großen Andachtsbildchen herstellenden Kunstverlage Beuron, Ars sacra (mit einigen seiner Künstler), Krause, Grämer & Co., welcher nur durch sein hier nicht aufgelöstes Verlagssignet KGCo ausgewiesen ist, und Ettal werden vom Verfasser dagegen lediglich gestreift.

Sigrid Nagy

Fai, Cosimo (Hg.): Santi di casa, santi di questa terra. Immagini della devozione popolare

Unter Mitarbeit von Alberto Milano, Therese Pechstein u. Christa Pieske. Veglie 2004, 125 p., 186 fig color. – Katalog: Edizione „Amici della fotografia", Veglie (Apulien). (Vgl. S. 193.)

Anlaß zur Herausgabe dieses vorzüglich gestalteten Bandes war die gleichnamige Ausstellung in Veglie (Apulien), April 2004. Mit dieser Publikation ist ein weiterer, sehr wichtiger Schritt in Sachen Populargraphik getan worden. Hier sind die Ergebnisse einer jahrelangen Sammel- und Forschungstätigkeit in wirklich pretensiöser Weise festgehalten worden. Mit 186 farbigen Abbildungen sowie einer großen Zahl von Aufnahmen, die den frommen Alltag in Süditalien spiegeln, ist ein bedeutendes Bilddokument geschaffen worden. Wo schon sonst sind nicht nur die Bilddrucke, sondern der Gegenstand, Bild in der Wohnung, also mit der Rahmung, festgehalten worden? Der Text basiert auf einer intensiven Beschäftigung mit den religiösen Drucken, ihrer Verbreitung und ihren Herstellern. Kunde von dem Umfeld gibt die im Italienischen übliche chronologischen Anordnung der Bibliographie. – Der Wunsch nach einer englischen oder deutschen Übersetzung sei hier ausgesprochen.

CP

Barna, Gábor: Mária megsegített. Fogadalmi tárgyak Máriaradnán I és II, Katalógus / Maria hat geholfen. Votivgegenstände in Maria-Radna I und II, Katalog

(= Devotio Hungarorum, 9/I u. 9/II).
Szeged (SzTE, Néprajzi Tanszék [Lehrstuhl für Volkskunde]) 2002, Bd. I, 293 S. mit 11 Abb., 14 Diagrammen und 6 Landkartenskizzen. Bd. II, 295 S. mit 119 farb. Abb. und 549 s/w Abb., ungarisch und deutsch (Übersetzungen: Anikó Harmath, Ulrike Megyery u. Ulrike Mudrak).

Der Wallfahrtsort Maria-Radna liegt im nördlichen Banat, am westlichen Rand des heutigen Rumäniens, am rechten Ufer des Flusses Marosch im Komitat Arad und gehört zu der katholischen Diözese Temeswar.

Bis zum Frieden von Versailles am Ende des Ersten Weltkrieges gehörte der Wallfahrtsort Radna mit dem Franziskanerkloster Radna zu Ungarn. Der Beginn der Wallfahrt setzte im 17. Jahrhundert ein. Bis heute werden dort bei einer Erhörung durch die Gottesmutter ihr Votivgegenstände in der Kirche dargebracht.

Das Gnadenbild, ein kleines Holzschnitt-Andachtsbild, ein früher Druck aus der Officin Remondini in Bassano del Grappa, zeigt eine Skapulier-Madonna mit dem Titel „La beatissime Vergine del Carmine". Es gelangte 1668 durch einen italienischen Bilderhändler nach Radna.

In der vorliegenden zweibändigen Publikation stellt der Herausgeber das Ergebnis eines im Sommer 1996 und 1997 mit Studenten der Universität Szeged erstellten Forschungsprojektes vor, bei dem alle Votivbilder und Votivgegenstände erfaßt und inventarisiert wurden, die in den Gängen der Franziskaner-Wallfahrtskirche hingen (*Galerie der Votivbilder*). Neben der Inventarisierung galt es, möglichst viele Stifter ausfindig zu machen, diese, wenn sie noch dort lebten, aufzusuchen und sich über Anlaß, Zweck und Stiftung berichten zu lassen. Erfragt wurde außerdem die persönliche Beziehung zur Wallfahrtskirche.

Der erste Band dieser umfangreichen, akribischen Arbeit – Band 9/I der Reihe Devotio Hungarorum –, der Textband, besteht aus neun Aufsätzen, die zuerst in ungarischer und anschließend in deutscher Sprache wiedergegeben sind. Der Literaturliste folgen als Anhang zwei Register der Ortsnamen, wobei jeweils alle drei Bezeichnungen eines Ortes aufgeführt werden (ungarisch – deutsch – rumänisch, bzw. deutsch – ungarisch – rumänisch).

Die Aufsätze der Autoren Gábor Barna, Zsuzsánna Péter, Erika Vass, Erika Anna Makovics, Bernadett Békési, Erzsébet Arnold, Bernadett Gulyás Kiss, Helga Csóka-Jaksa und Bertalan Pusztai beleuchten und analysieren die Votivbilder in allen Facetten. Die Ergebnisse spiegeln nicht nur die ikonographische Mannigfaltigkeit, sondern ebenso die historischen Ereignisse wie auch die Jahrhunderte alte ethnische Vielfalt (Ungarn, Deutsche, Kroaten, Serben, Bulgaren, Slowaken und Rumänen) des Banates wieder, einschließlich der zahlreichen Siedlungen (124) in der Region mit deutscher Muttersprache. Heute in der Bundesrepublik lebende ehemalige Banater wallfahren traditionsgemäß auch weiterhin nach Maria Radna.

Besonders erwähnt sei deshalb hier der Aufsatz von Erzsébet Arnold, die über die *Votivbilder eines deutschen Dorfes* schrieb. Hier können wir den Ursprung des Ortes Sanktanna und seiner deutschsprachigen katholischen Bevölkerung erfahren, von der Ansiedlung unter Maria Theresia bis zur Vertreibung während und nach dem Zweiten Weltkrieg. Die, die blieben, wurden zum großen Teil zwangsweise umgesiedelt. Trotzdem konnten 82 Votivobjekte diesem Ort zugeordnet werden, an denen die Beschriftung ausnahmslos deutsch ist. Als zeitliche Entstehung konnte der Zeitraum 1858-1989 festgestellt werden. 48 % der Objekte sind als Dank und 19 % als Bitte gestiftet worden. Arnold weist auch darauf hin, daß durch die Vertreibung und Auswanderung der deutschsprachigen katholischen Bevölkerung von Sanktanna die Objekte zu Exponaten eines Museums degradiert wurden.

Bei den Originalgemälden, die sich unter den Votivbildern befinden – auf Blech und Glas (19. Jahrhundert), Holz, Leinwand und Pappe (20. Jahrhundert) – handelt es sich häufig um Kopien bekannter Bilder von Druckvorlagen. Sie wurden von Naiven Malern wie den Stiftern selbst gemalt oder an Personen aus Handwerkerkreisen, wie Malern und Tischlern in Auftrag gegeben. Eine Reihe dieser Bilder ließ sich durch die beigegebene Signatur bestimmten Personen zuordnen. Unter diesen ragen die Votivbilder von István Nagy aus den 1930er Jahren besonders hervor. Er war Kaufmann und hatte eine Malerschule in Arad besucht. Neben wenigen Bildern, die als Faserstift-, Wachskreide- oder Bleistiftzeichnung, als Gobelin oder als Komposition aus Stroh und Kieselsteinen hergestellt wurden, sind überwiegend Wandbilddrucke gestiftet worden. Sie können folgenden ikonographischen Themen zugeordnet werden: Hl. Maria, (u.a. Gnadenbilder, wie Maria Hilf, Madonna von Győr, Lourdes und Fatima), Jesus, Hl. Familie, Schutzengel, Hl. Dreifaltigkeit und Heilige, wie: Hl. Antonius von Padua, Hl. Josef, Hl. Wendelin u.a. Die jeweilige Häufigkeit der Bildmotive in einem bestimmten Zeitabschnitt machen entsprechende Diagramme deutlich.

Außer der Mitteilung, daß die Wallfahrer diese Wandbilddrucke seit dem Ende des zweiten Weltkrieges „anläßlich der Kirchweihfeste in Radna selbst oder an ihrem Wohnort von fahrenden Händlern, Serben oder Zigeunern“ erworben hatten bzw. erwerben, die wiederum diese Bilder aus Jugoslavien einführten, und daß es sich dabei überwiegend um italienische Drucke handelt, findet sich – und das ist das einzige Manko dieser Publikation – keinerlei Hinweis auf die Hersteller der Wandbilddrucke und den Bilderhandel der vor dieser Zeit liegenden Jahrzehnte.

Der zweite Band – Band 9/II der Reihe – ist der reine Katalogband. Er erfaßt die vorgefundenen Votivgegenstände, Bilder und andere Gegenstände, wie Wachs- und Silbervotive, Kreuze, Medaillen, Pilgerzeichen, Münzen u.a.

2249 einzelne Votivobjekte wurden mit allen Angaben, wie Bezeichnung, Material und Technik, Größe, originalsprachige Beschriftung ggf. Datum usw. in beiden Sprachen aufgelistet. Der katalogisierten Beschreibung der Objekte folgt ein ikonographisches Register in ungarischer und deutscher Sprache.

Von diesen 2249 Objekten wurden im Anschluß an den Katalogteil (295 Seiten) 119 farbig und 549 s/w nach ikonographischen Gesichtspunkten abgebildet.

Diese Publikation ist eine Fundgrube für jeden, der an den Themen Wallfahrt und Wandbilddruck interessiert ist.

Sigrid Nagy

Bibliographie

Advent, Advent, Advent. Oberösterreichisches Landesmuseum, Linz 2002. Ausstellungskatalog (NF Nr. 188).

Becker, P. J.; E. Overgaauw (Hg.): Aderlaß und Seelentrost. Die Überlieferung deutscher Texte im Spiegel der Berliner Handschriften und Inkunabeln. Mainz (v. Zabern) 2003. Katalog-Handbuch XIII, 473 S. mit 238 farb. und 7 s/w Abbildungen.

Beer, Manuela u. Rehm, Ulrich (Hgg.): Das kleine Andachtsbild. Graphik vom 16. bis zum 20. Jahrhundert. Museum Schnütgen, Köln. Auswahlkatalog. Georg Olms Verlag, Hildesheim – Zürich – New York. 2004. 126 S. mit zahlreichen s/w Abbildungen.

Blochel-Dittrich, Iris: Fürs verwöhnte Publikum. Von Neujahrsgrüßen und anderen Kostbarkeiten aus Papier. Stiftung Jüdisches Museum Berlin 2003, 120 S. m. Abb.

Böth, Gitta: Spiel mit Puppen? Kinderfotos als museologische Quelle für den Umgang mit Puppen. In: Hessische Blätter für Volks- und Kulturforschung NF 39 (2003), S. 84-97, Abb.

Brenner, Robert: Valentine Treasury: A Century of Valentine Cards. Atglen, PA (Schiffer Publishing) 2000.

Bringéus, Nils-Arvid: Vilan under flykten till Egypten. In: ICO Iconografisk post. Kopenhagen 2001, 10-21, 5 ill.

Ders.: The Rest of the Flight into Egypt: A Motif of Scandinavian Folk Art. In: Folklore 114 (2003), p. 323-333, 4 Ill.

Ders.: Wine, Women, and Song. An Analysis of a Newly Found Painted Wall Hanging. In: Ethnologia scandinavica, Vol. 33, 2003, p. 99-110, 8 Ill.

Brückner, Wolfgang: Massenbilderforschung. Eine Bibliographie bis 1991/1995, unter Mitarbeit von Michaela Neukum, Ulrike Klotz, Judith Orschler und Julia Hecht. Veröffentlichungen zur Volkskunde und Kulturgeschichte. Hg. Heidrun Alzheimer-Haller und Klaus Reder, 96. Würzburg 2003, 440 S.

Crane, Ben: The Trade Card Place. Online library: www.ephemerasociety.org.

Csoma, Zsigmond: Volkstümliche Metallkunst im Grenzgebiet von Österreich und Ungarn. Zu den Messerschmieden in Felsöör/Oberwart und zu den Wirtschaftsbeziehungen zwischen Karpatenbecken und alpinem Bereich. In: Hessische Blätter für Volks- und Kulturforschung NF (2003), S. 51-68, Abb.

Cunningham, Noble E.: Popular Images of the Presidency from Washington to Lincoln. University of Missouri Press 1992, 312 p., 265 b&w and 26 colour ill.

Darmon, Jean Jacques: Le colportage de librairie en France sous le Second Empire. Paris 1972, 316 p.

Dieterich, Claus-Marco: Fantasie und Rauputz. Ein Essay zur anderen Ästhetik des Dorfes. Mit Fotografien von Dieter Mayer-Gürr. In: Hessische Blätter für Volks- und Kulturforschung NF 39 (2003), S. 187-212, Abb.

Dulude, Yvon: Les éphémères du pêcheur québécois. Montréal 1992. 402 p. ISBN 276 190 9593.

Egri, János: Húsvét régi késpeslapokon. [Ostern auf alten Postkarten]. Budapest 1987, 76 S. m. 280 farb. Abb.

Eiynck, Andreas: Die Mutter Gottes von der Immerwährenden Hilfe. Die moderne Kulturgeschichte einer alten Ikone. In: Jahrbuch für Volkskunde NF 25 (2002), S. 133-166.

Fai, Cosimo (Hg.) unter Mitarbeit von Alberto Milano, Therese Pechstein u. Christa Pieske: Santi di casa, santi di questa terra. Immagini della devozione popolare. Veglie 2004, 125 p., 186 fig color. – Der Katalog erschien in der Edizione „Amici della fotografia“, Veglie (Apulien).

Friedlmaier, Karin: Materialen zu einem katholisch/evangelischen Entwerfer-Stecher-Team. Johann Georg Bergmüller (1688-1762) und Jakob Andreas Friedrich d.Ä. (1684-1751). In: *Paas, Roger John (Hg.)*: Augsburg, die Bilderfabrik Europas. Essay zur Augsburger Druckgraphik der frühen Neuzeit. (Schwäbische Geschichtsquellen und Forschungen, Band 21). Augsburg: Wiesner 2001, S. 99-108.

Frömmigkeitsforschung. Informationen der Gesellschaft für Volkskunde in Rheinland-Pflalz. Mainz 17 (2002) H. 2, 160 S., mit s/w Abb.

Gier, Helmut: Augsburger Buchwesen und Kunst der Druckgraphik im zweiten Jahrzehnt des 17. Jahrhunderts. In: *Paas, Roger John (Hg.)*: Augsburg, die Bilderfabrik Europas. Essay zur Augsburger Druckgraphik der frühen Neuzeit. (Schwäbische Geschichtsquellen und Forschungen, Band 21). Augsburg: Wiesner 2001, S. 55-70.

Gisinger, Arno: Gruß vom Schloß Tirol – Saluti da Castel Tirolo. Katalog der Ausstellung: Historische Fotografien und Ansichtskarten. Katalog I: Fotografien. Meran 2003.

Goldstein, Franz: Monogramm-Lexikon. Internationales Verzeichnis der Monogramme bildender Künstler seit 1850. Berlin 1964; 2 Bde. Berlin 1999.

Goodfellow, Caroline: A Collector's Guide to Games and Puzzles. Chartwell 1901.

Grein, Gerd J.: Weihnachtsgärtchen in Hessen. In: Hessische Blätter für Volks- und Kulturforschung NF 39 (2003), S. 98-107, Abb.

Die große Welt in kleinen Bildern. Berliner Bilderbogen aus zwei Jahrhunderten. Ausstellungskatalog von Hela Zettler, Bärbel Reißmann u. Andreas Teltow. Berlin (Stiftung Stadtmuseum) 1999, 220 S. mit zahlr. Abb.

Gulli Grigioni, Elisabetta: Cordiscopie. Osservazione di oggetti cuoriformi prodotti dal secolo XVII alle prima metà del XX. In: Il cuore. Arte, scienza e tecnologia. Milano 2002, p. 143-276.

Dies.: Santini, Natale di carta. Un'idea di museo per immaginetti devozionale. In: Charta Antiquariato – Collezionismo – Mercato. Anno 12, novembre-dicembre 2003, p. 48-51, 11 fig.

Dies.: Simbolo e funzione nelle "Bottiglie" cuoriformi della manna di San Nicola di Bari. In: Lares. Anno LXVIII no. 1 Gennaio/Marzo 2002 (2003), p. 21-28, 4 fig.

Dies.: Pietà e devozione. In: Pellegrini verso Loreto. Atti del Convegno Pellegrini e Pellegrinaggi a Loreto nei secoli XV – XVIII. Loreto 8-10 novembre 2001. Deputatione di Storia Patria per le Marche, Ancona 2003, p. 325-341, 4 fig.

Dies.: Il mare, la perla, la tempesta. Realtà, simbolo e rito nell'immaginetta e nell'immaginario devozionali. In: Il mare nelle immaginette devozionali. Natura, simboli e protezioni. Piombino 2003, p. 75-86, 1 fig.

Halbritter, Roland: Gruß vom Schloß Tirol – Saluti da Castel Tirolo. Katalog II: Ansichtskarten. Meran 2003.

Ders.: Papiercanevas – vom universellen Bastelmaterial zum populären Wandschmuck. In: Festschrift für Hans Grießmair (Der Schlern 77, H. 11/12) Bozen: Athesia 2003, S. 60-101 mit 37 meist farb. Abb.

Hein, Wolfgang-Hagen: Christus als Apotheker. (Monographien zur pharmazeutischen Kulturgeschichte, Bd. 3). Frankfurt a.M. 2. Aufl. 1992, 103 S. m. Abb. [1. Aufl. 1974, 82 S. m. Abb.]

Ders., Borchardt, Albrecht: Apotheker Exlibris aus Deutschland, Österreich und der Schweiz. Eschborn 1997, 120 S. m. Abb.

Ders., Koning, Dirk Arnold Wittop: Das Apotheken Etikett. Eschborn 1994, 80 S. m. Abb.

Il Costume Popolare Pugliese – modi di vestire, bozzetti di vita, giocchi di memorie al tempo dei Borbone. Catalogo. Mario Congedo Editore, Tarranto 2001, 100 S. mit zahlreichen schwarz/weißen und farbigen Abbildungen.

Internationale Bibliographie zur Papiergeschichte (IBP). Hg. Deutsche Bibliothek, Deutsches Buch- und Schriftmuseum der Deutschen Bücherei Leipzig. Leipzig (K.G. Saur) 2003, 4 Bde.

Köger-Kaufmann, Annette: Neues zum Verhältnis von Kirche und Kartenspiel. Spielkarten in Reliquiaren und Monstranzen aus dem Münsterschatz von Heiligkreuz. In: Glanz des Glaubens. Der Münsterschatz von Schwäbisch Gmünd, Museum im Prediger Schwäbisch Gmünd. Katalog Nr. 23, Schwäbisch Gmünd 2003.

Dies.: Dali Tarot Jubiläums Edition, Vorwort. In: Johannes Fiebig (Hg.), Dali Tarot, Krummwisch bei Kiel 2003.

Krafft, Fritz: Christus als Apotheker. Ursprung, Aussage und Geschichte eines christlichen Sinnbildes. (Schriften der Universitätsbibliothek Marburg, 104). Marburg 2001, X u. 286 S. m. 27 s/w u. 12 farb. Abb.

Krafft, Fritz: Christus ruft in die Himmelsapotheke. Die Verbildlichung des Heilandsrufs durch Christus als Apotheker. Begleitbuch und Katalog zur Ausstellung im Museum Altomünster. 29.11.2002-26.01.2003. Mit Beiträgen von Christa Habrich und Woty Gollwitzer-Voll. Altomünster 2002, 338 S. m. Abb.

Kreider, Katherine: One Hundred Years of Valentines. Atglen, PA (Schiffer Publishing) 1999.

Künast, Hans-Jörg: Die Graphiksammlung des Augsburger Stadtschreibers Konrad Peutinger. In: *Paas, Roger John (Hg.)*: Augsburg, die Bilderfabrik Europas. Essay zur Augsburger Druckgraphik der frühen Neuzeit. (Schwäbische Geschichtsquellen und Forschungen, Band 21). Augsburg: Wiesner 2001, S. 11-20.

Lajoux, Jean Dominique: Mythes et gravures rupestres du Mont Bégo. In: Substitution et actualisation des Mythes. XVème Congrès de la Société de Mythologie Française. (03-05. Septembre 1992). Omage Editions Turin 2000, S. 47-56.

Lerch, Dominique: Du colportage à l'errance. Réflexion sur le colportage en Alsace au XIXe siècle. In: Revue d'Alsace, 1987, pp. 163-189.

Ders.: Naissance, évolution et fin d'une coutume religieuse: les lettres de baptême en milieu protestant de la langue allemande (1750-1850). In: Studies on Voltaire and the Eighteenth Century; 2000, p. 123-136.

Ders.: Images et Dévotion à Colmar au XVIIIe siècle. Les Dominicaines d'Unterlinden au miroir du monde catholique. In: Revue d'Alsace. No. 127, 2001, p. 239-282, 5 ill.

Lorenz, Detlef: Zur Biographie des schlesischen Malers Josef Block. In: Jahrbuch der schlesischen Friedrich-Wilhelms-Universität zu Breslau 42-44 (2001-2003), Neustadt/Aisch 2003, S. 709-714.

Marsch, Angelika: Die Städtebilder aus dem Verlag von Joseph Friedrich und Johann Christian Leopold. In: *Paas, Roger John (Hg.)*: Augsburg, die Bilderfabrik Europas. Essay zur Augsburger Druckgraphik der frühen Neuzeit. (Schwäbische Geschichtsquellen und Forschungen, Band 21). Augsburg: Wiesner 2001, S. 131-152.

Mehl, Heinrich (HG.): Schätze in Papier. Ausgewählt aus den Volkskundlichen Sammlungen des Schleswig-Holsteinischen Landesmuseums. Husum 1999, 105 S. mit Abb.

Meyer, Silke: Die Ikonographie der Nation. Nationalstereotype in der englischen Druckgraphik des 18. Jahrhunderts, Beiträge zur Volkskultur in Nordwestdeutschland, Bd. 104. Münster / New York / Berlin / München 2003, 420 S., mit 169 s/w Abb.

Michels, Anette: Lucas Kilian fecit. Gezeichnete und gestochene Bilder des Augsburger Kupferstechers Lucas Kilian (1579-1637). In: *Paas, Roger John (Hg.)*: Augsburg, die Bilderfabrik Europas. Essay zur Augsburger

Druckgraphik der frühen Neuzeit. (Schwäbische Geschichtsquellen und Forschungen, Band 21). Augsburg: Wiesner 2001, S. 41-54.

Milano, Alberto: Un incisore Milanese di carte da Gioco nell '800: Gaetano Santamaria. In: Rassegna di Studi e di Notizie 22 (1998), p. 277-323.

Ders.: Die Graphikmetropolen Bassano und Augsburg. In: *Paas, Roger John (Hg.)*: Augsburg, die Bilderfabrik Europas. Essay zur Augsburger Druckgraphik der frühen Neuzeit. (Schwäbische Geschichtsquellen und Forschungen, Band 21). Augsburg: Wiesner 2001, S. 227-234.

Nagy, Sigrid: Es wuchs ein Baum im Paradies. Wie Luther im 19. Jahrhundert zum Weihnachtsbaum kam. Wartburg Verlag, Weimar 2003. 54 S. mit farb. und s/w Abbildungen.

Nool, Gustav, Thum, Bernd: Arsenal. Poesie deutscher Mundartdichter. Berlin 1973, 1019 S.

Oszczanowski, Piotr, Gromadzki, Jan: Theatrum vitae et mortis. Graphik, Zeichnung und Buchmalerei in Schlesien 1550-1650. Wroczlaw (muzeum Historyczne) 1995, 128 S. m. zahlr. sw u. farb. Abb.

Ott, Norbert H.: Von der Handschrift zum Druck und Retour. Sigismund Meisterlins Chronik der Stadt Augsburg in der Handschriften- und Druck-Ilklustration. In: *Paas, Roger John (Hg.)*: Augsburg, die Bilderfabrik Europas. Essay zur Augsburger Druckgraphik der frühen Neuzeit. (Schwäbische Geschichtsquellen und Forschungen, Band 21). Augsburg: Wiesner 2001, S. 21-30.

Paas, Roger John (Hg.): Augsburg, die Bilderfabrik Europas. Essay zur Augsburger Druckgraphik der frühen Neuzeit. (Schwäbische Geschichtsquellen und Forschungen, Band 21). Augsburg: Wiesner 2001.

Ders.: Zur überregionalen Auftragsarbeit eines Augsburger Kunststechers. Philipp Kilias Beitrag zu *Germanus Vratislaviae Decor* (1667). In: *Paas, Roger John (Hg.)*: Augsburg, die Bilderfabrik Europas. Essay zur Augsburger Druckgraphik der frühen Neuzeit. (Schwäbische Geschichtsquellen und Forschungen, Band 21). Augsburg: Wiesner 2001, S. 79-92.

Peters, Dorothea: Ein Bild sagt mehr als 1000 Punkte. Zu Geschichte, Technik und Ästhetik der Autotypie. In: Fotogeschichte. Beiträge zur Geschichte und der Ästhetik der Fotografie. Heft 67, 18. 1998, S. 13-30.

Dies.: Photographie als Lehr- und Genußmittel. Zur frühen Kunstreproduktion durch Fotografien. Wilhelm Bode und die Photographische Kunstanstalt Adolphe Braun. In: Fotogeschichte, Heft 75, 20. 2000. S. 3-32.

Pieske, Christa: Der Wandbilddruck des 19. Jahrhunderts in Europa. In: Annales de la Galerie Nationale Hongroise 1997-2001, Festschrift für Katalin Sinkó. Budapest 2002. S. 113-138 mit zahlr. Abb.

Pierce, Sally; Catherine Slautterback: Boston Lithography 1825-1880 (Boston Athaeneum Collection). 1992, 62 b&w, 67 colour ill.

Polaczek, Barbara: Schmugglerbilder. Ein vergessenes Genre. In: Freundeskreis-Blätter 40 (2001) (Freilichtmuseum an der Glentleiten, Obb.), S. 176-180, Abb.

Rapcsányi, László: Karácsony régi képeslapokon. [Weihnachten auf alten Postkarten]. Budapest 1986, 76 S. mit 280 farb. Abb.

Reitinger, Franz: Schüsse, die ihn nicht erreichten. Eine Motivgeschichte des Gottesattentats. 1997, ca. 480 S., m. 144 Abb. (ISBN 3-506-77155-8).

Rölleke, Heinz: Erinnerungen Dortchen Grimms in der Aufzeichnung ihrer Tochter Auguste. In: Brüder Grimm Gedenken. Bd. 15, hg. von Berthold Friemel. Stuttgart 2003, S. 1-15.

Rózsa, György: Der Vedutenzeichner Ludwig Rohbrock in Ungarn. In: Marsch, Angelika und Jäger, Eckhard (Hgg.): Lüneburger Beiträge zur Vedutenforschung II. Verlag Nordostdeutsches Kulturwerk 2001, S. 187-197.

Schindler, Thomas: Formale und interpretative Überlegungen zum Dekor der Marburger Ware. Zur Ästhetik handwerklich hergestellter Keramik des 19. Jahrhunderts. In: Hessische Blätter für Volks- und Kulturforschung NF 39 (2003), S. 137-147, Abb.

Schneider, Ursula / Till Schroeder: Bilderbunter Alltag. 200 Jahre Lithographie. Hamburg (Museum der Arbeit) 1999, 114 S. mit Abb.

Schöller, Bernadette: Kölner Druckgraphik der Gegenreformation. – Ein Beitrag zur Geschichte der religiösen Bildpropaganda, Katalog der Einblattdrucke des Verlages Johann Bussemacher. Veröffentlichungen des kölnischen Stadtmuseums, Hg. Werner Schäfke, Heft IX. Köln 1992, 207 S. 61 Abb.

Schönebeck, Christine: Denkspruch und Konfirmationsschein. Zur Etablierung und Akzeptanz von Elementen der Konfirmation der Aufklärung unter besonderer Berücksichtigung Westfalens. Dissertation Münster 2002.

Scholz, Bernhard F.: Andrea Alciatos *Emblemata*. Überlegungen zum Verhältnis von Typographie und Illustration in den Ausgaben Augsburg 1531 und Paris 1534 für die Entwicklung der Emblematik. In: *Paas, Roger John (Hg.)*: Augsburg, die Bilderfabrik Europas. Essay zur Augsburger Druckgraphik der frühen Neuzeit. (Schwäbische Geschichtsquellen und Forschungen, Band 21). Augsburg: Wiesner 2001, S. 31-40.

Siefert, Katharina: Papiertheater – Bühne im Salon. Einblicke in den Sammlungsbestand des Germanischen Nationalmuseums. Nürnberg 2002. (CD ROM)

Dies.: Papiertheater – Bühne im Salon. Bestandskatalog der Papiertheatersammlung Seitler im Germanischen Nationalmuseum. Nürnberg 2003 (CD ROM)

Simon, Holger: Die Bildpolitik des preußischen Königshauses im 19. Jahrhundert. Zur Ikonographie der preußischen Königin Luise (1776-1810). In: Wallraf-Richartz-Jahrbuch, Bd. 60, 1999, S. 231ff.

Simon, Ingraban D.: Bunt und glänzend. Alte Buntpapiere aus dem 18. Jahrhundert und der ersten Hälfte des 19. Jahrhunderts. Privatsammlung Konrad. Dreieichenhain 1999, 44 S. mit Abb.

Stopp, Klaus: Augsburgs Teilnahme an der frühen Produktion von illustrierten Taufpatenbriefen. In: *Paas, Roger John (Hg.)*: Augsburg, die Bilderfabrik Europas. Essay zur Augsburger Druckgraphik der frühen Neuzeit. (Schwäbische Geschichtsquellen und Forschungen, Band 21). Augsburg: Wiesner 2001, S. 253-258.

Substitution et actualisation des Mythes. XVème Congrès de la Société de Mythologie Française. (03.-05. Septembre 1992). Centre d'Ethnologie des Alpes Méridionales. Omage Editions Turin 2000. 404 S. m. Abb.

Thiede, Roger: Die preußische Madonna. Sehnsucht nach einer Königin: Berlins tapfer-schöne Luise wird von Biographen und Touristen als Kultfigur wiederentdeckt. In: Fokus Nr. 2 2004, S. 94-96.

Tiedemann, M. v.: Katalog der Leichenpredigtensammlung der Niedersächsischen Staats- u. Universitätsbibliothek Göttingen. 2 Bde. Göttingen 1954.

Valerio, Vladimiro (Hg.): Vedute, ritratti, scene popolari. Gli esordi della litografia a Napoli. – Biblioteca Nazionale di Napoli Electa. Napoli 1999.

Voigt, Vilmos: Allegorie und Ideologie in einem „doppelköpfigen" klassischen Werk der „Europäischen Ethnologie": Die Österreichisch-Ungarische Monarchie in Wort und Bild. In: Hessische Blätter für Volks- und Kulturforschung NF 39 (2003), S. 33-50, Abb.

Williams, Anne D.: Jigsaw Puzzles. An illustrated History and Price Guide. 1600 items before 1970. 375 pp.

Willoughby, Martin: Die Geschichte der Postkarte. Erlangen 1993, 159 S. m. zahlr. Abb. (A History of Postcards. Wellfleet 1992).

Wüstner, Karl-Heinz: Akanthusblatt, Tulpenlüt'. Bemalte Möbel der Schreinerei Wörner aus Fichtenberg im Limpurger Land. Elshofen 2002, 224 S. m. Abb.

Ziehe, Irene; Hägele, Ulrich (Hg.): Fotografien vom Alltag – Fotografieren als Alltag. Tagungsband des Arbeitskreises Fotografiegeschichte I. Münster 2003, 230 S. m. Abb.

Zeitschriften u. Jahrbücher

The Papers of the Bibliographical Society of America. Erscheint vierteljährlich in New York. Studies in Bibliography. Online. 1947 gegr. Virginia.

Personalbibliographien

Boerma, Nicolaas (Landsmeer/NL)

1. Religieuze Volks- en Kinderprenten uit Nederland en België, collectie Boerma. Ausstellungkatalog. Frans Walkate Archief Kampen 1980.
2. Ziet Kindren! Deeze schepen aan; maritieme volks- en kinderprenten 1700-1900. Ausstellungskatalog zusammen mit R.M. Vorstman; Nederlands Scheepvaart Museum Amsterdam 1989.
3. De Fryske heilingen fan de Halbertsma's, Leeuwarden Fryske Akademy 1997 (Die friesischen Bilderbogen von den Halbertsma's; über eine Gruppe von Holländischen Bilderbogen, herausgegeben mit friesischem Text zusammen mit Ph.H. Breuker).
4. Niederländische Bilderbogen. In: Tagungsband Pottenstein 1999. Arbeitskreis Bild Druck Papier, Münster 2002, S. 35-44 m. 4 Abb.
5. Spinning Pigs and the Lazy Maid on European Popular Prints. In: Popular Prints and Imagery. Proceedings of an International Conference in Lund 2000. Stockholm 2001, S. 273-285, 6 Abb.

Eberspächer, Martina (Stuttgart)

1. Die Sakristeiräume der Klosterkirche von Ottobeuren – unter besonderer Berücksichtigung der Marketerien. Masch. Magisterarbeit, Tübingen 1989.
2. Vom „Cabinet" zum „Küchenbad". ... [Exponatkatalog] In: Von Weimar bis Bonn. Esslingen 1919-1949. Begleitband zur Ausstellung „Von Weimar bis Bonn", Esslingen 1991, S. 483-528.
3. Schlüssel; zs. mit Christian Glass. In: 13 Dinge. Form – Funktion – Bedeutung. Katalog zur gleichnamigen Ausstellung im Museum für Volkskultur in Württemberg. Mit Beiträgen von Martina Eberspächer, Christian Glass, Gottfried Korff, Martin Rexer, Hans-Ulrich Roller. Stuttgart 1992, S. 37-49.
4. Kalender. In: 13 Dinge, s.o., S. 103-117.
5. Sekt/Champagner. In: 13 Dinge, s.o., S. 119-138.
6. Dreizehn. In: 13 Dinge, s.o., S. 262-273.
7. Wege des Weihnachtsmannes. Motivwanderungen in Medien des 19. Jahrhunderts. In: Weltkunst, Heft 15, 1998, S. 2818-2820.
8. „Angewandte Aufklärung" im Fürstenstaat; zs. mit Anne Pollak. In: mittendrin. Sachsen-Anhalt in der Geschichte. Katalog zur Ausstellung im stillgelegten Kraftwerk Vockerode, hg. von Franz-Josef Brüggemeier, Gottfried Korff, Jürg Steiner. Dessau 1998, S. 237-269.

9. Lichterglanz und Kinderglück. Zur Entwicklung der Familienweihnacht. In: Weihnachtszeit. Feste zwischen Advent und Neujahr in Süddeutschland und Österreich 1840-1940. Sammlung Ursula Kloiber. Ausstellungskatalog Bayerisches Nationalmuseum München, hg. von Nina Gockerell. München/London/New York 2000, S. 11-17.
10. Die Gabenbringer: Christkind und Weihnachtsmann. In: Weihnachtszeit, hg. von Nina Gockerell, s. o., S. 141-151.
11. Der Weihnachtsmann. Zur Entstehung einer Bildtradition in Aufklärung und Romantik. Books on Demand, Stuttgart 2002, 399 S., 99 Abb.
12. Korffs Museumsdinge. Zur Einführung. In: Korff, Gottfried: Museumsdinge. Deponieren – Exponieren. Hg. von Martina Eberspächer, Gudrun Marlene König, Bernhard Tschofen. Wien/Köln/Weimar 2002, S. IX-XIV.

Király, Erzsébet (Budapest)

1. Fényes Adolf emlékkiállítás (kiállítás rendezése a festő ún. romantikus korszakának képeiből; tanulmány magyar nyelven, ill. német nyelvű összefoglalás saját fordításban). Kecskeméti Galéria Kecskemét, 1987. [Adolf Fényes Gedenkausstellung, Konzeption, Essay]
2. Szimbólumok, mítoszok. Csók István-festmények 1899-1917 (kiállítás rendezése a festő szimbolista képeiből; tanulmány magyar nyelven, angol nyelvű fordítása Esterházy Mátyástól). István király Múzeum, Székesfehérvár 1988. [Symbols, Myths. István Csók's paintings from 1899 to 1917. Konzeption der Ausstellung und Essay]
3. Gáláns ünnep. Rokokó reminiszcenciák a magyar festészetben 1870 és 1920 között (bölcsészdoktori disszertáció). In: Művészettörténeti Értesítő XL. évf. 1991. 3-4. szám, 135-155. o., német nyelvű rezümével. [Galantes Fest Rokoko-Reminiszenzen in der ungarischen Malerei 1870-1920. Dissertation mit einer Zusammenfassung in deutscher Sprache].
4. Az álnok tükör. Lyka Károly önarcképéről. In: Művészettörténeti Értesítő XLIII. évf. 1994. 1-2. szám, 149-153. o. [Der tükische Spiegel. Über ein Portät von Károly Lyka, Essay mit einer Zusammenfassung in deutscher Sprache]
5. Laudatio artis. 19. századi képzőművészetünk dicséretének egykorú emlékei [Laudatio artis. Die einstmaligen Andenken des Lobes unserer bildenden Kunst des 19. Jahrhunderts]. In: Aranyérmek, ezüstkoszorúk. Művészkultusz és műpártolás Magyarországon a 19. században. [Goldmedaillen, Silberkränze. Künstlerkult und Mäzenatur im 19. Jahrhundert in Ungarn.] Magyar Nemzeti Galéria 1995. június – november [Ungari-

sche Nationalgalerie, Juni – November 1995.]. Budapest, 1995. 56-73. ill. 74-85. o. (zweisprachiger Katalog).

5. Paolo und Francesca um 1900. Wiederkehren mittelalterlicher Motive in der ungarischen Malerei der Jahrhundertwende. Előadás a Svájci Művészet-történészek Egyesületének 1996. évi konferenciáján. [Vortrag in den „Communications“ présentées au 20e colloque de l'Association Suisse des Historiens et Historiennes d'Art, Genève, 4-5 Octobre 1996. In: Zeitschrift für Schweizerische Archäologie und Kunstgeschichte (ZAK). Bd. 54, 1997, H. 2. S. 101-108. [Paolo és Francesca. Dantekultusz Magyarországon 1900 körül. In: Művészettörténeti Értesítő XLVI. 1997. 1-2. szám, 69-81. o., bővített változat].

6. A kisváros és az otthon képei. Rippl-Rónai kaposvári intérieurkorszakáról [Pictures of the small town and the home. About Rippl-Rónai's period of interiors in Kaposvár. In: Rippl-Rónai József gyűjteményes kiállítása (József Rippl-Rónai's Collected Works]. Magyar Nemzeti Galéria 1998. március 12 – szeptember 6. Budapest, 1998. pp. 71-78. ill. 79-80. o. (zweisprachiger Katalog).

7. Rippl-Rónai és az írók. In: Rippl-Rónai József gyűjteményes kiállítása. Magyar Nemzeti Galéria 1998. március 12 – szeptember 6. Budapest, 1998. 396-409. o. [József Rippl-Rónai und die Schriftsteller. In: Ausstellung der Werke von József Rippl-Rónai.]

8. Bilder der Kleinsstadt und des Zuhauses. Rippl-Rónais Interieur-Phase in Kaposvár. In: Ein Ungar in Paris. József Rippl-Rónai 1861 bis 1927 (a fenti kiállítás újrabemutatása) Schirn Kunsthalle, Frankfurt 1999. 45-54. o. (tanulmány). U.o.: Rippl-Rónai und die Schriftsteller. Bevezető és 66-72. számú katalógustételek, 160-183. o.

9. Mítosz és természet. Böcklin-hatás és időélmény Szinyei Merse Pál művészetében. In: Történelem-kép. Szemelvények múlt és művészet kapcsolatából Magyarországon. Kiállítás a Magyar Nemzeti Galériában 2000. március 17 – szeptember 24. 723-729. o. U.o. hat kiállítási tétel 696-699. (Szinyei) ill. 714-715, 717-718.o. (Gulácsy). [Mythos und Natur. Böcklin's Wirkung und Zeiterfahrung in der Kunst von Pál Szinyei-Merse].

10. Pogányság és Megváltás. Csók István nagybányai tematikája és a mítoszkereső századvég. [Resumee in deutscher Sprache: Heidentum und Erlösung. Die Thematik von István Csók und die Suche nach Mythen am Ende des 19. Jahrhunderts.] In: A Magyar Nemzeti Galéria Évkönyve [Annales de la Galerie Nationale Hongroise] 1997–2001. 223-240 o.

11. A „komor szépség“ festője. Vázlat Mednyánszky romantikus miszticizmusához. In: Mednyánszky. Kiállítás a Magyar Nemzeti Galériában 2003. október 14 – 2004. február 8. Kossuth Kiadó – Magyar Nemzeti Galéria, Budapest, 2003. 101-113. [Der Maler der „düsteren

Schönheit". Skizze zum romantischen Mystizismus Mednyánszkys. In: Mednyánszky. Ausstellung in der Ungarischen Nationalgalerie 14. Oktober 2003 – 8. Februar 2004. Kossuth Verlag – Ungarische Nationalgalerie, Budapest, 2003. 101-113.]

12. Pan redivius. Die Bedeutungen der antiken Naturgötter und ihr Widerhall in den Bildern von Arnold Böcklin. Vortrag 6. 2. 2004 in der Vortragsserie „Metamorphoses". Katalog des Museums der bildenden Künste. (Im Druck).

Kohlmann, Theodor (Welver-Dinker)

1. Zum oldenburgischen Goldschmiedehandwerk in der ersten Hälfte des 19. Jahrhunderts. In: Oldenburger Jahrbuch, 1966, Bd. 65, S. 191-205.
2. Das Adventsblasen im nördlichen Westfalen. In: Rhein.-westf. Zeitschrift für Volkskunde, 1968, 15. Jg., S. 119-124 u. Abb. 7, 8.
3. Nachbildungen des Werler Gnadenbildes im südlichen Niedersachsen. In: Westfalen. Hefte für Geschichte, Kunst und Volkskunde, 1968, Bd. 45, S. 293-296.
4. Zur Geschichte des Handwerks im Oldenburger Münsterland. 1. Teil: Vom Mittelalter bis zum 19. Jahrhundert. In: Jahrbuch für das Oldenburger Münsterland, 1969, S. 34-46.
5. Muttertagspoesie. Aus einem Familienarchiv. In: Beiträge zur deutschen Volks- und Altertumskunde, 1969, Bd. 13, S. 93-98.
6. Geschichte des Handwerks im Oldenburger Münsterland. II. Teil Das Handwerk im 19. Jahrhundert. In: Jahrbuch für das Oldenburger Münsterland, 1970, S. 98-110.
7. Zinngießerhandwerk und Zinngerät in Oldenburg, Ostfriesland und Osnabrück. 367 S., 140 Abb., 253 Zinnmarken. Göttingen 1972, (Schriften zur niederdeutschen Volkskunde Bd. 5).
8. Altes Zinn aus dem westlichen Niedersachsen. Sammlung Museumsdorf Cloppenburg. Cloppenburg 1972, 176 S., zahlr. Abb.
9. Das Goldschmiedehandwerk im Landkreis Cloppenburg. In: Jahrbuch für das Oldenburger Münsterland, 1972, S. 1-11.
10. Nachrichten zum Brauchtum Südoldenburgs in Archivalien des Jahres 1785. In: Jahrbuch für das Oldenburger Münsterland, 1973, S. 179-190.
11. Vaterländische Jugendschriften. In: Historische Aspekte zur Jugendliteratur. Stuttgart 1974, S. 110-120 u. 141-144.
12. Graphik. In: Lebendiges Gestern. Erwerbungen von 1959 bis 1974, S. 7-14. (Schriften des Museums für Deutsche Volkskunde, 1975, Bd. 1).
13. Wer spielt mit? Gesellschaftsspiele auf Bilderbogen (Mappe mit 12 Nachdrucken, Einführung und Katalog). Berlin 1978.

14. Das Preußische Bild. Bearb. von Th. K. u. Sigmar Radau. 39 S., Berlin 1978. (Studien zur Spielkarte (1)).
15. Laienmaler aus Deutschland und Österreich. Die Sammlung des Museums für Deutsche Volkskunde. Einführung von Lothar Pretzell. 159 S., zahlr., teils farb. Abb., Berlin 1979 (Schriften des Museums für Deutsche Volkskunde, Bd. 5).
16. Mit Schere und Kleister. Ausschneidebogen und Modellierkartons (Mappe mit 12 Nachdrucken, Einführung und Katalog). Berlin 1979.
17. Neuruppiner Bilderbogen. Mit einem Beitrag von Peter-Lutz Kindermann. 180 S., zahlr. Abb. und 3 beigelegte Faksimiledrucke. Berlin 1981 (Schriften des Museums für Deutsche Volkskunde, Bd. 7).
18. Traurige Schicksale der Liebe. Moritatentafeln. 165 S., zahlr., meist farbige Abb., Dortmund 1982. (Die bibliophilen Taschenbücher Nr. 329).
19. Bube, Dame, König. Alte Spielkarten aus Berliner Museums- und Privatbesitz. Katalogbearbeitung von Th. K., Sigmar Radau und Stefan Schleede. 215 S., zahlr. Abb., Berlin 1982 (Schriften des Museums für Deutsche Volkskunde, Bd. 8).
20. Die Künstler-Steinzeichnungen für Schule und Haus. Ein Beitrag zur volkskundlichen Wandbildforschung. In: Einblicke – Einsichten – Aussichten. Aus der Arbeit der Staatl. Museen Preußischer Kulturbesitz. Berlin 1983, S. 257-279 (Jahrbuch Preußischer Kulturbesitz, Sonderband 1).
21. Berliner Spielkarten. Mit einem Beitrag von Sigmar Radau, 132 S. mit zahlr., teils farbigen Abb., Berlin 1984 (Kleine Schriften des Museums für Deutsche Volkskunde, Heft 6).
22. Volkskunde in Berlin nach 1945. In: Großstadt. Aspekte empirischer Kulturforschung. 24. Deutscher Volkskunde-Kongreß in Berlin vom 26. bis 30. September 1983. Hg. im Auftrag der Deutschen Gesellschaft für Volkskunde von Theodor Kohlmann und Hermann Bausinger. Berlin 1985, S. 379-386 (Schriften des Museums für Deutsche Volkskunde, Bd. 13).
23. Sei getreu bis an den Tod – Konfirmationsscheine in Soest und der Börde. In: Soester Zeitschrift, 1996, 108, S. 116-129.
24. Kistenbilder in der Gemeinde Welver. In: Arbeitskreis für Geschichte und Heimatpflege, Jahresheft 2001, 4 S. (unpag.).

Siefert, Katharina (Karlsruhe)

1. Darstellungen des ersten Menschenpaares mit dem Tod in der deutschen Renaissance, Magisterarbeit Universität Karlsruhe 1989 (Typoskript).
2. Adam und Eva-Darstellungen der deutschen Renaissance, Phil. Diss. Karlsruhe 1994.

3. Paul Speck. Ein Schweizer Keramiker und Bildhauer in Karlsruhe. Karlsruhe 1997, Ausstellungskatalog; Textbeiträge und Werkverzeichnis.
4. Badenia huldigt dem Großherzog. Der Adressenschrein zum 40jährigen Regierungsjubiläum Friedrich I., Karlsruhe 1997, Ausstellungskatalog.
5. Mülhausen und der reizvolle Sundgau. In: Kunstführer Elsaß-Straßburg Nr. 65, Hamburg 1997.
6. Hans Baldung Griens Karlsruher Hexenzeichnung. Eine Neuinterpretation. In: kritische berichte, 3/1997, S. 69-77.
7. Die badische Kunst- und Wunderkammer, Badisches Landesmuseum Karlsruhe, (Co-Autor: Reinhard Sänger). Karlsruhe 1997.
8. Helmut Lingg – 50 Jahre Malerei. Laudatio anläßlich der Ausstellung Grötzingen. In: Das Pfinztal, 6.2.1998.
9. Die badische Fürstengalerie, Badisches Landesmuseum Karlsruhe, (Co-Autor: Reinhard Sänger). Karlsruhe 1998.
10. 1848/49. Revolution der deutschen Demokraten in Baden. Ausstellungskatalog. Badisches Landesmuseum Karlsruhe 1998. Katalogbeiträge.
11. Die Dinge sind so, wie sie nicht sind. In: Thomas Wenz – Menschsein und andere Verfremdungen. Ausstellungskatalog, Karlsruhe 1998.
12. Prenez place. Raymond E. Waydelich. In: Baden-Württemberg, 45/3, Karlsruhe 1998.
13. Geordnete Vielfalt – Die Neueinrichtung der Dauerausstellung „Badische Kunst- und Wunderkammer“ im Badischen Landesmuseum Karlsruhe. In: Museumsblatt, April 1999.
14. Heilige, Herrscher, Hampelmänner – Bilderbogen aus Weißenburg. Ausstellungskatalog Badisches Landesmuseum, Karlsruhe 1999.
15. Jahrhundertwenden 1000-2000. Ausstellungskatalog. Badisches Landesmuseum. Karlsruhe 2000, Katalogbeiträge.
16. Sammellust und Wissensdurst. Die Kunst- und Wunderkammer im Badischen Landesmuseum Karlsruhe, Karlsruhe 2000.
17. Die Papiertheatersammlung Seitler im Germanischen Nationalmuseum und die Bogen der Agentur Gustav Lewy. In: PapierTheater. Zeitschrift für Papiertheater, Nr. 19, 2001, S. 8-15.
18. 100 Jahre Bilderbogenproduktion in Weißenburg/Elsaß. In: Arbeitskreis Bild Druck Papier. Tagungsband Pottenstein 1999. Hg. von Pieske, Christa / Nagy, Sigrid / Ziehe, Irene / Vanja, Konrad. Münster / New York 2002, S. 77-82.
19. Zur angenehmen und nützlichen Beschäftigung für die Jugend. Bilderbogen des Verlages Trentsensky. In: Monatsanzeiger Germanisches Nationalmuseum, 257, Nürnberg 2002, S. 8-9.
20. Papiertheater mit Zubehör, in: Anzeiger des Germanischen Nationalmuseums 2002, S. 373-375, Nürnberg 2002.

21. Blätter, die die Welt bedeuten. Die Papiertheatersammlung in der Spielzeugabteilung des GNM. In: Museumsbeilage der Nürnberger Nachrichten, Nr. 3, (September), Nürnberg 2002.
22. Papiertheater – Die Bühne im Salon. Einblicke in den Sammlungsbestand des Germanischen Nationalmuseums, Nürnberg. Nürnberg 2002.
23. Papiertheater – Die Bühne im Salon. Bestandskatalog der Papiertheatersammlung Seitler im Germanischen Nationalmuseum, Nürnberg, Datenbank auf CD-ROM, Nürnberg 2003.
24. Einst ältestes erhaltenes deutsches Kindertheater. Anzeiger des Germanischen Nationalmuseums 2002, Nürnberg 2003.
25. ... als jagten Spukgestalten vorüber. Eine Wilde Jagd für das Papiertheater und deren Herkunft. In: PapierTheater. Zeitschrift für Papiertheater, Nr. 27, 2004, S. 4-6.
26. Eine „lange" Wilde Jagd für das Papiertheater und seine Herkunft. In: PapierTheater. Zeitschrift für Papiertheater (Druck in Vorbereitung).
27. Bilderbogen und ihre Benutzer – Schlachtenbilder und Heilige im Spiegel zweier französischer Autoren. In: Beiträge zur Volkskunde in Baden-Württemberg. (Druck in Vorbereitung).
28. Kleine Bühnen – Großes Theater. In: Abteilungsführer der Spielzeugsammlung des Germanischen Nationalmuseums Nürnberg. (Druck in Vorbereitung).

Sinkó, Katalin (Budapest)

Auswahl aus ihren fremdsprachigen Publikationen oder Publikationen, die mit einem fremdsprachigen Resümee veröffentlicht wurden:

1. Das Nationaldenkmal und die Wandlungen im nationalen Bewußtsein. [A nemzeti emlékmű és a nemzeti tudat változásai.] In: Művészettörténeti Értesítő (Kunsthistorische Mitteilungen), XXXII. Jg., Nr. 4., 1983. S. 185-201.
2. Die Taube als Unschuldsymbol. In: Man and Picture. Papers from The First International Symposium for Ethnological Picture Research in Lund 1984. Edited by Nils-Arvid Bringéus. Stockholm, 1984, S. 237-251.
3. Die profane Historienmalerei in Wien und in Pest-Buda zwischen 1830-1870. [A profán történeti festészet Bécsben és Pest-Budán 1830-1870 között.] In: Művészettörténeti Értesítő (Kunsthistorische Mitteilungen) 1986/ Nr. 3-4. S. 95-132.
4. Die Millenniumsfeier Ungarns. In: Das Zeitalter Kaiser Franz Josephs. 2. Teil, 1880–1916. Niederösterreichische Landesausstellung im Schloß Grafenegg 1987. Katalog. Bd. 1. S. 295-300.

5. Die Geschichte des Millennium-Denkmals. In: Populäre Bildmedien. Vorträge des 2. Symposiums für Ethnologische Bildforschung, Rheinhausen bei Göttingen 1986. Hg. Rolf Wilhelm Brednich und Andreas Hartmann. Göttingen, 1989, S. 73-90.
6. Árpád versus Saint István. Competing Heroes and Competing Interests in the Figurative Representation of Hungarian History. In: National Culture as Process. Papers from a Hungarian-Swedish Symposium presented honour of Tamás Hofer on his 60th birthday. Ethnologia Europaea XIX. 1. 1989. p. 67-94.
7. The Discovery of the Plain and the Herdsman of the Plain in Foreign and Hungarian Fine Arts. [Az Alföld és az alföldi pásztorok felfedezése a külföldi és hazai képzőművészetben.] In: Ethnographia. Budapest 1989, Jg. 100, Nr. 1-4. S. 121-154.
8. Die Anatomie des künstlerischen Erfolges. (A művészi siker anatómiája 1840-1900.) In: Goldmedaillen, Silberkränze. Künstlerkult und Mäzenentum im 19. Jahrhundert. [Aranyérmek, ezüstkoszorúk. Művészkultusz és műpártolás Magyarországon a 19. században.] Ausstellungskatalog, Ungarische Nationalgalerie. Red. Katalin Sinkó und Ildikó Nagy. Budapest 1995, S. 15-47.
9. Die biblischen Bilder der Gründer und der Antihistorismus am Ende des Jahrhunderts. (Az alapítók biblikus képei és a századvég antihistorizmusa.) In: Die Kunst vom Nagybánya. (Nagybánya művészete. Kiállítás a nagybányai művésztelep alapításának 100. évfordulója alkalmából.) Ungarische Nationalgalerie, Budapest, Katalog, Red. von Géza Csorba und György Szücs. 1996, S. 216-241.
10. Die verletzte Hungaria (A megsértett Hungária). In: Néprajzi Értesítő LXXVII. évfolyam, 1995, S. 267-282.
11. Zur Entstehung der staatlichen und nationalen Feiertage in Ungarn (1850–1991). In: Emil Brix / Hannes Stekl (Hg.): Der Kampf um das Gedächtnis. Öffentliche Gedenktage in Mitteleuropa. Böhlau Verlag, Wien – Köln – Weimar 1997, S. 251-272.
12. Liebesnahrung („Die geistliche Seelen frey Tafel“) (Szeretetnek eledele) In: Ars Hungarica, 1997, Nr. 1-2. S. 409-420.
13. Die Rezeption der ersten Jahrhundertwende im 19. und 20. Jahrhundert in Ungarn. In: Europas Mitte um 1000. Beiträge zur Geschichte, Kunst und Archäologie. 27. Europaratsausstellung in Budapest, Krakau, Berlin, Mannheim, Prag und Bratislava. Hg. Alfried Wieczorek und Hans Martin Hinz. Konrad Theiss Verlag Stuttgart 2000. Bd. 1. S. 9-20.
14. Historismus und Antihistorismus in der ungarischen Kunst, 1800-1989. [Historizmus – antihistorizmus]. In: Geschichte – Geschichtsbild. Die Beziehung von Vergangenheit und Kunst in Ungarn. [Történelem – kép. Szemelvények múlt és művészet kapcsolatából Magyarországon]. Aus-

stellung der Ungarischen Nationalgalerie, Katalog, Red. von Árpád Mikó und Katalin Sinkó. Budapest, 2000. S. 103-115.

15. Franz Joseph: Rivalität und Dualität dynastischer und nationaler Repräsentation. In: Kaiser und König. Eine historische Reise: Österreich und Ungarn 1526-1918. Ausstellungskatalog. Österreichische Nationalbibliothek, Wien, 2001, S. 19-22.
16. The Creation of a National Style of Ornamentation at the End of the Nineteenth Century. In: Hungarian Ceramics from the Zsolnay Manufactory 1853-2001. Published for the Bard Graduate Center for Studies in the Decorative Arts, Design, and Culture. Ed. by Éva Csenkey and Ágota Steinert. New York, by Yale University Press, New Haven and London, 2002, S. 45-54.
17. Italienfahrer aus Ungarn. In: Italienische Reisen. Landschaftsbilder österreichischer und ungarischer Maler, 1770-1850. Hg. Sabine Grabner und Klaudia Wöhrer. Österreichische Galerie Belvedere, Wien, 2002. S. 68-79.

Tüskés, Gábor und Knapp, Éva (Budapest)

1. Szilárdfy, Zoltán – Tüskés, Gábor – Knapp, Éva: Barokk-kori kisgrafikai ábrázolások magyarországi búcsújáróhelyekről. Egyetemi Könyvtár Budapest 1987. (Bibliotheca Universitatis Budapestinensis, Fontes et Studia 5) 311 S., 369 Abb.
2. Tüskés, Gábor – Knapp, Éva: Öltöztetve vagyon vörös bársonyba ... Feldíszített katakomba szent ereklyék Magyarországon. In: Lengyel, László (Hg.): Devóció és dekoráció. 18. és 19. századi kolostormunkák Magyarországon. Dobó István Vármúzeum Eger 1987, S. 25-44.
3. Tüskés, Gábor – Knapp, Éva (Hg.): Jordánszky Elek: Magyar országban, 's ahoz tartozó Részekben lévő [...] Mária kegyelem' Képeinek rövid leírása. Pozsony 1836. Faksimileausgabe mit Begleitaufsatz. Akadémiai Kiadó Budapest 1988, 167 + 49 S., 69 Abb.
4. Tüskés, Gábor – Knapp, Éva: Graphische Darstellungen in den Publikationen barockzeitlicher Bruderschaften. In: Zeitschrift für Kunstgeschichte 52 (1989), S. 353-372.
5. Tüskés, Gábor – Knapp, Éva: Die Illustrationsserien barockzeitlicher Mirakelbücher. In: Revue des archéologues et historiens d'art de Louvain 22 (1989), S. 41-57.
6. Tüskés, Gábor – Knapp, Éva: Die Illustrationsserien barockzeitlicher Mirakelbücher. In: Kunt, Ernő (Hg.): Bild-Kunde – Volks-Kunde. Beiträge der 3. Internationalen Tagung des Volkskundlichen Bildforschung Komitee bei SIEF/UNESCO. Herman Ottó Múzeum Miskolc 1990, S. 253-274.

7. Tüskés, Gábor – Knapp, Éva: Titelkupfer asketischer Werke eines ungarischen Jesuitenautors aus dem 17. Jahrhundert. In: Petzoldt, Leander – Schneider, Ingo – Streng, Petra (Hgg.): Bild und Text. Internationale Konferenz für SIEF 2-6. Oktober 1990 in Innsbruck. Národopisny ústav SAV Bratislava 1993, S. 210-231.
8. Tüskés, Gábor – Knapp, Éva: Illusztrációk a 18. századi vallásos ponyvairodalomban. In: Néprajzi Értesítő 75 (1993), S. 143-162.
9. Knapp, Éva – Tüskés, Gábor (Hg.): Esterházy Pál: Az egész világon levő csudálatos boldogságos Szűz képeinek rövideden föltett eredeti. Nagyszombat 1690. Faksimileausgabe mit Begleitaufsatz. Balassi Kiadó Budapest 1994. (Bibliotheca Hungarica Antiqua XXX) 217 + 43 S., 116 Abb.
10. Tüskés, Gábor – Knapp, Éva: Der ungarische Atlas Marianus. In: Bayerisches Jahrbuch für Volkskunde 1995, S. 35-56.
11. Tüskés, Gábor – Knapp, Éva: Volksfrömmigkeit in Ungarn. Beiträge zur vergleichenden Literatur- und Kulturgeschichte. Verlag J. H. Röll Dettelbach bei Würzburg 1996. (Quellen und Forschungen zur Europäischen Ethnologie Bd. XVIII) 615 S., mit Abb., S. 443-557: Bilder als Wege zur Frömmigkeit.
12. Tüskés, Gábor – Knapp, Éva: Toward a Corpus of the Hungarian Emblem Traditon. Literary Emblematics Emblem-reception in Hungary 1564-1796. In: Szőnyi, György E. (Ed.): European Iconography East and West. Selected Papers of the Szeged International Conference June 9-12, 1993. E. J. Brill, Leiden – New York – Köln 1996, S. 190-208. (Symbola et Emblemata VII).
13. Knapp, Éva – Tüskés, Gábor: Abgetrocknete Thränen. Elemente in der Wiener Verehrung des marianischen Gnadenbildes von Pötsch im Jahre 1698. In: Bayerisches Jahrbuch für Volkskunde 1998, S. 93-104.
14. Knapp, Éva – Tüskés, Gábor: Emblematische Viten von Jesuitenheiligen im 17./18. Jahrhundert. In: Archiv für Kulturgeschichte 80 (1998), S. 105-142.
15. The Sopron Collection of Jesuit Stage Designs. Preface by Marcello Fagiolo. Studies by Éva Knapp and István Kilián. Enciklopédia Kiadó Budapest 1999, 291 S., 115 Abb.
16. Tüskés, Gábor – Knapp, Éva: Cross-Cultural Texts and Pictures: The Emblematic Paradigm. In: From Academic Art to Popular Pictures. Principles of Representation, Reproduction and Transformation. Proceedings from the 5th S.I.E.F. Conference, Voss, Norway 1995. Ed. Nils Georg Brekke. Bergen. 2000 Bergen Museum, University of Bergen, S. 141-169.
17. Knapp, Éva: Officium Rákóczianum. Az I. Rákóczi Ferencről elnevezett imádságoskönyv története és nyomtatott kiadásai. Borda Antikvárium Budapest 2000, 200 S., zahlreiche Abb.

18. Knapp, Éva: Gyönyörű volt szál alakja. Szent István király ikonográfiája a sokszorosított grafikában. Borda Antikvárium Budapest 2001, 361 S., 266 Abb.
19. Tüskés, Gábor: Volkstümliche Einblattdrucke in Ungarn im 18. und 19. Jahrhundert. In: Popular Prints and Imagery: Proceedings of an International Conference in Lund 5-7 October 2000, ed. by Nils-Arvid Bringéus and Sten Åke Nilsson. Stockholm 2001 Almqvist and Wiksell. S. 127-151. (Kungl. Vitterhets Historie och Antikvitets Akademien, Konferenser 53).
20. Tüskés, Gábor: Imitation and Adaptation in Late Humanist Emblematic Poetry: Zsámboky (Sambucus) and Whitney. In: Emblematica 11(2001), S. 261-292.
21. Tüskés, Gábor – Knapp, Éva: Szent István király és a Szent Jobb együttes ábrázolása a sokszorosított grafikában. In: Jubileumi csokor Csapodi Csaba tiszteletére. Tanulmányok. Hg. v. Rozsondai, Marianne. Argumentum Budapest 2002, S. 103-134.
22. Knapp, Éva – Tüskés, Gábor: Rhetorisches Konzept und ikonographisches Programm des Freskenzyklus in der Prunkstiege des Raaber Jesuitenkollegs. In: Polyvalenz und Multifunktionalität der Emblemtaik: Akten des 5. Internationalen Kongresses der Society for Emblem Studies, Hgg. von Wolfgang Harms, Dietmar Peil. Frankfurt/M. etc. 2002 Lang, S. 949-975. (Mikrokosmos, Bd. 65).
23. Knapp, Éva – Tüskés, Gábor: Emblematics in Hungary. A study of the history of symbolic representation in Renaissance and Baroque literature. Max Niemeyer Verlag Tübingen 2003, (Frühe Neuzeit 86), 322 S., 80 Abb.
24. Knapp, Éva – Tüskés, Gábor: Populáris grafika a 17–18. században. Balassi Kiadó Budapest 2004, 269 S., 134 Abb.

Vanja, Konrad (Berlin)

1. Rezensionsartikel: Biblische Kinderbücher – heute. In: Kunst und Kirche 33 (1970), S. 181-186.
2. Dörflicher Strukturwandel zwischen Übervölkerung und Auswanderung. Marburg 1978 (Marburger Studien zur vergleichenden Ethnosoziologie, 9).
3. Die Genovefalegende in der populären Druckgraphik Deutschlands und Frankreichs. In: Volkskunst 4 (1981), H. 2, S.90-97.
4. Geschichtslehrpfad und Museum. In: Martin Scharfe (Hg.): Museen in der Provinz. Tübingen 1982, S. 123-133.
5. Pieske, Christa: Das ABC des Luxuspapiers. Herstellung, Verarbeitung und Gebrauch 1860 bis 1930. Unter Mitarbeit von Konrad Vanja u.a.

Berlin 1983 (Schriften des Museums für Deutsche Volkskunde, Band 9). 2. Auflage 1984.

6. Vivat-Vivat-Vivat! Widmungs- und Gedenkbänder aus drei Jahrhunderten. Berlin 1985 (Schriften des Museums für Deutsche Volkskunde, Bd.12).
7. Art. Genovefa. In: Enzyklopädie des Märchens. Bd. 4 Berlin 1987, Sp.1003-1009.
8. Pieske, Christa: Bilder für jedermann. Wandbilddrucke 1840-1940. Mit einem Beitrag von Konrad Vanja. München 1988 (Schriften des Museums für Deutsche Volkskunde, Bd. 15).
9. Der Männerohrring. In: Auf's Ohr geschaut. Ohrringe in Stadt und Land vom Klassizismus bis zur neuen Jugendkultur. Berlin 1989, S. 79-123.
10. Themen des europäischen Bilderbogens in der Sammlung Hecht. In: Heimatmuseum Neuruppin: Was ist der Ruhm der Times gegen die zivilisatorische Aufgabe des Ruppiner Bilderbogens? Die Bilderbogensammlung Dietrich Hecht, Berlin 1995 (Patrimonia Bd. 98), S. 16-57.
11. Der Nachlaß von Adolf Spamer im Museum für Volkskunde – Staatliche Museen zu Berlin. Bilderbogen, Flugblätter, religiöse Druckgraphik und wissenschaftliche Dokumentation zur Geschichte des Bilderbogens. In: Volkskunde in Sachsen, Bd. 3, Dresden 1997, S. 104-107.
12. Ohrringträger „in Zivil". Von den Zeichen, Bedeutungen und Selbstdeutungen des Männerohrrings in der Gegenwart. In: Brednich, Rolf Wilhelm und Schmitt, Heinz (Hg.): Symbole. Zur Bedeutung der Zeichen in der Kultur. Münster u. a 1997, S. 353-366.
13. Strosburjer Bilder. Eine Bilderbogenserie im Museum für Volkskunde Berlin. In: Arbeitskreis Bild Druck Papier, Tagungsband 2. Münster 1999, S. 135-145.
14. L'anneau d=oreille masculin aujourd'hui: significations et interprétations. In: Claudette Joannis/Virginie Kollmann-Caillet (Hg.): Bijoux d'hommes. Signes et insignes, Argenton-sur-Creuse 1999, S. 33-42
15. Theodor Kohlmann, Dieter Nievergelt, Christa Pieske, Bärbel Reißmann, Andreas Teltow, Konrad Vanja und Hela Zettler: Die große Welt in kleinen Bildern. Berliner Bilderbogen aus zwei Jahrhunderten, Berlin: Stiftung Stadtmuseum 1999.
16. Die populargraphischen Sammlungen des ehemaligen Museums für Volkskunde auf dem Weg nach Europa. In: Kulturkontakte in Europa: Faszination Bild, Berlin 1999, S. 74-95.
17. Genovefa, De gelaarsde kater, Barbe Bleue, Histoire de Petit Poucet. In: Katharina Siefert/Eva Ludowici: Heilige, Herrscher, Hampelmänner. Bilderbogen aus Weißenburg – Saints, Souverains, Pantins. Imagerie populaire de Wissembourg. Stuttgart: Thorbecke/Badisches Landesmuseum Karlsruhe 1999, S. 112-116 und 158-162.

18. Les collections de vieux papiers au Musée des Cultures Européenes de Berlin en route vers l'Europe. In: Le Vieux Papier, Fasc. 358, Octobre 2000, S. 213-219.
19. Kulturkontakte in Europa: Faszination Bild. Das neue Museum Europäischer Kulturen auf dem Weg nach Europa. In: Jahrbuch Preußischer Kulturbesitz, Bd. 36, Berlin 2000, S. 119-128.
20. Das Evangelium in den Wohnungen der Völker. Ökumenische und vergleichende Sammlung Gertrud Weinhold. In: Jahrbuch Preußischer Kulturbesitz, Bd. 36, Berlin 2000, S. 173-182.
21. Haussegen und Himmelsbriefe als Thema der Alltags- und Sonntagsheiligung und des Schutzes. Beispiele aus der Sammlung des Museums Europäischer Kulturen, Berlin. In: Volkskunde in Sachsen, H. 10/11, Dresden 2001, S. 37-62.
22. Themen des Europäischen Bilderbogens. In: Staatliches Historisches Museum Moskau (Hg.), Lubok – Bilderbogen. Volksbilder aus Rußland und Deutschland vom 19. bis zum Anfang des 20. Jahrhunderts. Moskau: Verlag Künstler und Buch 2001, S. 24-29.
23. Tryc, Slawomir und Vanja, Konrad (Vorwort) zu Mechthild Ernst, Maria Louise Kaempffe: Scherenschnitte. Mit einem vollständigen Verzeichnis der im Museum Europäischer Kulturen – Staatliche Museen zu Berlin erhaltenen Scherenschnitte der schlesischen Künstlerin. Texte in Deutsch und Polnisch. Holzminden: Jörg Mitzkat 2001 (Holzmindener Papeterie, 4).
24. Bernasconi, Gianenrico und Vanja, Konrad: Finis Poloniae 1831. Polnisches Schicksal, deutsches Gemüt und europäische Solidarität. In: MuseumsJournal 16 (2002), H. 1, S. 86-87.
25. Vorwort zu: Lücking, Wolf und Sturma, Jürgen: Trachten im Schaumburger Land. Münster u.a.: Waxmann 2002, S. 7-8.
26. Saherwala, Geraldine, Schnalke, Thomas, Vanja, Konrad und Veigel, Hans-Joachim (Hg.), Zwischen Charité und Reichstag. Rudolf Virchow: Mediziner, Sammler, Politiker. Begleitbuch zur Ausstellung "Virchows Zellen. Zeugnisse eines engagierten Gelehrtenlebens in Berlin". Berlin: Museumspädagogischer Dienst 2002, 158 S. m. Abb.
27. Bouchette, Gretel und Vanja, Konrad: Vorwort zu „Ihr lieben Christen freut euch nun…" Christliche Adventskalender aus der DDR. Berlin: Museum Europäischer Kulturen und Verein Krippenfreunde Berlin-Brandenburg 2002, S. 5-7.
28. Die Faszination der Bilder. Guckkästner und ihre Welt im 18. und 19. Jahrhundert. In: Christoph Martin Vogtherr u. a., Nicolas Lancret: Der Guckkastenmann, Berlin 2003, S. 41-53 (Patrimonia, H. 240).
29. Le Museum Europäischer Kulturen de Berlin: présent et future/Il Museum Europäischer Kulturen di Berlino: presente e futuro. In: Europa e

musei: Identità e rappresentazioni. Atti del Convegno. Torino, 5-6 aprile 2001. Torino: Celid 2003, S. 149-154.

30. Konstruktionen – Dekonstruktionen – Rekonstruktionen. Kulturgeschichtliche und kulturpolitische Perspektiven auf museale Ordnungssysteme. In: Silke Göttsch und Christel Köhle-Hezinger (Hg.), Komplexe Welt. Kulturelle Ordnungssysteme als Orientierung. 33. Kongress der Deutschen Gesellschaft für Volkskunde in Jena 2001. Münster u. a. 2003, S. 81-91.

31. Ubbidiente, Roberto, de Lucia, Vincenzo und Vanja, Konrad (Hg.), Paradies der Kontraste/Paradisi dei Contrasti: Die neapolitanische Krippe/Il presepe napoletano. Fotos von/fotografie di Jörg Hesse. Münster u. a.: Waxmann 2003 (Schriftenreihe Museum Europäischer Kulturen, Bd. 2).

Personalia

Éva Moskovszky

Das bereits mit dem Gábor-Áron-Preis ausgezeichnete Mitglied des Vereins Kiss Áron Ungarische Spiel-Gesellschaft (KÁJMT), Dr. Éva Moskovszky, Budapest, konnte am 19. August 2003 nach der Verleihung durch den Staatspräsidenten Ferenc Mádl von Dr. István Hiller, Minister für das Nationale Kulturelle Erbe der Republik Ungarn, im Kunstgewerbemuseum als Auszeichnung anläßlich des Nationalfeiertages (20.08.) das Verdienstkreuz der Republik Ungarn in Silber in Empfang nehmen.

Sie hat bereits 2001 für das Schenken ihrer Sammlung an das Museum Székesfehérvár (Sammlung Moskovszky im Puppenhaus Székesfehérvár) eine Urkunde und den Ferenc-Móra-Preis erhalten.

Kurzbiographien der Autorinnen und Autoren

NICOLAAS BOERMA, s. Tagungsband Pottenstein 1999, S. 109

MARTINA EBERSPÄCHER, geb. 1962 in Stuttgart. Studium der Kunstgeschichte und Volkskunde/Empirische Kulturwissenschaft an den Universitäten München, Münster und Tübingen. 1990 M.A. mit einer Arbeit über die Sakristeimöbel in Kloster Ottobeuren mit Marketerien nach graphischen Vorlagen. 2000 Promotion mit „Der Weihnachtsmann. Untersuchungen zur Bildtradition in der deutschen Aufklärung und Romantik". Seit 1990 freiberufliche Kulturwissenschaftlerin und Ausstellungsmacherin in Stuttgart, u.a. für Stadtmuseum Esslingen, Deutsches Historisches Museum, Berlin; Württembergisches Landesmuseum, Stuttgart; Expo 2000, Sachsen-Anhalt GmbH, Dessau; Donauschwäbisches Zentralmuseum, Ulm; Bayerisches Nationalmuseum, München; hg merz museumsgestalter, Stuttgart/Berlin.

ELISABETTA GULLI GRIGIONI, s. Tagungsband Bassano 2001, S. 230

ERZSÉBET KIRÁLY, geb. 1951 in Budapest. Studium an der Universität Lóránd Eötvös in Budapest (ELTE), Fächer: Ungarisch, Latein und Kunstgeschichte, Promotion 1992. Seit 1982 an der Ungarischen Nationalgalerie als Hauptabteilungsleiterin für Dokumentation, zuständig für die Aufsicht und Katalogisierung von geschützten Kunstwerken. Stipendiatin des Kunstmuseums Bern 1995 sowie der Deutschen Akademie der Wissenschaften in Berlin 1997. Forschungsgebiete: Kunsttheoretische Probleme der Jahrhundertwende in Ungarn; Wirkung von Arnold Böcklin auf Osteuropa. Zahlreiche Veröffentlichungen (Künstlerkult: Beziehungen zwischen Literatur und bildender Kunst).

EVA KLOSE, geb. 1932 in Landsberg a. Lech, Studienrätin i. R., Kunststudium an der Akademie der Bildenden Kunst in München. Seit 1966 Führung des Arbeitskreises Literatur der VHS Utting-Vg. Schondorf. 1980-87 Leiterin der o.g. VHS. Freie Graphikerin, Schwerpunkt Schrift und Plakat. Ab 1992 Leitung von Kalligraphiekursen auf Burg Rothenfels am Main. – Als jüngste Enkelin des Kunstverlegers Theodor Stroefer (1880-1947) seit etwa 1970 Nachforschungen über den im 2.Weltkrieg einschließlich Archiv zerstörten Kunstverlag Theo. Stroefer, New York, München, Nürnberg.

ÉVA KNAPP, geb. 1956 in Marcali (Ungarn), Studium 1975-1980 an der Lóránd Eötvös Universität in Budapest: Geschichte und Bibliothekswissenschaft, Promotion 1984. Seit 1979 an der Universitätsbibliothek Budapest, ab 1991 Leiterin der Handschriften- und Rarissima-Sammlung. Seit 2000 Forschungsprofessorin an der Ungarischen Akademie der Wissenschaften. Forschungsgebiete: Ungarische Literaturgeschichte, Buch- und Bibliotheksgeschichte des 17. und 18. Jahrhunderts.

THEODOR KOHLMANN, geb. 1932 in Oldenburg i. O., 1953 Abitur in Soest, Studium der Klassischen Philologie, Archäologie und Germanistik in Göttingen und Tübingen bis 1961; 1960 Heirat mit Cäcilia Frohne (drei Töchter); von 1961-62 Angestellter am Archäologischen Institut der Universität Tübingen; 1962-68 Museumsassistent am Museumsdorf Cloppenburg, 1968 Promotion in Tübingen. 1969-94 im Museum für Deutsche Volkskunde Berlin (SMPK) als Wiss. Angestellter, Kustos, Oberkustos und Direktor, Ernennung zum Professor. Mitglied im Hauptausschuß und als Zweiter Vorsitzender der Deutschen Gesellschaft für Volkskunde; Mitglied der Volkskundlichen Kommission für Westfalen; von 1995 bis 2002 Lehrtätigkeit am Institut für Volkskunde/Europäische Ethnologie der Universität Münster.

DOMINIQUE LERCH, geb. 1945 in Haguenau (Bas-Rhin). 1965-70 Lehrer in Schirmeck, 1970-82 Studienrat für Geschichte und Geographie in Bischwiller und Straßburg, 1983-85 Direktor des Nationalen Pädagogischen Zentrums in Amiens, 1985-88 Inspekteur der Akademie (Bezirksschulaufsicht) im Departement Moselle, zwischenzeitlich zum Dr. phil. an der Sorbonne Paris I., promoviert, 1988-91 Inspekteur der Akademie (Bezirksschulaufsicht) im Departement Meuse und Aube, 1997-99 dto. im Departement Doubs. Ab 1999 Direktor des Nationalen Zentrums für Unterricht und Ausbildung Behinderter. 2000 Berufung zum Universitätsprofessor im Fach Geschichte. – Zahlreiche Veröffentlichungen zu schulischen Fragen und zur Geschichte der Populargraphik, vgl. Personalbibliographie im Tagungsband Bassano 2001, S. 224f.

DETLEF LORENZ, s. Tagungsband Esslingen 2002, S. 239.

SIGRID METKEN, s. Tagungsband Esslingen 2002, S. 239f.

SIGRID NAGY, s. Tagungsband Bassano 2001, S. 231.

CHRISTA PIESKE, geb. Burgemeister, 1919 in Stettin, ab 1938 Studium der Kunstgeschichte, Volkskunde und Germanistik an der Friedrich Wilhelms-Universität Berlin, Schülerin von Wilhelm Pinder und Adolf Spamer, 1942 Promotion magna cum laude. Heirat 1940, 1945 Flucht nach Schleswig-Holstein, vier Söhne (geb. 1942, 44, 47 und 49). Existenzaufbau. Ab 1955 freiberufliche Forschungsarbeit, Verbindung zu volkskundlichen Museen im In- und Ausland, Gastvorlesungen. 1980 Gründung des Arbeitskreises Bild Druck Papier, 1986 Gründung der Bildkommission der SIEF mit Nils-Arvid Bringéus. 1995 Professorentitel, 1999 Pommerscher Kulturpreis für Wissenschaft. Mitglied zahlreicher Fachverbände des In- u. Auslandes. Spezialgebiet: Populargraphik in Europa und Übersee.

KATHARINA SIEFERT, geb. 1961, promovierte Kunsthistorikerin, Mitarbeit im Badischen Landesmuseum Karlsruhe. Untersuchungen zur populären Druckgraphik des 19. Jahrhunderts. Publikationen u.a. zu den Themen: „Sündenfall-Darstellungen der deutschen Renaissance“ und zum Kunstgewerbe des 19. und 20. Jahrhunderts.

KATALIN SINKÓ, geb. 1941, Studium der Kunstgeschichte an der Universität Lóránd Eötvös in Budapest (ELTE), 1974 Dissertation. Thema: Profane geschichtliche Malerei in Pest-Buda und in Wien 1830-1870.1980 bis 2001 Hauptabteilungsleiterin für Dokumentation in der Ungarischen Nationalgalerie. Pensioniert 2003. Forschungsgebiet: die Kunst des 19. Jahrhunderts. Zahlreiche kunstgeschichtliche Veröffentlichungen über die ungarische Malerei des 19. Jahrhunderts. Mehrere Publikationen über Historismus und populäre Kultur in der Bildhauerei, Medaillen und Münzen.

LÁSZLÓ SZABÓ, geb. 1955, Studium der Wirtschaftswissenschaften in Budapest, 1979 Staatsexamen. Seit 1981 an der Ungarischen Nationalgalerie in Budapest als Abteilungsleiter zur Beurteilung von Kunstwerken. Fortsetzung des Studiums an der Universität Lóránd Eötvös mit dem Fach Kunstgeschichte, Promotion 1987. Veröffentlichungen über den akademischen Kunstunterricht und über Bilder als Hilfsmittel im Schulunterricht. Aufgabengebiet: Juristische Grundlagen des Schutzes von Kunstwerken in Europa. Leiter der Abteilung Kommunikation an der Ungarischen Nationalgalerie.

GÁBOR TÜSKÉS, geb. 1955 in Pécs (Ungarn), Studium an der Lóránd Eötvös Universität in Budapest (ELTE): Literaturwissenschaften und Germanistik, Folkloristik und Volkskunde, Promotion 1985 mit anschließender Lehrtätigkeit. Seit 1991 Arbeit am Institut für Literaturwissenschaften der Ungarischen Akademie der Wissenschaften, dort ab 2000 Leiter der Abteilung für das 18. Jahrhundert. Seit 1997 Forschungsprofessor der Ungarischen Akademie der Wissenschaften. Zentrales Arbeitsgebiet: Vergleichende Literatur- und Kulturgeschichte sowie die ungarische und neulateinische Literatur des 17. und 18. Jahrhunderts. Zahlreiche Veröffentlichungen über volkskundliche kirchliche Themen, Herausgeber mehrerer wissenschaftlicher Zeitschriften.

VANJA, KONRAD, geb. 1947 in Leipzig, 1955-1968 Waldorfschule (Marburg, Kassel), Studium der Volkskunde/Europäischen Ethnologie bei Ingeborg Weber-Kellermann sowie der Evang. Theologie und Soziologie an der Philipps-Universität Marburg, Promotion 1977. Praktikum (Volontär) am Niedersächsischen Freilichtmuseum Cloppenburg, 1977/78 am Museum der Stadt Rüsselsheim. 1978 Wiss. Angest. am Deutschen Werkzeugmuseum Remscheid. Seit 1981 Wiss. Angest., Kustos und Oberkustos am Museum für Volkskunde (SMPK) Berlin, ab 2000 Direktor des Museums Europäischer Kulturen (SMBPK) Berlin. Mitglied des Wiss. Beirats (Ministerium für Wissenschaft und Kultur des Freistaates Sachsen) für das Inst. für Sächs. Geschichte und Volkskunde in Dresden, dto. des Schlesischen Museums zu Görlitz, Conseil Scientifique du Musée des Civilisations de l'Europe et de la Méditerranée in Marseille und Conseil Scientifique du Musée de l'Europe in Brüssel. 2. Vors. der Dt. Gesellsch. für Volkskunde, Hamburg. Mitbegründer des Arbeitskreises Bild Druck Papier.